教育部高等学校道路运输与工程教学指导分委员会"十三五"规划教材

Qiche Jieneng Jianpai Jishu
汽车节能减排技术

付百学　主　编
王　强　副主编
邵毅明　主　审

人民交通出版社股份有限公司
北　京

内 容 提 要

本书为教育部高等学校道路运输与工程教学指导分委员会"十三五"规划教材之一。本书详细地阐述了汽车节能减排的方法与评价指标、汽车节能减排标准、燃油汽车整车节能技术和发动机节能技术、汽车使用节能技术、汽车排放污染物以及内燃机机内净化技术和机外净化技术、新能源汽车节能减排技术，体现了汽车节能减排领域的新技术、新理论和新成果。

本书可作为交通运输、汽车服务工程专业教材，也可供汽车制造、汽车使用、车辆运营管理、汽车维修等方面的专业技术人员参考使用。

图书在版编目(CIP)数据

汽车节能减排技术/付百学主编. —北京：人民交通出版社股份有限公司,2020.7
ISBN 978-7-114-16538-2

Ⅰ.①汽… Ⅱ.①付… Ⅲ.①汽车节油—高等学校—教材②汽车排气污染—空气污染控制—高等学校—教材 Ⅳ.①U471.23②X734.201

中国版本图书馆 CIP 数据核字(2020)第 080482 号

书　　名：	汽车节能减排技术
著 作 者：	付百学
责任编辑：	时　旭
责任校对：	孙国靖　扈　婕
责任印制：	刘高彤
出版发行：	人民交通出版社股份有限公司
地　　址：	(100011)北京市朝阳区安定门外外馆斜街 3 号
网　　址：	http://www.ccpcl.com.cn
销售电话：	(010)59757973
总 经 销：	人民交通出版社股份有限公司发行部
经　　销：	各地新华书店
印　　刷：	北京市密东印刷有限公司
开　　本：	787×1092　1/16
印　　张：	12.25
字　　数：	291 千
版　　次：	2020 年 7 月　第 1 版
印　　次：	2020 年 7 月　第 1 次印刷
书　　号：	ISBN 978-7-114-16538-2
定　　价：	32.00 元

(有印刷、装订质量问题的图书由本公司负责调换)

前言

为深入贯彻落实《国家中长期教育改革和发展规划纲要(2010—2020年)》及国务院关于《统筹推进世界一流大学和一流学科建设总体方案》(国发〔2015〕64号),根据《教育部关于中央所属高校深化教育教学改革的指导意见》(教高〔2016〕2号)及《教育部 科技部关于加强高等学校科技成果转移转化工作的若干意见》(教技〔2016〕3号),进一步提高(道路)交通运输本科专业核心课程教材的质量,打造高质量、高水平的精品教材,充分发挥教材建设在人才培养过程中的基础性作用,教育部高等学校道路运输与工程教学指导分委员启动了"十三五"规划教材的编写申报工作。经过各高校老师申报及材料初审、专家评审和教指委秘书处审定,(道路)交通运输专业有9本教材通过编写大纲审批,被列为教指委第一批"十三五"规划教材。

本书根据教育部高等学校道路运输与工程教学指导分委员会审定通过的《汽车节能减排技术》教材撰写大纲要求,在编者多年来在汽车节能减排领域教学与研究的基础上,结合该领域国内外最新的发展技术和相关成果编写而成。本书从汽车节能减排政策及标准、燃油汽车节能技术、燃油汽车减排技术和新能源汽车节能减排技术四个方面对汽车节能减排技术进行了系统的阐述,便于学生了解掌握燃油汽车节能减排理论与技术,对燃油汽车节能减排技术的推广使用具有推动作用。

本书由黑龙江工程学院付百学教授担任主编、王强担任副主编,重庆交通大学邵毅明教授担任主审。全书共分为六章,第一章由青岛理工大学阎岩编写,第二章由黑龙江工程学院姜莉编写,第三章由黑龙江工程学院付百学编写,第四章由东北林业大学张文会编写,第五章由黑龙江省鹤岗市交通运输局李林编写,第六章由黑龙江工程学院王强编写。

在本书编写过程中,参考并引用了国内专家学者的最新著作成果,在此向有关专家学者表示诚挚的谢意。

由于编者水平有限,书中疏漏和不足之处在所难免,恳请广大读者批评指正。

编 者
2020年3月

目录

第一章 概述 ... 1
第一节 国内外汽车节能减排状况分析 ... 1
第二节 汽车节能减排方法与评价指标 ... 3
第三节 汽车节能减排标准 ... 7
复习思考题 ... 19

第二章 燃油汽车整车节能技术 ... 21
第一节 汽车燃油经济性 ... 21
第二节 汽车动力传动系统设计 ... 27
第三节 减小汽车行驶阻力 ... 31
第四节 整车轻量化技术 ... 35
第五节 汽车能量再生制动技术 ... 38
复习思考题 ... 40

第三章 燃油汽车发动机节能技术 ... 42
第一节 发动机性能指标与性能特性 ... 42
第二节 发动机节能主要途径 ... 45
第三节 稀薄燃烧控制技术 ... 56
第四节 进气与增压控制技术 ... 61
第五节 可变配气相位控制技术 ... 64
第六节 可变汽缸排量控制技术 ... 70
第七节 可变压缩比控制技术 ... 71
第八节 汽油机电控燃油喷射技术 ... 74
第九节 汽油机电控点火技术 ... 80
第十节 柴油机燃油喷射电控技术 ... 83
复习思考题 ... 88

第四章 汽车使用节能技术 ... 91
第一节 汽车运行与节油 ... 91
第二节 汽车运行材料及合理使用 ... 92

第三节　汽车维护与节能 ……………………………………………………… 112
　　第四节　互联网技术、大数据及人工智能技术与节能 ………………………… 121
　　复习思考题 …………………………………………………………………… 122

第五章　汽车排放污染物及控制技术 ……………………………………………… 124
　　第一节　汽车排放污染物的危害与生成机理 …………………………………… 124
　　第二节　汽油机机内净化技术 ………………………………………………… 130
　　第三节　汽油机机外净化技术 ………………………………………………… 136
　　第四节　柴油机机内净化技术 ………………………………………………… 142
　　第五节　柴油机后处理净化技术 ……………………………………………… 153
　　复习思考题 …………………………………………………………………… 163

第六章　新能源汽车节能减排技术 ……………………………………………… 165
　　第一节　新能源汽车类型 ……………………………………………………… 166
　　第二节　纯电动汽车 …………………………………………………………… 167
　　第三节　混合动力电动汽车 …………………………………………………… 170
　　第四节　燃料电池电动汽车 …………………………………………………… 176
　　第五节　燃气汽车 ……………………………………………………………… 180
　　第六节　醇类燃料汽车 ………………………………………………………… 183
　　复习思考题 …………………………………………………………………… 186

参考文献 ………………………………………………………………………… 189

第一章 概　述

汽车产业是石化能源消耗的大户,也是碳排放和城市环境污染的重要来源之一。节约能源、减少汽车排放,既是能源问题,也是人类生存的环境问题,已经成为广泛关注的社会问题。制定和实施汽车节能减排相关标准和法规,促进汽车技术快速实现低碳化、信息化和智能化,推动汽车产业可持续性健康发展,已成为汽车行业的发展方向之一。

第一节　国内外汽车节能减排状况分析

节能减排是指节约能源和减少环境有害物排放。汽车节能减排的研究范畴为:从汽车的设计、制造、销售和使用,到汽车报废和回收再利用全生命周期内,节约能源和减少环境公害的相关技术和相关政策法规。其主要包括:发动机节能技术、整车节能技术、汽车使用节能技术、汽车污染物排放控制技术、减少 CO_2 的相关技术和相关政策法规等。

一、汽车节能减排的重要意义

能源是人类赖以生存和发展的物质基础。截至 2019 年底,世界汽车保有量已突破 13 亿辆,其中我国约为 2.6 亿辆。世界汽车保有量正以每年 3000 万辆的速度增长,汽车年消耗石油达到 60 亿 t,占全球石油总消耗的 65% 以上。2020 年以后全球石油需求与供给之间将出现净缺口,2050 年的供需缺口几乎相当于 2000 年世界石油总产量的 2 倍,石油供应安全面临着严重挑战。目前,全球石油已探明可采总量约为 1500 亿 t,预计可开采 30 年。为了保证可持续发展,必须节约能源,以赢得时间完成新能源的补充或替换。汽车产业是环境污染和温室气体排放的主要来源之一,目前有 80% 以上的 CO、40% 以上的氮氧化合物以及 20% ~ 30% 的城市颗粒污染物均来自汽车排放。

我国年消耗的燃油总量占国内成品油年产量的 50% 以上,同时对环境造成了严重污染。汽车工业是我国的支柱产业,但能源、环保等问题正制约其快速发展。控制汽车油耗、降低汽车排放,既是能源问题,也是人类生存的环境问题,已经成为广泛关注的社会问题。若不及早统筹考虑降低汽车燃油消耗量并采取切实可行的措施,将严重影响我国汽车工业的可持续发展,并对我国石油能源安全构成威胁。积极发展节能环保型汽车,符合我国能源现状和大众消费水平,有利于缓解能源紧张,保护环境。对于落实国家能源发展战略,加快建设资源节约型社会具有重要意义。

二、国外汽车节能减排状况分析

汽车节能减排受到世界各国的普遍重视。1975 年,为应对阿拉伯石油禁运,美国制定并通过了能源节约法,制定了汽车油耗控制法规。2007 年采用新能源法案,该法案规定:到

2020年，美国汽车制造厂生产的汽车油耗较目前汽车油耗降低41%，油耗降到6.4L/100km。新车在美国市场出售时，要求在车窗上粘贴汽车燃油经济性标识。美国通过"油老虎税"处罚未达标的汽车生产商。为了研制低油耗车，美国各大汽车公司均投入大量经费，目前美国汽车经济性标准如下：轿车为27.5mile/gal（8.6L/100km），载货汽车为22.2mile/gal（10.7L/100km）。奥巴马政府2012年出台规定，在2025年以前美国汽车百公里油耗要降到4.32L，这将有助于大幅减少温室气体排放量和美国原油消耗量。与此同时，美国还对建设公路和公路养护进行了大量投资，以降低汽车油耗。

日本采用混合动力技术、改进内燃机燃烧效率，提高汽车燃油经济性。日本于2014年制定《轻型汽车燃料经济性标准》，预计到2022年，轻型商用车平均油耗达到5.59L/100km，比2012年的7.04L/100km下降约20.7%。推广混合动力电动汽车等措施使油耗逐步降低，在等同欧美标准的情况下，进一步节约能源和降低CO_2排放量。

英国政府实施对不同燃料类型征收不同燃料税政策，对常规汽油实行高税收，燃油税、增值税大约占其价格的75%左右，以限制汽油的使用；对替代燃料则采用低税或免税政策；为鼓励消费者购买低油耗、低排放车辆，英国按不同油耗和排量征收车辆税，燃油经济性能好、低排放车辆的车辆税大大低于其他车辆；英国政府还为购买替代能源车辆的消费者和为节能减排而对现有车辆进行改造的消费者提供财政补贴。

法国实行"清洁汽车免税政策"，即凡购买低能耗、低污染、替代能源的"清洁汽车"的法国公民，可享受免税1525~2000欧元的优惠。政府还将在5年内投资1亿欧元用于研发新一代清洁汽车。法国将2L/100km油耗汽车列入34个未来重点发展项目中，并为之提供研发资金支持。

欧洲委员会和欧洲汽车制造商协会（ACEA）要求2018年全欧洲燃料经济性的水平应达到汽油轿车为4.5L/100km，柴油轿车为5L/100km。欧洲联盟（以下简称欧盟）于2009年通过强制性的法律手段取代自愿性CO_2减排协议，在欧盟范围内推行汽车燃料消耗量/CO_2限值要求和标示制度，要求乘用车CO_2排放达到2015年130g/100km、2021年95g/100km的目标。计划到2030年，CO_2排放在2021年的基础上继续下降30%。

欧洲国家、美国、日本等汽车工业发达国家都在采取积极措施，推动和促进汽车节能技术发展、提高汽车燃料经济性水平，相继完成了新一轮针对2020年甚至更长远的各年度乘用车燃料消耗量标准法规制定，对乘用车燃料消耗量及对应的CO_2排放提出更加严格的要求。从整体来看，各国都在通过技术标准和法规不断提高乘用车燃料消耗量要求，整体趋势是到2020年，乘用车平均燃料消耗量达到5L/100km左右，2025年达到4L/100km左右。

三、国内汽车节能减排状况分析

我国自20世纪80年代初开始制定汽车油耗的实验标准，但都是推荐性国家标准和行业标准，对降低汽车油耗未起到实质性作用。2004年，我国颁布首个强制性国家标准《乘用车燃料消耗量限值》（GB 19578—2004）。2007年，我国颁布《轻型商用车燃料消耗量限值》（GB 20997—2007），用汽车总质量和发动机排量综合评价汽车燃料消耗量。自2012年起，我国正式实施重型商用车辆燃料消耗量管理，以此推动我国汽车工业技术进步，解决汽车工业发展受能源供给制约等问题。

我国自2004年发布实施《乘用车燃料消耗量限值》(GB 19578)至今,已实施第二阶段和第三阶段的乘用车燃料消耗量限值要求,制定企业平均燃料消耗量要求及核算办法,建立起了相对完善的乘用车燃料消耗量评价及管理体系,目前正在执行的是面向2020年的乘用车第四阶段燃料消耗量限值标准。《乘用车燃料消耗量评价方法及指标》(GB 20999—2014)是我国汽车节能管理体系中的重要组成部分,作为强制性标准,是政府加强汽车产品节能管理、引导和规范行业发展的重要依据,也是指导企业产品规划和研发的重要文件。节能标准法规的实施将会带来巨大的社会经济效益,若以2020年为基准年份,2021—2025年第五阶段标准(按4.0L/100km 估算)实施期间将累计节省汽油1141.8万t,减少CO_2排放3748.5万t。

技术标准是实现汽车节能降耗的重要措施,但并非唯一措施。要实现2025年乘用车新车平均燃料消耗量4L/100km的目标,除制定技术标准外,还应通过政府层面制定出台相应的配套政策和技术措施,特别是与针对新能源汽车的财税补贴政策、双积分政策的配合。我国双积分政策出台后,第五阶段标准作为"CAFC 积分"的基础,实际成为双积分政策的两大要素之一。第五阶段标准制定需要与双积分政策中新能源积分要求相协调,即第五阶段标准作为双积分政策的基础先行制定实施,"新能源积分"随后制定并根据第五阶段标准实施情况,相应进行适度的弹性调整,确保国家战略目标的实现。

第二节　汽车节能减排方法与评价指标

随着社会经济的快速发展,全球汽车保有量的不断增长,汽车的能耗问题和尾气排放问题日益受到人们的关注。现阶段,绝大部分汽车仍以内燃机作为唯一或主要的动力装置,消耗的能源主要是汽油和柴油等化石燃料,其所带来的能源问题和环境问题日益凸显。为了缓解上述问题,汽车节能减排技术和新能源技术应运而生。

一、汽车节能方法

1. 减少车辆行驶所需能量

(1) 汽车轻量化和小型化有助于提高汽车动力性,减少燃料消耗,降低排气污染。在保证汽车的强度和安全性能的前提下,汽车整车质量每降低10%,燃料消耗量可降低6%~8%;汽车整备质量每减少100kg,油耗可降低0.3~0.6L/100km,CO_2排放可减少5g/km。运用CAD/CAE/CAM一体化技术实施汽车轻量化设计、研发和制造,同时采用轻质材料满足车辆轻量化和各项要求。

(2) 对车身局部优化设计和外型整体优化,降低汽车行驶过程中的空气阻力。

(3) 采用低滚阻轮胎、低黏度机油、低摩擦材料涂层,实现降低车辆摩擦损耗,减少行驶所需能量。

2. 提高热动能量转换效率,实现高效燃烧

(1) 缸内直喷技术可实现缸内稀薄燃烧,提高发动机效率,同时具备优良的燃油经济性和更好的排放性能。

(2) 增压技术可有效提高发动机的进气效率,改善燃烧,尤其在高原地区,可大幅提高发

动机的燃油经济性能。

(3)可变气门技术(可变气门正时和可变气门升程)可节油1%~3%。

(4)采用结构紧凑的燃烧室、加快燃烧速度、提高点火能量、使用分层燃烧技术等技术途径实现的发动机稀燃,可使稀混合气中的汽油分子有更多的机会与空气中的氧分子接触,使得燃烧完全,从而提高发动机的燃油经济性。

(5)可变压缩比技术、电子节气门技术等均可起到一定的节油效果。

3. 减少能量传输过程的损失,提高传动效率

优化变速器,包括多挡位手动变速器(MT)、多挡位自动变速器(AT)、电控机械自动变速器(AMT)、无级变速器(CVT)和双离合变速器(DCT)。变速器挡位越多,越可使汽车处于最经济的工况运行;同时辅以换挡提醒装置,运用计算机运算,比较发动机的转速和转矩,显示适合驾驶状况的最佳挡位,提示驾驶员采取更经济的驾驶模式,实现高效节油。

4. 减低辅助系统能量消耗

(1)使用高效空调,压缩机自动感应环境温度,精确调节车内设定温度的冷气量,当车内温度接近驾驶员设定的舒适温度时,压缩机自动停止工作,以保持温度恒定;当温度上升时,压缩机自动工作,以实现节油效果。

(2)采用电动助力转向系统(EPS)、发动机冷却风扇智能控制系统、高效率发电机等,都可实现节能减排。

5. 优化车辆能量供需管理

(1)汽车怠速起停系统可根据车速、发动机转速、车身状态等判断驾驶员的停车和行驶意图,自动控制发动机起动和停机,能有效降低汽车怠速油耗。

(2)制动能量回收系统可将动能回收并转化为电能,提供给汽车电气系统,缓解发动机停止运行时汽车蓄电池的负荷。

(3)断缸燃烧在中低负荷下,使部分汽缸停止工作,增加工作汽缸的负荷率,使其工作点落入低燃油消耗和低排放工作区内,从而改善车辆的经济性和排放性能。

6. 保障燃油品质、合理使用和维护汽车

正确选用燃油牌号、适时更换燃油滤清器、做好车辆维护、保证车辆在良好的技术状态下行驶是实现节油的有效途径。

7. 新能源汽车

新能源汽车主要包括混合动力电动汽车(HEV)、纯电动汽车(BEV,包括太阳能汽车)、燃料电池电动汽车(FCEV)、氢发动机汽车、其他新能源(如高效储能器、二甲醚)汽车等各类别产品。其中,混合动力电动汽车、纯电动汽车和燃料电池电动汽车是中国新能源汽车三大主流发展方向。研究表明,1kW·h的能源可供传统内燃机汽车行驶1.5~2.5km,而电动汽车利用1kW·h的能量可行驶6.5~7.5km。开发新能源汽车,将动力系统从传统的内燃机向混合动力电动汽车过渡,走向燃料电池电动汽车,实现能源的多元化是汽车领域实现节能目标的有效途径。

二、汽车减排方法

1. 机内净化技术

发动机进气系统采用废气再循环技术(EGR),可降低燃烧室内混合气的氧浓度和提高

混合气的比热容,降低燃烧温度,有效抑制氮氧化物(NO_x)产生;采用增压中冷技术,可提高发动机充气效率,降低进气温度,优化燃烧,明显改善 PM 和 NO_x 的排放;采用多气门技术,可显著改善进排气,优化排放;采用可变气门升程和正时技术,改变进、排气相位,得到不同的气门重叠角,对缸内残余废气系数进行控制,实现不同程度的内部 EGR,降低 HC、CO、NO_x 的排放量。

发动机电控燃油喷射系统可根据发动机工况变化,实时对喷油脉冲时刻、喷油量、气门开度等进行精确控制,采用闭环控制技术,在提高燃烧效率的同时显著降低排放。缸内直喷技术可实现缸内稀薄燃烧,提高发动机效率,同时具备优良的燃油经济性和较低的尾气排放量,缸内直喷发动机允许更高的压缩比,与同排量其他发动机相比,在功率、转矩上有更大优势。柴油机采用高压共轨多次喷射技术,通过较高的喷射压力使燃油充分雾化,确保各缸的燃油和空气混合达到最佳,使燃烧更加充分,降低 HC 和 CO 排放;同时采用多次喷射技术,将一个喷油循环分为预喷、主喷、后喷等多个环节,达到同时降低 PM 与 NO_x 排放的目的,并可以提高排气温度,使催化器快速起燃。

柴油机通过燃烧室优化,可达到改善燃烧、降低排放的作用。汽油机通过可变压缩比技术实现随负荷变化连续调节压缩比的目的,在负荷小时提高压缩比,在负荷大时降低压缩比,以实现大功率和高转矩输出,在提高热效率的同时降低排放。

采用可变截面涡轮增压器技术。可调涡流截面的导流叶片是涡轮增压系统的核心部件。与普通涡轮增压器相比,低转速阶段的响应时间和加速能力都有明显改善。采用可变涡轮截面技术的汽油发动机在所有转速范围内的效率均明显高于目前采用的标准放气阀式涡轮增压器。

急速起停技术可使汽车在遇到红灯或堵车时,发动机自动熄火,在综合工况下减少5%的 CO 排放。

发动机采用复合净化技术,如复合 EGR 技术、复合增压技术、双涡管单涡轮等先进增压技术,对发动机机内净化起到良好效果。

2. 机外净化技术

机外净化技术主要是通过后处理装置实现,是满足未来排放法规的主流趋势。其采用三元催化转化器、吸附还原(NO)催化净化器、微粒捕集器(DPF,分强制再生方式、连续再生方式、非再生方式等)和氧化催化器等技术。以柴油机为例,机外净化技术路线主要由以下两种:

(1)SCR 路线,即先通过强化机内燃烧来降低颗粒物排放,再使用 SCR 以降低因燃烧优化而产生的 NO_x 排放。该路线在欧洲采用较多,能够满足欧Ⅳ和欧Ⅴ排放标准。此外,该技术路线在美国也适用,美国环境保护署(EPA)规定大部分重型柴油车在 2007 年须装备 SCR。

(2)EGR + DPF 路线,即先通过 EGR 降低燃烧温度以降低机内 NO_x 生成,再用 DPF 捕集因使用 EGR 而增加的颗粒物,从而达到同时降低 NO_x 和 PM 的效果。该路线在美国较普遍采用。

上述两种方案优缺点见表1-1。为满足欧Ⅴ及以上排放法规,可能要在机内净化技术的基础上,将 SCR 和 DPF 结合使用。

机外净化技术路线比较   表 1-1

技术路线	优化燃烧 + SCR	EGR + DPF
油耗	减少 5%～7%，但要使用 3%～4% 尿素	增加
新增系统	尿素喷射控制系统 + OBD	EGR 冷却系统 + OBD
新增系统成本	整车的 3%～5%	较低
增加系统成本	添加尿素	捕集器再生：连续再生要求最低排温 250℃，主动再生要求最低排温 600℃
车内设施	尿素箱及喷射装置	全负荷 EGR 率达 15%，EGR 冷却器尺寸大
燃油含硫控制要求	0.03% 以内	0.005% 以内
配套设施	建尿素加注站	石油工业降含硫量设备改造
其他问题	尿素低温结冰，需带尿素加热系统	冷起动困难，各工况不均衡
对使用者要求	需自觉加注尿素	无
NO_x/PM 转化率	转化率 >85%，要求最低排温为 250℃	使用 EGR + DPF 时，PM 转化率为 80%～90%，使用 EGR + DOC 时，PM 转化率 >50%

三、汽车节能减排评价指标

1. 汽车节能减排评价方法

（1）对汽车整个生命周期进行评价，确保评价政策的客观性。汽车产品全生命周期包括产品设计、原材料生产、产品生产制造、运销、使用、回收报废等阶段，必须使每个阶段都得到优化。

（2）实现"技术"与"管理"的综合评价。汽车企业增加资金投入，加大技术研发力度，提高零部件的生产工艺和技术水平，提升整车质量，引进先进技术，改造汽车结构，以实现节能减排；寻找新能源作为石油的替代品，开发新能源汽车；科学运用政策法规，改善行车环境，提高道路通行能力；完善用车制度，提高汽车运用效率；提高驾驶员驾驶能力、养成良好的驾驶习惯和维修意识。

（3）加快推动适用于国情的节能减排政策和标准法规制定。乘用车"双积分"政策是我国政府为促进乘用车企业降低油耗和排放而制定的新管理制度，通过"双积分"考核制度，鼓励企业对新能源汽车的开发和生产，以达到整体上的节能减排目的。

2. 汽车节能减排评价指标

1）汽车节能评价指标

汽车节油效果通常用节油率 ξ 表示。

$$\xi = \frac{B_0 - B}{B_0} \times 100\% \tag{1-1}$$

式中：B_0——油耗定额，kg/h；

B——实际油耗，kg/h。

国内油耗评价有两种方法,一种是内燃机(或车辆)使用说明书规定的油耗定额;另一种是各地汽车运输企业规定的油耗定额。由于我国各地的气候条件、道路条件差异较大,通常采用第二种油耗定额。

节油率还可以用下式计算:

$$\xi = \frac{b_{e0} - b_e}{B_{e0}} \times 100\% \qquad (1-2)$$

式中:b_{e0}——装节油器前的油耗,kg/(kW·h);
b_e——装节油器后的油耗,kg/(kW·h)。

2)汽车排放评价指标

使用汽车污染分担率评价汽车总排放,即汽车排入大气中的有害污染物总量与人类的各种社会活动排入大气中污染物总和之比。汽车污染分担率分为排放分担率和浓度分担率(或质量分担率)两类,排放分担率为汽车排放某种污染物占该污染物总排放量的比例;浓度分担率为一定范围的空气污染浓度中汽车排放污染物占的比例。通常用汽车道路污染浓度分担率和汽车区域污染浓度分担率表示在某条道路附近或某个区域内汽车的污染浓度分担率。由于不同污染源的排放高度不同,扩散特性也有差别,因此同一地点的排放分担率与质量分担率可能相近,也可能不同。

对于单车排放,气体污染物评价指标有3个:①单位里程的排出质量(g/km)或每次试验的排出质量(g/试验);②每千瓦小时(kW·h)的排出质量(用于重型车),单位为g/(kW·h);③有害物在排出气体中的体积分数。颗粒物的评价指标为气体污染物的前两个指标。烟雾的评价指标为烟度值和消光系数。

第三节　汽车节能减排标准

一、汽车燃油经济性标准

1. 美国汽车燃油经济性标准

美国制定了世界上第一部强制性汽车油耗法规。20世纪70年代中期,针对乘用车及轻型卡车,美国首次提出了企业平均燃油经济性(CAFE)的评价方法(表1-2)。执行CAFE标准以来,美国小轿车的平均燃油经济性提高一倍,轻型货车的燃油经济性提高了50%。

美国乘用车和轻型货车CAFE限值　　　　表1-2

乘用车		轻型货车	
年份(年)	平均燃油经济性(mile/gal)	年份(年)	平均燃油经济性(mile/gal)
1978	18.0	1982	17.5
1979	19.0	1984	20.0
1980	20.0	1986	20.0
1981	22.0	1987—1989	20.5

续上表

乘用车		轻型货车	
年份（年）	平均燃油经济性（mile/gal）	年份（年）	平均燃油经济性（mile/gal）
1982	24.0	1990	20.0
1983	26.0	1991—1992	20.2
1984	27.0	1994	20.5
1985	27.5	2001—2004	20.7
1986—1988	26.0	2006	21.6
1989	26.5	2008	22.5
1990—2010	27.5	2010	23.5
2011	30.2	2011	24.1

CAFE 以英里/加仑(mile/gal)为单位，汽车生产企业每年销售的各型轿车或轻型货车，以其所占销售量的百分比作为加权系数，乘以该车型的燃油特性，再将各车型的加权燃油经济性限值加起来，得到该企业的总平均燃油经济性，即平均燃油经济性。2016 年，各汽车生产商出产的轿车和轻型货车平均油耗达到 35.5mile/gal。为确保 CAFE 标准的实施，美国政府采取了系列措施：①没有达到 CAFE 标准的汽车生产企业必须缴纳罚金，每超标 0.1mile/gal，每辆车将被处以 5 美元的罚款；②如果购买的新车超过 CAFE 标准，将对购买者征收消耗税；③政府公布各种汽车燃油效率信息，由 EPA 和能源部出版的《里程油耗手册》公布每一种汽车模型的燃油消耗结果供消费者参考；④新车还被要求提供一个标签，内容包括由 EPA 测试的油耗指标、行驶 15000mile 时的油耗成本，以及由其他厂商制造的同类型车的燃油经济性。

在 CAFE 标准下，制造商除通过技术进步提高车辆的燃料经济性外，还可通过调整产品结构满足 CAFE 标准的要求。美国高速公路安全管理局（NHTSA）对乘用车及轻型载货汽车 CAFE 进行改革，出台 2017 至 2025 年度 CAFE 标准议案，要求新车到 2025 年平均燃油经济性达到 54.5mile/gal（相当于 4.32L/100km）。

2. 日本汽车燃油经济性标准

日本通过车型认证形式规定能效要求。政府针对不同重量级汽车的燃油经济性目标，为轻型汽油、柴油载客、货运汽车制定了一系列燃油经济性标准。

日本《能源使用合理化法》规定了轿车能源利用效率考核标准，要求每种汽车都要达到其对应的标准。为确保燃油经济性标准的实施，日本政府采取了一系列措施：①在实施汽车产品认证制度时，要求制造商申报认证车辆的燃油经济水平，由国土交通省对申报数值进行审查和认可；②对达不到法规要求的企业，采取劝告、公布企业名单、罚款等惩罚措施，对取得"低排放车"认可证书的汽车，购买者可获得 1.5 万日元的购置税，同时减免第一年 50% 的汽车税；③国土交通省在其网站主页上公布汽车燃油消耗量，并于每年 12 月底出版发行《汽车油耗一览》手册。

2015 年以后，日本乘用车燃油经济性法规根据不同重量级别车型有着不同标准（表 1-3），经测算，乘用车平均油耗限值约为 5.37L/100km。

日本汽油乘用车油耗限值　　　　　表1-3

整备质量(kg)	2015年汽油乘用车油耗限值(km/L)
≤600	22.5
601~740	21.8
741~855	21.0
865~970	20.8
971~1080	20.5
1081~1195	18.7
1196~1310	17.2
1311~1420	15.8
1421~1530	14.4
1531~1650	13.2
1651~1760	12.2
1761~1870	11.1
1871~1990	10.2
1991~2100	9.4
2101~2270	8.7
≥2271	7.4

3. 欧盟汽车燃油经济性标准

欧洲采用市场竞争体制,到目前为止并没有制定强制性的油耗标准。1980年欧洲经济共同体(EEC)颁布了关于燃油消耗量的指令80/1268/EEC,后经多次修改,现法规名称为《关于机动车的二氧化碳排放和燃油消耗量》,该法规没有油耗限值,只有试验方法。

欧洲地区虽然没有特定的燃油限值法规标准,但对未来的新车CO_2排放有相关规定,并可根据系数直接得出相应燃油限值。例如欧盟地区规定2020年新车平均排放应不高于95g/km,换算为油耗为4L/100km。根据欧洲政府的规划,2012年至2018年,欧洲汽车制造商必须提高车辆的平均燃油经济性43mile/gal。到2020年,必须达到60mile/gal。

4. 中国汽车燃油经济性标准

我国乘用车燃料经济性标准体系发展历程见表1-4。

我国乘用车燃料经济性标准体系发展历程　　　　　表1-4

分类	标准名称	实施日期	说　　明
标准方法	《轻型汽车燃料消耗量试验方法》(GB/T 19233—2003)(已废止)	2003-12-01	欧Ⅰ和欧Ⅱ试验运转循环,用碳平衡法计算得到燃料消耗量
	《轻型汽车燃料消耗量试验方法》(GB/T 19233—2008)	2008-08-01	欧Ⅲ和欧Ⅳ试验运转循环,使用范围扩展至轻型商用车

续上表

分类	标准名称	实施日期	说明
限值与目标	《乘用车燃料消耗量限值》(GB/T 19578—2004)(已废止)	一阶段:2005-07-01 二阶段:2008-07-01	我国汽车节能领域第一项强制性国家标准
	《乘用车燃料消耗量评价方法及指标》(GB/T 27999—2011)(已废止)	2012-01-01	第三阶段:单车燃料消耗量限值基础上提出了企业平均燃料消耗量目标值的要求;我国乘用车平均燃料消耗量目标水平在2015年底下降至6.9L/100km左右
	《乘用车燃料消耗量限值》(GB 19578—2014)	2016-01-01	第四阶段:我国乘用车平均燃料消耗量水平在2020年下降至5L/100km左右
	《乘用车燃料消耗量评价方法及指标》(GB 27999—2014)	2016-01-01	继续采用企业平均燃料消耗评价体系,并按整车质量分组设定车型燃料消耗量评价体系
	乘用车第五阶段燃料消耗量标准和试验方法	正在制订中	目标为《中国制造2025》提出的"2025年乘用车新车整体油耗降至4L/100km左右"
标示管理	《轻型汽车燃料消耗量标识》(GB 22757—2008)	2009-07-01	首次进行轻型汽车燃料消耗量标示管理
	《轻型汽车能源消耗量标识 第2部分:可如下接充电式混合动力电动汽车和纯电动车》	2018-01-01	首次规定了针对可外接充电式混合动力电动汽车和纯电动汽车的能源消耗量标识方案

2003年,我国发布并实施了《轻型汽车燃料消耗量试验方法》(GB/T 19233—2003),目前已经被《轻型汽车燃料消耗量试验方法》(GB/T 19233—2008)替代。2004年,我国发布了《乘用车燃料消耗量限值》(GB 19578—2004),实行第一阶段限值后,轻型乘用车新出厂车油耗降低5%~10%,到第二阶段时降低15%左右。标准的具体限值见表1-5。

乘用车燃料消耗量限值　　　　　　　　　　　　　　　　　　表1-5

整车整备质量 CM(kg)	第一阶段(L/100km)	第二阶段(L/100km)
$CM \leq 750$	7.2	6.2
$750 \leq CM \leq 865$	7.2	6.5
$865 \leq CM \leq 980$	7.7	7.0
$980 \leq CM \leq 1090$	8.3	7.5
$1090 \leq CM \leq 1205$	8.9	8.1
$1205 \leq CM \leq 1320$	9.5	8.6
$1320 \leq CM \leq 1430$	10.1	9.2
$1430 \leq CM \leq 1540$	10.7	9.7
$1540 \leq CM \leq 1660$	11.3	10.2

续上表

整车整备质量 CM(kg)	第一阶段(L/100km)	第二阶段(L/100km)
$1660 \leq CM \leq 1770$	11.9	10.7
$1770 \leq CM \leq 1880$	12.4	11.1
$1880 \leq CM \leq 2000$	12.8	11.5
$2000 \leq CM \leq 2110$	13.2	11.9
$2110 \leq CM \leq 2280$	13.7	12.3
$2280 \leq CM \leq 2510$	14.6	13.1
$CM > 2510$	15.5	13.9

《乘用车燃料消耗量限值》(GB 19578—2014)规定了装有手动变速器且具有三排以下座椅的车辆和其他车辆的燃料消耗量限值(表1-6)。

乘用车燃料消耗量限值 表1-6

整车整备质量 CM(kg)	手动变速器具有三排以下座椅的车辆(L/100km)	其他车辆(L/100km)
$CM \leq 750$	5.2	5.6
$750 \leq CM \leq 865$	5.5	5.9
$865 \leq CM \leq 980$	5.8	6.2
$980 \leq CM \leq 1090$	6.1	6.5
$1090 \leq CM \leq 1205$	6.5	6.8
$1205 \leq CM \leq 1320$	6.9	7.2
$1320 \leq CM \leq 1430$	7.3	7.6
$1430 \leq CM \leq 1540$	7.7	8.0
$1540 \leq CM \leq 1660$	8.1	8.4
$1660 \leq CM \leq 1770$	8.5	8.8
$1770 \leq CM \leq 1880$	8.9	9.2
$1880 \leq CM \leq 2000$	9.3	9.6
$2000 \leq CM \leq 2110$	9.7	10.1
$2110 \leq CM \leq 2280$	10.1	10.6
$2280 \leq CM \leq 2510$	10.8	11.2
$CM > 2510$	11.5	11.9

第三阶段,《乘用车燃料消耗量评价方法及指标》(GB 27999—2011)规定油耗限值到2015年底为6.9L/100km左右,于2012年全面执行。

第四阶段,新修订的国家强制性标准《乘用车燃料消耗量限值》(GB 19578—2014)和《乘用车燃料消耗量评价方法及指标》(GB 27999—2014)于2016年执行,每年将设置油耗达标值,即百公里6.9L、6.7L、6.4L、6L、5.5L和5L,直至到2020乘用车平均油耗降至5.0L/100km,对应CO_2排放约为120g/km,要求所有乘用车企业必须满足企业平均燃料消耗量目标值要求。此外,在第三阶段汽、柴油车的基础上,增加对天然气、新能源(含纯电动、插电式混合动力、燃料电池)乘用车的考核。

第五阶段，新《乘用车燃料消耗量评价方法及指标》(GB 27999—2019)(制定中)将在范围上进行了调整，将使用醇醚类燃料的车辆纳入考量范围内，将醇醚类燃料按照"甲醇汽车燃料消耗量试验方法"测定甲醇燃料消耗量，并换算成汽油燃料消耗量。从低排放燃油车的积分加倍标准来看，国家适当加大了对混合动力电动汽车及使用天然气、醇醚类燃料的内燃机车的扶持，以醇醚类燃料为动力来源的汽车正式进入新能源汽车的范畴。到2025年时，乘用车平均燃料消耗量达到4L/100km左右，对应CO_2排放约为95g/km。如果第五阶段标准得到全面实施，2030年这一年可节油8500万t，相当于减少5600万辆小汽车一年的油耗量。

二、汽车排放标准

1. 国外汽车排放标准

世界各国通过制定和实施严格的排放法规提高新生产汽车排放控制水平，减少汽车污染物排放。目前主要以欧盟、美国和日本三大法规、标准体系为主，其他国家排放标准的制定都不同程度地采用了这些法规和标准。美国对汽车排放的控制最为严格，测试工况多为瞬态工况，测量方法复杂，对测试仪器要求高，许多对汽车排放控制较早的国家多采用美国法规体系；欧盟法规的要求相对较松，其测量方法及测试设备相对简单，多数发展中国家相关标准的制定主要参考欧盟标准体系；日本在汽车排放方面立法较早，控制技术较先进，但一直被认为是一个独立的法规体系，并无其他国家采用。

1)欧洲汽车排放标准

欧洲于1970年发布了ECE-15法规，此后每隔3~4年对其进行修订。自2005年起，欧洲执行欧4标准；2009年起分阶段执行欧5标准，增加了直喷汽油机颗粒物质量排放的限值；2013年起实施欧6标准。表1-7所示为欧洲轻型车排放标准实施时间及限值。

在测试循环方面，欧6A和欧6B阶段继续采用新欧洲驾驶循环(NEDC)进行污染物测试，欧6C阶段将使用世界轻型车测试循环(WLTC)替代NEDC进行试验室转鼓试验测试。

欧洲轻型乘用车排放标准实施时间及限值　　　　　表1-7

车型	法规等级	实施日期	排放限值($mg \cdot km^{-1}$)						$PN(km^{-1})$
			CO	THC	NMHC	NO_x	$THC+NO_x$	PM	
点燃式	Euro-1	1992-07-01	2720	—	—	—	970	—	—
	Euro-2	1996-01-01	2200	—	—	—	500	—	—
	Euro-3	2000-01-01	2300	200	—	150	—	—	—
	Euro-4	2005-01-01	1000	100	—	80	—	—	—
	Euro-5A	2009-09-01	1000	100	68	60	—	5.0[a]	—
	Euro-5B	2011-09-01	1000	100	68	60	—	5.0[a]	—
	Euro-6B	2014-09-01	1000	100	68	60	—	4.5	6.0×10^{11}
	Euro-6C	2017-09-01	1000	100	68	60	—	4.5	6.0×10^{11}

续上表

车型	法规等级	实施日期	排放限值(mg·km^{-1})						PN(km^{-1})
			CO	THC	NMHC	NO$_x$	THC+NO$_x$	PM	
压燃式	Euro-1	1992-07-01	2720	—	—	—	970	140	—
	Euro-2IDI	1996-01-01	1000	—	—	—	700	80	—
	Euro-2DI	1996-01-01	1000	—	—	—	900	100	—
	Euro-3	2000-01-01	640	—	—	500	560	50	—
	Euro-4	2005-01-01	500	—	—	250	300	25	—
	Euro-5A	2009-09-01	500	—	—	150	230	5.0^a	—
	Euro-5B	2011-09-01	500	—	—	180	230	5.0^a	6.0×10^{11}
	Euro-6B	2014-09-01	500	100	68	60	—	4.5	6.0×10^{11b}
	Euro-6C	2017-09-01	500	100	68	60	—	4.5	6.0×10^{11}

注：DI-直喷；IDI-非直喷；a-采用 PMP 颗粒物测试程序时为 4.5mg/km；b-对于 DI 发动机，欧 6 前 3 年限值为 6×10^{12}/km。

2）美国汽车排放标准

美国于 1972 年起采用联邦测试程序（FTP-72）循环；1975 年改用 FTP-75 循环，并沿用至今。2004—2009 年逐步实施 Tier2 排放标准（表 1-8）；2017 年开始实施 Tier3 标准（表 1-9），Tier3 标准不再对中间使用寿命进行单独控制，而直接控制其整个寿命周期的排放限值，使用寿命由 Tier2 中的 19 万 km 延长至 Tier3 中 24 万 km。

美国联邦轻型车 Tier2 排放标准　　　　表 1-8

有效期	Bin	中间适用寿命(mg·mile^{-1})					全寿命(mg·mile^{-1})				
		NMOG	CO	NO$_x$	PM	HCHO	NMOG	CO	NO$_x$	PM	HCHO
临时有效	11	—	—	—	—	—	280	7300	900	120	32
	10	125	3400	400	—	15	156	4200	600	80	18
	9	75	3400	200	—	15	90	4200	300	60	18
永久有效	8	100	3400	140	—	15	125	4200	200	20	18
	7	75	3400	110	—	15	90	4200	150	20	18
	6	75	3400	80	—	15	90	4200	100	10	18
	5	75	3400	50	—	15	90	4200	70	10	18
	4	—	—	—	—	—	—	2100	40	10	11
	3	—	—	—	—	—	—	2100	30	10	11
	2	—	—	—	—	—	—	2100	20	10	4
	1	—	—	—	—	—	—	0	0	0	0

注：1. 中间寿命指 5 年或 5 万 mile，先到为准；全寿命指 10 年或 12 万 mile，先到为准。

2. 1mile≈1.609km。

美国排放法规实行燃料中立原则，即不论汽车使用何种燃料（汽油、柴油或替代燃料），试验车在转鼓试验台上按照 FTP-75 循环测试时均应满足相同的排放标准。

美国联邦轻型车 Tier3 排放标准　　　　　　　　　表1-9

Bin	排放限值(mg·mile^{-1})			
	NMOG + NO$_x$	CO	HCHO	PM
Bin 160	160	4200	4	3
Bin 125	125	2100	4	3
Bin 70	70	1700	4	3
Bin 50	50	1700	4	3
Bin 30	30	1000	4	3
Bin 20	20	1000	4	3
Bin 0	0	0	0	0

注：1 mile≈1.609 km。

3）日本汽车排放标准

从1966年起，日本根据4工况法制定了最早的CO限值，1973年采用10工况法进行测试并增加了HC和NO$_x$的限值。从2015年开始，日本排放测试方法采用了WLTC循环的低速、中速及高速三部分。到2017年，日本对CO、NMHC、NO$_x$和PM排放设定了最高值和平均值（表1-10）。此外，日本还对怠速工况时的CO和HC进行了单独控制，排放限值见表1-11。由于日本的测试方法与欧洲国家和美国不同，其排放限值也不能直接比较。

日本汽车排放限值和平均值　　　　　　　　　表1-10

类　别	排放限值(mg·km^{-1})			
	CO	NMHC	NO$_x$	PM*
单车限值	1920	80	80	7
平均值	1150	50	50	5

注：表中仅针对安装NO$_x$吸附催化转化器的直喷发动车。

日本怠速排放限值　　　　　　　　　表1-11

车　型	排放限值(mg·m^{-3})	
	CO	HC
四冲程(轻型车除外)	8000	517
四冲程(轻型车)	16000	862
二冲程	36000	13440

注：表内数值由日本采用的单位"ppm"换算而成。

2. 国内汽车排放标准

1）我国汽车排放标准发展历程

自1983年首次发布国家汽车排放标准以来，我国汽车排放标准先后经历了以下6个阶段：

①第1阶段。采用怠速法对汽车的CO和HC进行控制，随后增加了NO$_x$排放限值。

②第2阶段。自1989年起采用"工况法"替代"怠速法"来控制汽车排放，并增加了曲轴

箱排放要求。

③第3阶段。自GB14761系列排放标准的发布与实施开始,对汽车尾气、曲轴箱及燃油蒸发等排放进行全面控制。

④第4阶段。自1999年起参照欧盟标准体系先后制定了国家第一阶段机动车污染物排放(以下简称国一)到国家第五阶段机动车污染物排放(以下简称国五)排放标准,对汽车排放进行分阶段严格控制。

⑤第5阶段。自2018年1月执行《轻型汽车污染物排放限值及测试方法(中国第五阶段)》(GB 18352.5—2013),该标准规定了装用点燃式发动机的轻型汽车,在常温和低温下排气污染物、双怠速排气污染物、曲轴箱污染物、蒸发污染物的排放限值及测量方法;污染控制装置耐久性,车载诊断(OBD)系统的技术要求及测量方法。

⑥第6阶段。2016年12月,我国环境保护部和国家质检总局发布了《轻型汽车污染物排放限值及测量方法(中国第六阶段)》(GB 18352.6—2016),适用于总质量(G_a)≤3.5t的载客车辆和载货车辆(含汽油、柴油、燃气、混合电动)。该标准分2个阶段实施(销售):2020年7月1日实施国家第六阶段机动车污染物排放(以下简称国六)A,2023年7月1日实施国六B。2018年6月,我国生态环境部和国家市场监督管理总局发布《重型柴油车污染物排放限值及测量方法(中国第六阶段)》(GB 17691—2018)[代替《车用压燃式、气体燃料点燃式发动机与汽车排气污染物排放限值及测量方法(中国Ⅲ、Ⅳ、Ⅴ阶段)》(GB 17691—2005),简称重型汽车国六],适用于$G_a>3.5t$的载客车辆和载货车辆,含柴油、汽油、燃气、双燃料。该标准分2个阶段实施,国六A于2019年7月1日对燃气车辆实施,2020年7月1日对城市车辆(城市公交车、环卫车、邮政车等)实施,2021年7月1日对所有车辆实施;国六B于2021年1月1日对燃气车辆实施,2023年7月1日对所有车辆全面实施。

第6阶段汽车排放标准延续了欧盟标准体系,协调了全球技术法规,融合了美国排放标准,标志着我国汽车排放控制进入了创新阶段,不再等效采用欧洲标准体系,而是根据我国实际情况自行制定,按照排放来源及检测方法的不同,分为常温冷起动排气污染物(Ⅰ型试验)、实际行驶污染物(Ⅱ型试验)、曲轴箱污染物(Ⅲ型试验)、蒸发污染物(Ⅳ型试验)、污染控制装置耐久性(Ⅴ型试验)、低温冷起动排气污染物(Ⅵ型试验)、加油过程污染物(Ⅶ型试验)和车载诊断系统(OBD)8个检验项目。

2)国六轻型汽车排放控制标准特点

(1)常温冷起动排气污染物排放(Ⅰ型试验)。

常温排气污染物是指在常温下排气管排出的发动机燃烧后的废气,需要检测的有害气体成分主要有一氧化碳(CO)、总碳氢化合物(THC)、氮氧化物(NO_x)、颗粒物(PM),其中碳氢化合物又主要分为非甲烷碳氢(NMHC)和甲烷(CH_4),而颗粒物主要存在于柴油车和缸内直喷汽油车的排气污染物中。

常温排放试验是将车辆置于实验室底盘测功机上,使其按既定的循环工况行驶,同时收集排气后进行分析,并经各种修正计算得到最终的排放结果。国五排放标准采用欧洲驾驶循环(NEDC),如图1-1所示。NEDC设置的怠速工况多达十几次,匀速运转工况占据了绝大部分测试时间,加速、匀速、怠速时间都是固定的,严重偏离实际驾驶路况;国六排放标准采用WLTC(全球轻型车统一测试程序),如图1-2所示,工况复杂无规律,更加接近实际行驶条件,对车辆排放考核更严格,也对车辆排放控制技术提出了更高的要求,该工况时间约为1800s,比NEDC的1200s长了600s。不同标准常温排气污染物排放限值要求见表1-12。

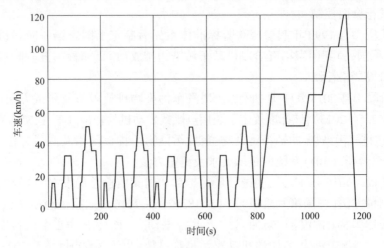

图1-1 NEDC循环曲线

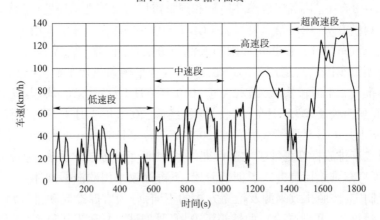

图1-2 WLTC循环曲线

不同标准常温排气污染物排放限值要求　　表1-12

标准类别	国五汽油车	国五柴油车	国六 A	国六 B	欧六 C
循环工况	NEDC	NEDC	WLTC	WLTC	WLTC
CO	1000	500	700	500	1000
THC	100	—	100	50	100
NMHC	68	—	68	35	68
NO_x	60	180	60	35	60
$NMHC + NO_x$	128	230	—	—	—
N_2O	—	—	20	20	—
PM	4.5	4.5	4.5	3.0	4.5
PN	—	6.0×10^{11}	6.0×10^{11}	6.0×10^{11}	6.0×10^{11}

注:表中单位:PN 为个/km,其余为 mg/km。

(2)实际行驶污染物(Ⅱ型试验)。

国五及以前的标准只是要求在实验室进行所有排放试验,国六标准增加了实际行驶污染物排放试验(RDE),取代原来的怠速污染物排放试验。该项目要求被测车辆在城市道路、乡村道路、高速公路各行驶1/3,而且三种工况之间要保持连续性,试验时间约为3~5h。该项排放限值在过渡期(2023年7月1日之前)内仅作监测,不强制进行符合性判定。

(3)曲轴箱污染物(Ⅲ型试验)。

国五及以前标准的曲轴箱污染物排放试验只针对燃用汽油的车辆,国六标准则对所有汽车都有要求,禁止曲轴箱通风系统有任何污染物,排入大气。

(4)蒸发污染物(Ⅳ型试验)。

该项试验仅对燃用汽油的车辆,蒸发污染物包括油箱、油管等燃油系统通过渗透挥发泄漏等方式排出的燃油蒸汽(碳氢化合物),以及轮胎、油漆、塑料件等其他车辆部件挥发出的挥发性有机化合物(VOCs)。国六标准在该项上的改动也比较大,主要更新内容见表1-13。

新旧标准中蒸发污染物试验主要区别　　　　表1-13

分类范围	中国第五阶段	中国第六阶段
车辆预处理行驶	采用 NEDC 工况进行 浸车(环境温度:20~30℃)	采用 WLTC 工况进行 高温浸车(环境温度:38±2℃)
热浸试验	热浸试验(60±0.5min)(最低温度=23℃,最高温度=31℃)	热浸试验(60±0.5min)(起始温度=38±2℃,环境温度=33~41℃)
昼间试验	昼间换气试验 (起始温度=20℃,最高温度=35℃,$\Delta t = 15$℃,24h)	2日昼夜换气试验(起始温度=20℃,最高温度=35℃,$\Delta t = 15$℃,48h),前24h和后24h分别记录结果
试验结果	热浸试验和昼夜试验结果相加	热浸试验和昼夜试验结果相加,昼夜试验结果取值为2个24h中的较大值
劣化修正	无	劣化修正值:0.06g/test
排放限值	2.00g/test	第一类车:0.70g/test 第二类车:0.70g/test($TM \leq 1305$kg) 0.90g/test(1305kg$< TM \leq 1760$kg) 1.20g/test(1760kg$< TM$)

(5)污染控制装置耐久性(Ⅴ型试验)。

国六标准中的耐久试验与国五基本相同,采用道路和台架试验循环。整车耐久试验每1万km进行一次常温排放试验,对于蒸发耐久劣化系数需要实测的车型,新标准要求在相应的里程点试验上进行蒸发试验。另外,国六B阶段耐久里程从16万km增加到20万km。国六推荐劣化系数相比国五显著提升。以乘法劣化系数为例,对新旧标准劣化系数进行比较(表1-14)。

新旧标准劣化系数(乘法)推荐值对比 表 1-14

发动机类别		国五推荐值		国六推荐值	
		点燃式	压燃式	点燃式	压燃式
劣化系数	CO	1.5	1.5	1.8	1.5
	THC	1.3	—	1.5	1.0
	NMHC	1.3	—	1.5	1.0
	NO_x	1.6	1.1	1.8	1.5
	$THC + NO_x$	—	1.1	—	—
	N_2O	—	—	1.0	1.0
	PM	1.0	1.0	1.0	1.0
	PN	—	1.0	1.0	1.0

(6)低温冷起动排气污染物(Ⅵ型试验)。

低温排气试验在 -7℃左右的环境温度下测试行驶汽车的排气排放情况,国六标准试验循环采用 WLTC 中的低速段和中速段,污染物成分增加了 NO_x,另外 CO 和 THC 的排放限值加严(表 1-15)。另外,国六标准增加了柴油车在该项的测试要求。

新旧标准低温排气污染物排放限值比较 表 1-15

车辆类别	基准质量 RM (kg)	国五限值 (仅对汽油车)		国六限值 (汽油车和柴油车)		
		CO	THC	CO	THC	NO_x
第一类车	全部	15.0	1.80	10.0	1.20	0.25
第二类车	$RM \leq 1305$	15.0	1.80	10.0	1.20	0.25
	$1305 < RM \leq 1760$	24.0	2.70	16.0	1.80	0.50
	$1760 < RM$	30.0	3.20	20.0	2.10	0.80

(7)加油过程污染物(Ⅶ型试验)。

该项试验为国六新增项目,试验设备与试验方法和蒸发试验类似,只针对汽油车。只考察车辆在加油时从油箱中逸出的燃油蒸汽,其排放限值为 0.05g/L。

(8)车载诊断系统(OBD)。

国五标准要求的监测项目较少,且大部分未作详细的监测说明;国六标准对汽油车和柴油车各 16 条监测类型作出了详细的要求和说明,具体监测条款见表 1-16。

新旧标准中 OBD 监测条件项目比较 表 1-16

车辆类别	汽油车	柴油车
国五监测要求	(1)催化器监测; (2)失火监测; (3)氧传感器监测; (4)其他与排放相关部件的监测; (5)电控蒸发脱附装置的监测	(1)催化器监测; (2)颗粒捕集器监测; (3)废气再循环(EGR)系统监测; (4)供油系统监测; (5)其他与排放相关部件的监测

续上表

车辆类别	汽 油 车	柴 油 车
国六监测要求	(1)催化器监测； (2)加热型催化器监测； (3)失火监测； (4)蒸发系统监测； (5)二次空气系统监测； (6)燃油系统监测； (7)排气传感器监测； (8)废气再循环(EGR)系统监测； (9)曲轴箱通风(PCV)系统监测； (10)发动机冷却系统监测； (11)冷起动减排策略监测； (12)VVT系统监测； (13)汽油车颗粒捕集器(GPF)监测； (14)综合部件监测； (15)其他排放控制或排放源的监测； (16)监测例外情况	(1)非甲烷碳氢(NMHC)催化器监测； (2)氮氧化物(NO_x)催化器监测； (3)失火监测； (4)燃油系统监测； (5)排气传感器监测； (6)废气再循环(EGR)系统监测； (7)增压压力控制系统监测； (8)NO_x吸附器监测； (9)颗粒捕集器(PM)监测； (10)曲轴箱通风(CV)系统监测； (11)发动机冷却系统监测； (12)冷起动减排策略监测； (13)VVT系统监测； (14)综合部件监测； (15)其他排放控制或排放源的监测； (16)监测例外情况

复习思考题

一、简答题

1. 汽车节能减排有何重要意义？
2. 简述汽车节能减排的评价方法。
3. 简述汽车节能的基本方法。
4. 简述汽车减排的基本方法。
5. 对比分析国外汽车油耗标准的特点。
6. 对比分析国外汽车排放标准的特点。
7. 我国节能减排的近期目标是什么？
8. 我国现行汽车油耗标准有哪些特点？
9. 我国现行汽车排放标准有哪些特点？

二、判断题

1. 汽车产业是环境污染和温室气体排放的主要来源之一，目前有80%以上的CO、40%以上的NO_x以及20%~30%的城市颗粒污染物均来自汽车排放。（　　）

2. 我国年消耗燃油总量占国内成品油年产量的50%以上，同时对环境造成了严重污染。（　　）

3. 到2020年，美国汽车制造厂生产的汽车油耗较目前汽车油耗降低41%，降到6.4L/100km。（　　）

4. 日本新油耗标准方案要求汽车厂商到2020年将汽车油耗平均降低24.1%。（　　）

5. 世界各国都在通过技术标准和法规不断提高乘用车燃料消耗量要求，到2020年，乘

用车平均燃料消耗量降到 5L/100km 左右,2025 年降到 4L/100km 左右。（　　）

6. 发动机采用复合净化技术,如复合 EGR 技术、复合增压技术、双涡管单涡轮等先进增压技术,对发动机机内净化起到良好效果。（　　）

7. 机外净化技术主要是通过后处理装置实现,是满足未来排放法规的主流趋势。（　　）

8. 欧洲采用市场竞争体制,到目前为止并没有制定强制性的油耗标准,但对未来的新车 CO_2 排放有相关规定,并可根据系数直接得出相应燃油限值。（　　）

9. 我国强制性国家标准《乘用车燃料消耗量限值》(GB 19578—2014)和《乘用车燃料消耗量评价方法及指标》(GB 27999—2014)于 2016 年执行,到 2020 乘用车平均油耗降至 5.0L/100km,对应 CO_2 排放约为 120g/km。（　　）

10. 我国到 2025 年时,乘用车平均燃料消耗量降到 4L/100km 左右,对应 CO_2 排放约为 95g/km。（　　）

11. 欧 6A 和欧 6B 阶段继续采用新欧洲驾驶循环(NEDC)进行污染物测试,在欧 6C 阶段,将使用世界轻型车测试循环(WLTC)替代 NEDC 循环进行实验室转鼓试验测试。（　　）

12. 我国国六 A 于 2019 年 7 月 1 日对燃气车辆实施,2020 年 7 月 1 日对城市车辆实施,2021 年 7 月 1 日对所有车辆实施;国六 B 于 2021 年 1 月 1 日对燃气车辆实施,2023 年 7 月 1 日对所有车辆全面实施。（　　）

13. 我国国六汽车排放标准延续了欧盟标准体系,协调了全球技术法规,融合了美国排放标准,标志着我国汽车排放控制进入了创新阶段,不再等效采用欧洲标准体系,而是根据我国实际情况自行制定。（　　）

14. 我国国六汽车排放标准分为常温冷起动排气污染物、实际行驶污染物、曲轴箱污染物、蒸发污染物、污染控制装置耐久性、低温冷起动排气污染物、加油过程污染物和车载诊断系统 8 个检验项目。（　　）

三、论述题

1. 我国乘用车燃料经济性标准体系发展历程。
2. 我国汽车排放标准体系发展历程。
3. 我国国六轻型汽车排放控制标准的特点。

第二章　燃油汽车整车节能技术

随着全球汽车保有量的不断增长,汽车消耗的石油资源与日俱增,因此各国不断升级限制汽车油耗水平的法规。为满足严格的汽车排放法规要求,汽车厂家不断加大技术革新投入力度,通过改变汽车动力传动系统设计、减小汽车行驶阻力、使用整车轻量化技术和汽车能量再生制动技术等,推出一系列汽车节能新技术来实现整车节能目标。未来汽车将通过网联实时获取车辆自身信息以及与车辆相关的交通环境信息,对车辆内外部状态进行感知和预测,实施高度智能化的精准控制,以最大限度降低汽车能耗。

第一节　汽车燃油经济性

汽车燃油经济性是指汽车在一定使用条件下,以最小的燃料消耗量完成单位运输工作的能力。燃油经济性是汽车的主要使用性能之一。

一、汽车燃油经济性的评价指标

汽车燃油经济性通常用一定运行工况下,汽车行驶百公里的燃油消耗量或一定燃油量能使汽车行驶的里程来衡量,中国、加拿大、澳大利亚等国家采用 L/100km,美国、英国等国家采用 mlie/gal,日本、韩国等国家采用 km/L。

等速行驶百公里燃油消耗量是一种常用的评价指标,指汽车在一定载荷下,以最高挡在水平良好的路面上等速行驶 100km 的燃油消耗量。常测出每隔 10km/h 或 20km/h 速度间隔的等速百公里燃油消耗量,在图上连成曲线,称为等速百公里燃油消耗量曲线,用于评价汽车的燃油经济性,如图 2-1 所示。

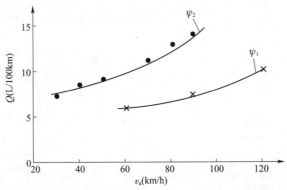

图 2-1　不同道路条件下汽车等速百公里燃油消耗量曲线

等速行驶工况并没有全面反映汽车的实际运行情况,特别是在市区行驶中频繁出现的加速、减速、怠速停车等行驶工况。因此，各国都制定了一些典型的循环行驶实验工况来模拟汽车实际运行状况，并以百公里燃油消耗量评价相应行驶工况的燃油经济性。

如图 2-2 所示，欧洲经济委员会（ECE）规定，要测量车速为 90km/h 和 120km/h 的等速百公里燃油消耗量，以及按 ECE-R.15 循环工况的百公里燃油消耗量，将三者各取 1/3 后相加，作为混合百公里燃油消耗量（1/3 混合消耗）来评定汽车燃油经济性。美国环境保护局（EPA）规定，要测量市内循环工况（UDDS）及公路循环工况（HWFET）的燃油经济性，并按式（2-1）计算综合燃油经济性：

$$综合燃油经济性 = \frac{1}{\dfrac{0.55}{城市循环燃油经济性} + \dfrac{0.45}{公路循环燃油经济性}} \tag{2-1}$$

我国制定了货车与客车的路上行驶循环工况，规定以等速百公里燃油消耗量和最高挡节气门全开加速行驶 500m 的加速油耗作为单项评价指标，以循环工况燃油消耗量作为综合评价指标。

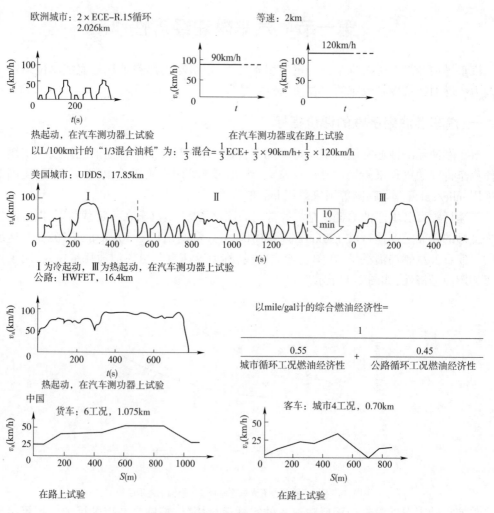

图 2-2 测量汽车燃油经济性的行驶工况

二、汽车燃油经济性的计算

1. 等速行驶工况燃油消耗量的计算

汽油机万有特性曲线如图 2-3 所示,发动机转速为 n,发出功率为 P_e,则燃油消耗率为 b_e。为便于计算,以转速 n 和车速 v_a 的转换关系为横坐标画出汽车(最高挡)的行驶车速比例尺。此外,计算时还需要等速行驶的汽车阻力功率 $\frac{1}{\eta_T}(P_f + P_w)$, P_f 为汽车滚动阻力功率,P_w 为汽车空气阻力功率,η_T 为机械效率。

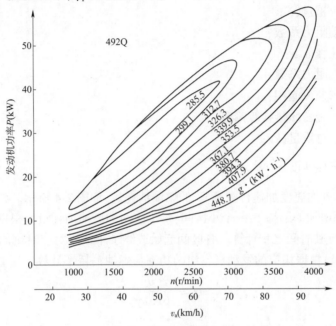

图 2-3 汽油机万有特性曲线

根据等速行驶车速 v_a 及阻力功率 P,在万有特性图上可确定相应的燃油消耗率 b_e,从而计算出以该车速等速行驶时单位时间内的燃油消耗量 Q_t (mL/s):

$$Q = \frac{P_e b_e}{367.1\gamma} \tag{2-2}$$

式中:b_e——燃油消耗率,[g/(kW·h)];

γ——燃油相对密度,汽油取 6.96~7.15N/L,柴油取 7.94~8.13N/L。

整个等速过程行驶里程 s(m)的燃油消耗量 Q(mL)为:

$$Q = \frac{P_e b_e s}{102 v_a \gamma} \tag{2-3}$$

折算成等速百公里燃油消耗量 Q_s (L/100km)为:

$$Q_s = \frac{P_e b_e}{1.02 v_a \gamma} \tag{2-4}$$

2. 加速行驶工况燃油消耗量的计算

汽车加速行驶时,发动机还要克服加速阻力。若加速度为 $\dfrac{\mathrm{d}v}{\mathrm{d}t}$($\mathrm{m/s^2}$),则发动机发出的功率 P_e(kW)为:

$$P_\mathrm{e} = \frac{1}{\eta_\mathrm{T}}\left(\frac{Gfv_\mathrm{a}}{3600} + \frac{C_\mathrm{D}Av_\mathrm{a}^3}{76140} + \frac{\delta m v_\mathrm{a}}{3600}\frac{\mathrm{d}v}{\mathrm{d}t}\right) \tag{2-5}$$

式中:P_e——发动机有效功率,kW;

η_T——机械效率;

G——汽车重量,N;

f——滚动阻力系数;

v_a——车速,km/h;

C_D——空气阻力系数;

A——汽车迎风面积,m^2;

δ——汽车旋转质量换算系数;

m——汽车总质量,kg;

$\dfrac{\mathrm{d}v}{\mathrm{d}t}$——汽车加速度,$\mathrm{m/s}^2$。

计算由 $v_{\mathrm{a}1}$ 以等加速度加速行驶至 $v_{\mathrm{a}2}$ 的燃油消耗量,如图 2-4 所示。将加速过程分隔为若干个区间,按每增加 1km/h 为一个小区间,每个区间的燃油消耗量可根据其平均的单位时间燃油消耗量与行驶时间之积计算。各区间起始或终了车速所对应时刻的单位时间燃油消耗量 Q_t(mL/s),可根据相应的发动机发出的功率与燃油消耗率计算。

$$Q_\mathrm{t} = \frac{P_\mathrm{e}b_\mathrm{e}}{361.1\gamma} \tag{2-6}$$

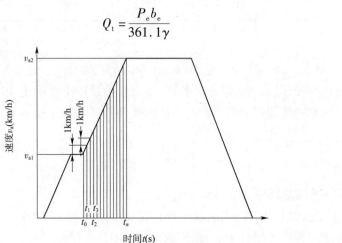

图 2-4　加速过程中燃油消耗量计算

汽车行驶速度每增加 1km/h 所需时间 Δt(s)为:

$$\Delta t = \frac{1}{3.6\dfrac{\mathrm{d}v}{\mathrm{d}t}} \tag{2-7}$$

从初速度 $v_{\mathrm{a}1}$km/h 加速 $(v_{\mathrm{a}1}+1)$km/h 所需燃油量 Q_t(mL)为:

$$Q_1 = \frac{1}{2}(Q_{t0} + Q_{t1})\Delta t \tag{2-8}$$

式中：Q_{t0}——初速度为 v_{a1} 时，即 t_0 时刻的单位时间燃油消耗量，mL/s；

Q_{t1}——车速为 $(v_{a1}+1)$ km/h 时，即 t_1 时刻的单位时间燃油消耗量，mL/s。

车速由 $(v_{a1}+1)$ km/h 再增加 1km/h 所需的燃油量 Q_2（mL）为：

$$Q_2 = \frac{1}{2}(Q_{t1} + Q_{t2})\Delta t \tag{2-9}$$

式中：Q_{t2}——车速为 $(v_{a1}+2)$ km/h 时，即 t_2 时刻的单位燃油消耗量，mL/s。

因此，每个区间的燃油消耗量为：

$$Q_3 = \frac{1}{2}(Q_{t2} + Q_{t3})\Delta t$$

$$\vdots$$

$$Q_n = \frac{1}{2}(Q_{t(n-1)} + Q_{tn})\Delta t$$

式中：Q_{t3}、Q_{t4}、$\cdots$、Q_{tn}——t_3、t_4、$\cdots$、t_n 各个时刻的单位时间燃油消耗量，mL/s。

整个加速过程的燃油消耗量 Q_a（mL/s）为：

$$Q_a = \sum_{i=1}^{n} Q_i = Q_1 + Q_2 + Q_3 + \cdots + Q_n \tag{2-10}$$

或

$$Q_a = \frac{1}{2}(Q_{t0} + Q_{tn})\Delta t + \sum_{i=1}^{n-1} Q_{ti}\Delta t \tag{2-11}$$

加速区段内汽车行驶的距离 s_a（m）为：

$$s_a = \frac{v_{a2}^2 - v_{a1}^2}{25.92 \dfrac{dv}{dt}} \tag{2-12}$$

3. 等减速行驶工况燃油消耗量的计算

减速行驶时，松开加速踏板至最小位置，并进行轻微制动，发动机处于强制怠速状态，其耗油量即为正常怠速油耗。减速燃油消耗量等于减速行驶时间与怠速油耗的乘积。减速时间 t（s）为：

$$t = \frac{v_{a2} - v_{a3}}{3.6 \dfrac{dv}{dt}} \tag{2-13}$$

式中：v_{a2}、v_{a3}——起始及减速终了时刻的车速，km/h；

$\dfrac{dv}{dt}$——减速度，m/s²。

减速过程燃油消耗量 Q_d（mL）为：

$$Q_d = \frac{v_{a2} - v_{a3}}{3.6 \dfrac{dv}{dt_d}} Q_i \tag{2-14}$$

式中：Q_i——怠速燃油消耗率，mL/s；

减速区段汽车行驶的距离 s_d（m）为：

$$s_d = \frac{v_{a2}^2 - v_{a3}^2}{25.92 \dfrac{dv}{dt_d}} \tag{2-15}$$

4. 怠速制动时的燃油消耗量计算

若怠速制动时间为 t_s (s)，则燃油消耗量 Q_{id} (mL) 为：

$$Q_{id} = Q_i t_s \tag{2-16}$$

5. 整个循环工况的百公里燃油消耗量

由等速、等加速、等减速、怠速制动等行驶工况组成的循环，如 ECE-R.1 和我国货车六工况法，其整个循环工况的百公里燃油消耗量 Q_s (L/100km) 为：

$$Q_s = \frac{\Sigma Q}{s} \times 100 \tag{2-17}$$

式中：ΣQ ——整个循环过程的耗油量之和，mL；

s ——整个循环汽车的行驶距离，m。

6. 装有液力传动装置的汽车燃油经济性计算

装有液力传动的汽车，除要清楚发动机的特性外，还要清楚液力传动装置的特性，即泵轮的转矩曲线和无因次特性。发动机的节流特性常用 $T_{tq} = f(n, \alpha)$ 及 $Q_t = f(n_e, \alpha)$ 表示，Q_t 指发动机输出一定功率时每小时的燃油消耗量(L/h)，α 指节气门开度。图 2-5 所示为在不同节气门位置下发动机转矩和每小时燃油消耗量与发动机转速的变化关系曲线。

计算 100km 燃油消耗量时，可在发动机转矩曲线上画上泵轮的转矩曲线，即 $T_P = f(n_P)$，T_P 为轮泵转矩，n_P 为轮泵转速，根据变矩器的无因次特性 $K = f(i)$，确定在不同速比下的变矩比 K，再按 $T_t = KT_P$ 和 $n_t = in_P$ 绘制不同节气门开度 α 时的 $T_t = f(n_t)$ 与 $n_P = f(n_t)$ 曲线，如图 2-6 所示，T_t 为涡轮转矩，n_t 为涡轮转速。

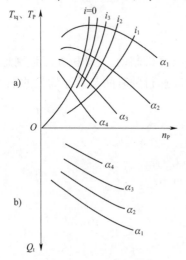

图 2-5 发动机燃油消耗量曲线图

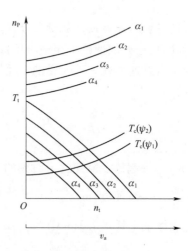

图 2-6 转矩平衡及 $n_P = f(n_t)$ 曲线

汽车速度与变速器涡轮转速的换算：

$$v_a = 0.377 \frac{r_r n_t}{i_0 i_g} \tag{2-18}$$

式中：v_a——车速，km/h；

r_r——车轮滚动半径，m；

n_t——涡轮转速，r/min；

i_0——主传动器速比；

i_g——变速器速比。

为确定汽车在不同道路上以不同速度行驶时，发动机节气门开度 α 与转速 $n(n = n_p)$ 的对应关系，应利用转矩平衡，在 $T_t = f(v_a)$ 图上，按公式(2-19)绘制汽车在不同道路阻力系数 φ 下，等速行驶时克服行驶阻力所需的涡轮转矩 T_c 与行驶速度 v_a 的关系：

$$T_c = \frac{(F_\phi + F_\omega)r}{\eta_T i_0 i_g} \tag{2-19}$$

式中：T_c——涡轮转矩，N·m；

F_ϕ——滚动阻力，N；

F_ω——空气阻力，N；

r——车轮半径，m；

η_T——机械效率。

T_c 与 T_t 的交点，即一定道路阻力系数（如 φ_1）下的车速与发动机节气门位置，由所得速度在 $n_p = f(n_t)$ 曲线上确定 n_p（即 n），由图 2-5b）求出燃油消耗量 $Q_t = f(n,\alpha)$，则 Q_s 计算：

$$Q_s = \frac{Q_t}{v_a \gamma} \times 100 \tag{2-20}$$

由此可确定汽车百公里油耗与车速之间的关系曲线 Q_s-v_a。

第二节　汽车动力传动系统设计

汽车传动系统效率越高，动力传递过程中能量损失越小，汽车油耗越低。合理设计传动系统，可提高传动系统效率，降低汽车油耗。

1. 多轴驱动汽车驱动轴的自由离合

机械式 4×4 型传动系统如图 2-7 所示，为获得尽可能大的牵引力，前后桥都为驱动桥，以便通过坏路面或无路地带。汽车在良好路面行驶时，为了降低功率损耗，往往摘掉前桥，使其按非全轴驱动汽车行驶，此时前半轴及其整个前桥驱动件仍随前轮无效空转，既影响车速，又增加燃油消耗。

轴头节油自动离合器可在不改变原车性能，不停车、驾驶人不下车的情况下，实现轴与车轮的自动离合，从而减少动力消耗，降低燃油消耗率。如图 2-8 所示，该离合器是由外壳、轴头盖及可沿半轴滑动的花键牙嵌等件组成。改型的半轴、轴套代替原轮毂法兰盘，并能自动离合。改后外形尺寸比原来长 10mm，但不超出车身。

该离合器借助半轴套管端部制成凹凸轴套作死点，低速行驶，当挂上前加力挡驱动前半轴转动时，花键牙嵌套随之转动，由凹凸套轴与花键牙嵌套的推动作用，花键牙嵌套压缩压力弹簧，使半轴轴头轴向移动，同时与被动牙嵌啮合。因被动牙嵌套与外壳靠双滑动键永久结合，故前半轴转动，带动前轮转动，完成前驱动桥功率传递。为克服压力弹簧对花键牙嵌套的反作用力，使花键牙嵌套与被动牙嵌套保持正常结合，将两牙嵌套的受力面加工成相互啮合的±10°角，在功率传导过程中，依靠摩擦力实现自锁。当摘掉前加力挡时，即停止前半轴转动，压力弹簧借两牙嵌套差动，将花键牙嵌套推回原位，与被动牙嵌套脱离，直至与半轴套凹凸部分恢复原位，此时前轮转动，则花键牙嵌套及半轴等整个前驱动桥件停止转动。即实现轮转动，而轴不转动的目的。

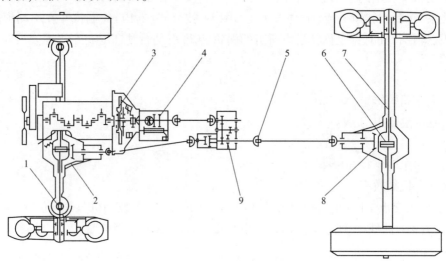

图2-7　4×4型传动系统示意图

1-等角速万向节；2-前驱动桥；3-离合器；4-变速器；5-万向节传动轴；6-差速器；7-半轴；8-主减速器；9-分动器

节油自动离合器的特点：

（1）节油。经使用测定，车辆通过良好路面时，平均节油率为7%~10%，即百公里可节省1.1L燃油。

（2）消除了机件空转，使用寿命延长。

（3）减少行车阻力，增加汽车的滑行能力。

2. 采用高效变速系统

（1）机械多挡变速器。变速器挡位越多，汽车行驶过程中越可选用合适的传动比使发动机处于最经济的状态工作。近年来，变速器挡位有增多的趋势，轿车手动变速器多为5或6挡，大型货车装用了7挡变速器，大型汽车和牵引车变速器挡位可多至10~16个。挡位数过多，会使变速器结构复杂，操纵机构过于烦琐，为此常在变速器后接上一个两挡或三挡的副变速器。6MT（手动变速器）含有6个前进挡，比5MT多出一组齿轮，在同样的发动机转速下车速更快，在相同的速度下行驶，6MT的转速低于5MT，从而达到节油效果，一般较5MT节油1%~3%。

（2）多挡AT（自动变速器）。在4挡自动变速器的基础上增加挡位，可为发动机提供良好的工作状态。5AT较传统4AT降低2%~3%能耗，6AT较传统4AT降低3%~5%能耗，7AT

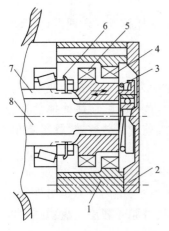

图2-8　轴头节油自动离合器

1-外壳；2-轴头盖；3-弹簧；4-被动牙嵌套；5-花键牙嵌套；6-锁片；7-半轴套管；8-前半轴

较传统4AT降低5%~7%能耗,8AT较传统4AT降低6%~8%能耗。

(3)机械式自动变速器(AMT)。AMT不改变原车变速器的主体结构,通过加装微电脑控制的电动装置,取代原来由人工操作完成的离合器的分离、接合及变速器的选挡、换挡动作,实现换挡全过程的自动化。采用AMT技术后,与传统AT相比,AMT整车可降低5%~10%能耗。

(4)无级变速器(CVT)。CVT能在汽车各种行驶条件下为发动机提供最经济工况下工作的传动比。CVT通过主动轮与从动轮的可动盘做轴向移动来改变主动轮、从动轮锥面与V型传动带啮合的工作半径,从而改变传动比。与传统4AT相比,CVT一般可降低2%~6%能耗。

图2-9所示为发动机最小燃油消耗特性。图2-9a)为发动机负荷特性,曲线表示一定功率时发动机的最低燃油消耗率,对应发动机一定功率时的最经济工况(转速与负荷)。将各种功率下最经济工况工作的转速与负荷率标在外特性曲线上,得到最小燃油消耗特性,如图2-9b)中的 $A_1A_2A_3$ 曲线所示。例如,汽车以速度 v'_a 行驶,发动机提供功率 P'_e,发动机可在 n_0、n'_e、n_1、n_2……多种转速及相应的多种负荷率下工作,但只有在 P'_e 水平线与 A_2A_3 的交点处(即转速为 n'_e 和大致为90%负荷率)工作时,燃油消耗率 b_e 最小。

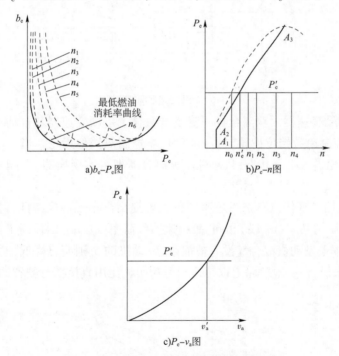

图2-9 发动机最小燃油消耗特性

无级变速器的传动比 i' 与发动机转速 n 及车速之间的关系:

$$i' = 0.377 \frac{nr}{i_0 v_a} = A \frac{n}{v_a} \tag{2-21}$$

式中:A——常数,$A = 0.377 \frac{r}{i_0}$。

当汽车以速度 v'_a 行驶时,根据功率 $P'_e = \dfrac{P_\psi + P_f}{\eta_r}$,由"最小燃油消耗特性"曲线可求出发动机经济转速为 n'_e。将 v'_a 与 n'_e 带入式(2-19),得到无级变速器传动比 i'。对于同一阻力系数 ψ 的道路,将不同车速时无级变速器 i' 连成曲线,得到无级变速器的调节特性,如图2-10所示。AB 为变速器最大传动比,ED 为变速器最小传动比。BC 表示不同路面、发动机最大功率时,i' 与 v'_a 的关系曲线,AE 表示发动机最低转速时 i' 与 v'_a 的关系曲线。AE 与 BCD 之间包含的曲线,表示在不同道路阻力下无级变速器的调节特性。

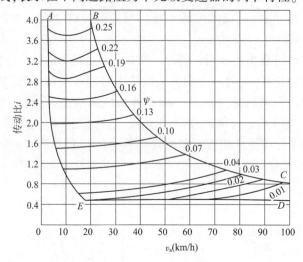

图2-10 无级变速器调节特性

(5)双离合自动变速器。双离合自动变速器融合了手动变速器和自动变速器二者的优点。一个离合器控制单数挡位齿轮,另一个离合器控制双挡位齿轮。当一个挡位正在工作时,相邻挡位的齿轮进入啮合状态,只通过操纵离合器即可实现换挡。与4AT相比,可降低2%~7.5%能耗。

(6)使用超速挡。现代汽车采用超速挡行驶可提高汽车燃油经济性。如图2-11所示,汽车等速行驶时,阻力功率(ab 段)相同,而超速挡负荷率(ab/ac)明显高于直接挡的负荷率(ab/ad),高负荷率下发动机混合气没有被加浓,发动机的 b_e 则明显降低,尤其对于高车速、比功率大的轿车来说,在一般公路上以超速挡行驶明显比用直接挡行驶省油,故部分汽车设置了2个超速挡。

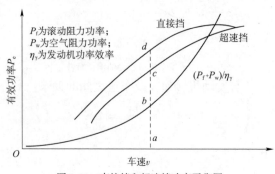

图2-11 直接挡和超速挡功率平衡图

第三节 减小汽车行驶阻力

汽车在水平道路上等速行驶时,必须克服来自地面的滚动阻力 F_f 和来自大气的空气阻力 F_w;当汽车在坡道上爬坡行驶时,还必须克服坡道阻力 F_i;汽车在加速行驶时,还需要克服加速阻力 F_j。因此汽车行驶的总阻力为:

$$\sum F = F_f + F_w + F_i + F_j \tag{2-22}$$

在任何行驶条件下均会产生滚动阻力和空气阻力,减小汽车行驶中的滚动阻力和空气阻力,对节约燃油,提高汽车燃油经济性具有重要意义。

1. 减小滚动阻力

汽车的滚动阻力与路面状况、车速、轮胎结构以及传动系统、润滑油等都有关系。

1)路面状况对汽车滚动阻力的影响 滚动阻力计算公式

$$F_f = G \cdot f \tag{2-23}$$

式中:G——汽车质量,N;

f——滚动阻力系数。

汽车质量一定,F_f 的大小主要决定于 f。不同路面的 f 见表2-1。汽车在不同路面上行驶时,滚动阻力不同。

表 2-1 不同路面的滚动阻力系数值

路面类型	滚动阻力系数	路面类型	滚动阻力系数
良好的沥青或混凝土路面	0.010 ~ 0.018	压紧土路(雨后)	0.050 ~ 0.150
一般的沥青或混凝土路面	0.018 ~ 0.020	泥泞土路(雨季或解冻期)	0.100 ~ 0.250
碎石路面	0.020 ~ 0.025	干砂	0.100 ~ 0.300
良好的卵石路面	0.025 ~ 0.030	湿砂	0.060 ~ 0.150
坑洼的卵石路面	0.035 ~ 0.050	结冰路面	0.015 ~ 0.030
压紧土路(干燥)	0.025 ~ 0.035	压紧的雪道	0.030 ~ 0.050

2)车速对滚动阻力的影响

为防止高速时轮胎发生驻波现象,引起汽车滚动阻力显著增加而消耗过多的燃油,使用汽车时,要适当控制车速。图2-12 所示为汽车行驶车速对滚动阻力的影响,当车速低于 100km/h 时,f 逐渐增加但变化不大;当车速大于 140km/h 时,f 增长较快。载货汽车车速最好控制在 100km/h 以下,轿车车速最好控制在 140km/h 以下。

3)轮胎气压对滚动阻力的影响

如图 2-13 所示,随着轮胎气压的降低,f 迅速增大。当汽车在良好的硬路面上以小于 50km/h 的速度行驶时,汽车滚动阻力占总行驶阻力的 80% 左右。

轮胎载荷和胎压与偏移距 a 的关系如图 2-14

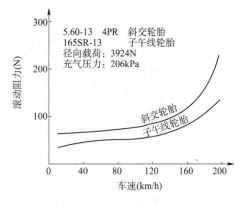

图 2-12 汽车行驶车速对滚动阻力的影响

所示。f 计算公式：

$$f = \frac{a}{R} \tag{2-24}$$

式中：a ——偏移距（通过轮心垂直线至路面反作用力的受力点的距离），m；
　　　R ——轮胎滚动半径，m。

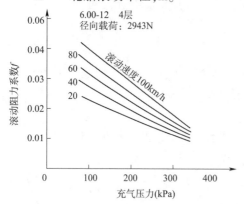

图 2-13　滚动阻力系数与充气压力的关系　　　图 2-14　轮胎载荷和胎压与偏移距 a 的关系

a 增大，f 相应增大。a 取决于轮胎下沉量，下沉量主要取决于轮胎承载负荷和胎内气压。胎内气压下降，下沉量增大，f 增加，油耗增加。当汽车轮胎气压较标准气压降低 49kPa 时，油耗增加 5%；当轮胎气压低于标准值的 5%～20% 时，油耗相应增加 10%。

4）轮胎类型对滚动阻力的影响

如图 2-15 所示，子午线轮胎比斜交胎的滚动阻力系数小，原因为：子午线轮胎的胎线层数比斜交胎的层数少，层与层之间的摩擦损耗减小；同样层数和规格的轮胎，子午线轮胎接地面比斜交轮胎大，接地印痕呈椭圆形，子午线轮胎对地的压强小而均匀，轮胎变形减小，当轮胎滚动一周时，子午胎与地面相对滑移量小，耐磨性可提高 50%～70%。

2. 减小空气阻力

1）汽车车身结构与空气阻力的关系

减小空气阻力，可降低发动机消耗的功率，从而降低汽车油耗。

若汽车等速直线行驶，发动机有效油耗率为 b_e，行驶 100km 消耗功为 W，则等速百公里油耗 Q_s 为：

$$Q_s = \frac{W \cdot b_e}{102\rho \cdot g} = \frac{(F_f + F_w) \cdot S \cdot b_e}{3672\rho \cdot \eta} \tag{2-25}$$

式中：ρ ——燃油密度，kg/m³；
　　　S ——汽车行驶距离，km。

降低 F_w，可降低 Q_s；并且 F_w 比 F_f 大得多，降低 F_w，节油效果更明显。

空气阻力 F_w 的计算：

$$F_w = \frac{C_D A v_a^2}{21.15} \tag{2-26}$$

式中：C_D ——空气阻力系数；
　　　A ——汽车迎风面积，m²。

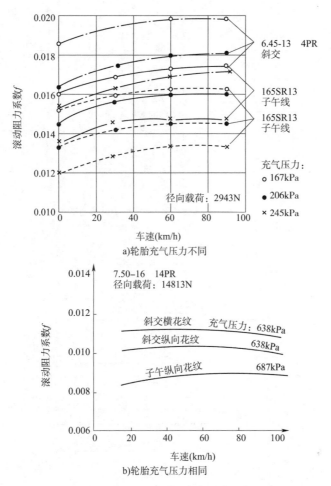

图 2-15 滚动阻力系数与轮胎结构、车速、充气压力之间的关系

减小 A，降低 C_D，可减小空气阻力；另外，保持中速行驶也可减小空气阻力。其中，C_D 的大小取决于汽车外形、车体表面的质量等。为降低空气阻力和保证行驶稳定，以降低汽车油耗，必须改善汽车车身的空气动力学性能。

2）改善汽车车身空气动力学性能的措施

(1) 优化外形设计。

①局部优化。车头圆角化可防止气流分离，同时降低 C_D。图 2-16 所示为美国都福特汽车公司对 3∶8 比例的汽车模型进行风洞试验的结果。

试验结果表明：当圆角半径取 40mm 时，轿车模型可使空气阻力减小 40%～50%，厢式客车模型阻力下降更大；汽车平均空气阻力减小 2%，所需发动机功率约可减少 0.5%；轿车 C_D 下降 0.2，在公路上行驶可节油 22%，在城市工况行驶可节油 6%，而在综合循环条件下，可节油 11%。

如图 2-17 所示，将整个大客车车头流线型化的作用并不大，只需将其车头边角倒圆即可收到相当理想的效果。

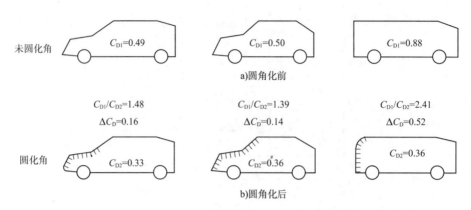

图 2-16 车体头部圆角化对空气阻力系数的影响

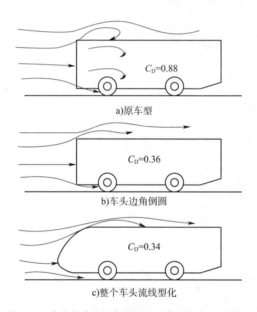

图 2-17 大客车车头边角倒圆和流线型化对 C_D 的影响

设在风窗玻璃与侧窗交接处的前风窗立柱(又称 A 柱),正好处在气流向两侧流动的拐角处,其设计对 C_D 影响明显。为有效地降低 C_D,现代汽车普遍采用各种气动附加装置,如前部扰流器、导流罩和隔离装置等。

②整体优化。将汽车空气动力学理论系统地应用于整车外形设计。如通过优化车身设计,获得较小的表面面积,车身采用凸线型,使 C_D 降到 0.23 以下。

(2)采用各种形式的导流罩。

①凸缘型降阻装置。安装在厢式车身前部,并包覆其周边及两侧。安装后,C_D 可减少 3%~5%。

②空气动力筛眼屏板。安装在驾驶室顶上,安装屏板后,C_D 可减少 3% 以上。

③导流罩。如图 2-18 所示,将导流罩安装在驾驶室顶上,安装后,C_D 可减少 3%~6%。

④间隔风罩。如图 2-19 所示,间隔风罩安装在驾驶室和车厢之间,由驾驶室后端延至

车厢前端,将驾驶室和车厢间的空隙密封,可节约 12% 燃油。

⑤导流器。如图 2-20 所示,避免轿车高速行驶时,在车辆尾部形成吸气涡流,安装空气导流器。安装后节油效果明显。

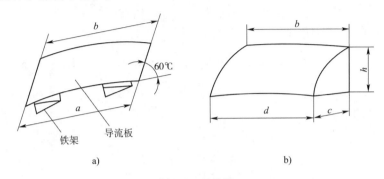

图 2-18 导流罩

注:a 的长度等于驾驶室顶宽;b 的长度等于货厢前顶部宽;c 的长度等于驾驶室顶长度;d 的长度等于驾驶室顶前宽度;h 的长度等于驾驶室顶与货厢前顶高度之差

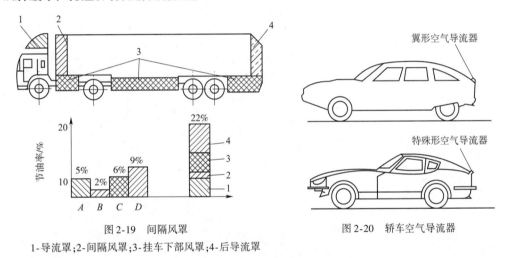

图 2-19 间隔风罩

1-导流罩;2-间隔风罩;3-挂车下部风罩;4-后导流罩

图 2-20 轿车空气导流器

第四节 整车轻量化技术

城市循环燃油经济性与汽车质量的关系如图 2-21 所示,等速油耗测试与汽车整备质量的关系如图 2-22 所示,可见汽车质量越大,其油耗越高。大量试验表明:汽车质量每减少 100kg,油耗将减少 0.4~1L/100km,汽车质量每减少 10%,燃油消耗可降低 6%~8%。降低汽车整备质量,是汽车节约燃料的最有效措施之一。

汽车轻量化措施主要有:优化汽车结构设计、采用汽车轻量化材料和优化汽车制造工艺。

一、优化汽车结构设计

利用 CAD、CAE 技术,通过集成化设计,对汽车结构进行拓扑、形貌和尺寸优化来减轻汽车质量。拓扑优化也称结构布局优化,是在设计空间中寻找最佳的结构形式或最优的传力路径,提高材料的利用率,达到优化性能和减轻质量的效果;形貌优化既可改变结构的尺寸,也可改变结构的形状,在满足设计要求的前提下优化结构的边界形状,从而改善性能和减轻质量;尺寸优化设计是在给定结构的类型、材料、拓扑结构的情况下,优化结构截面尺寸,使结构质量最轻、体积最小。

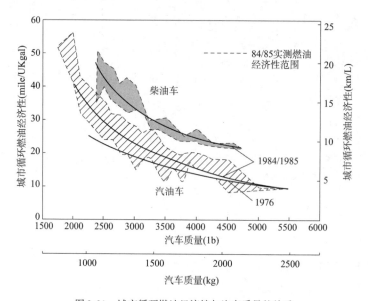

图 2-21 城市循环燃油经济性与汽车质量的关系

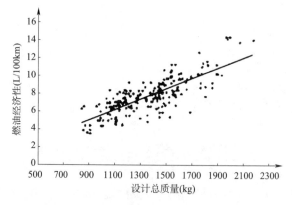

图 2-22 汽车整备质量与汽车燃油经济性的关系

二、采用汽车轻量化材料

新型汽车轻量化材料主要可分为高强度和低密度两类,高强度材料主要指高强度钢,低密度轻质材料有铝合金、镁合金、塑料和复合材料等。

(1)高强度钢。通常将屈服强度介于 210~550MPa 之间的钢称为高强度钢,其是现阶段实现轻量化的首选材料。目前,高强度钢材料主要用在车身的加强件上面,如侧围的 AB 柱、地板边梁、车门防撞杆等特殊的重要部位。其减重机理是充分利用自身超高强度来减薄钢板的厚度,在实现车身减重的同时,也提高了车辆的安全性能。高强度钢材料在欧美国家车身的应用比达到了55%以上,我国自主品牌的应用也占到了45%左右。

(2)铝合金。铝合金密度低、抗冲击性能好,其密度只有钢的35%,而吸能性却是钢的两倍,铝合金储量大、回收利用率高,作为新型轻量化材料,在汽车制造领域得到广泛应用。铝制产品在车身应用减重率可达到50%左右,在满足车身性能条件下,大大减轻车身质量,实现车身轻量化。奥迪A8、捷豹XJ等车型已经实现了全铝车身,其框架为立体结构,外覆盖件为铝板冲压,与同类的钢制车身对比,车身质量减轻了30%~50%,油耗降低了5%~8%。

(3)镁合金。镁合金是密度最小的一种金属材料,其比强度和比刚度都高于铝合金和钢,广泛用于铸造变速箱壳体、转向盘、发动机托架等,具有很大的轻量化应用前景。

(4)塑料和复合材料。为满足轻量化、防腐、美观性等要求,应用于车身轻量化的非金属材料主要有工程塑料和复合材料两类。工程塑料主要包括聚乙烯(PE)、聚氯乙烯(PVC)、聚酰胺(PA,尼龙)等,具有密度低、防腐、防震效果好、成型优良等特点,通过气辅成型(GAM)、水辅成型(WAM)、双组份注塑成型(DAM)等成型技术的加工制造,广泛用于保险杠、翼子板及整车内外饰等汽车零部件;复合材料由两种或两种以上的材料组合,通常由基体和增强体两部分构成,增强材料主要包括纤维类和高分子类材料。由于复合材料具有低密度、高强度和较好的耐高温、耐腐蚀性特点,主要用于汽车悬架、车架等车身构件。

三、优化汽车制造工艺

(1)激光拼焊成型技术。激光拼焊(TWB)将厚度、材质、冲压性能、强度和表面处理等状况不同的板坯先拼焊在一起,然后进行整体的冲压成型。德国的大众汽车最早采用激光拼焊技术,宝钢是亚洲最大的激光拼焊公司,拥有二十余条激光拼焊线,年产板坯达两千多万片,市场占有率在70%以上。激光拼焊技术已经被广泛用于车门内板、车身侧框架、地板和轮罩等车身部件。

(2)热冲压成型技术。通过热处理和高温成型的结合,实现板材加工制造,工艺过程主要包括板材下料、加热到奥氏体状态、冲压成型、冷却淬火,最终获得均匀马氏体组织的高强度成型零件。由于成型材料具有高强度、无回弹、轻量化的特点,其应用范围非常广泛,如侧围的AB柱、前后保险杠等加强件。

(3)其他成型技术。其他成型工艺如液压成形工艺、不等厚度轧制工艺、复合材料注射成型工艺等,能很好地满足新型轻量化材料和结构的要求。

我国汽车产业轻量化技术路线如图2-23所示,按照汽车轻量化技术路线发展,在2020年实现整车减重15%,提高高强钢应用比例,发展热成型等加工技术,同时加大铝合金在发动机、底盘关键零部件和覆盖件上的应用技术研究,加大以塑代钢应用;在2025年实现整车减重12%~20%,整车大量应用铝镁合金,实现全铝车身应用(发展高压成型、铝合金激光拼焊、液态模锻、真空压铸技术)和部分零部件采用碳纤维和塑料等复合材料。

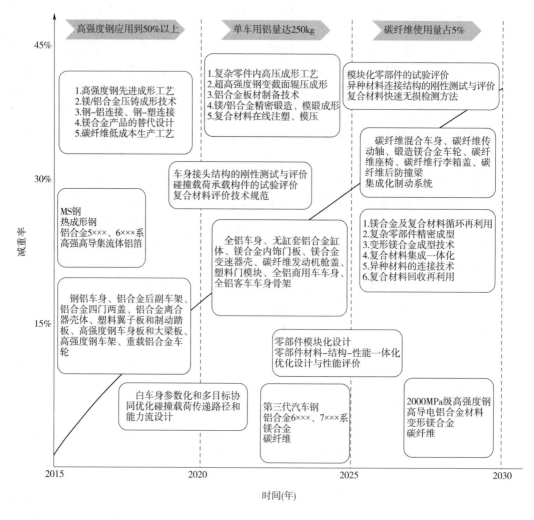

图2-23 我国汽车产业轻量化技术路线图

第五节 汽车能量再生制动技术

汽车能量再生制动系统是指汽车制动时,将车辆的部分动能转化为电能,并储存在能量存储装置中,实现能量再生利用,提高了汽车能量综合利用率。在制动频繁的城市工况下,制动过程消耗的能量占整车牵引过程中产生的有效能量的30%~60%。与传统汽车相比,配备能量再生制动系统的汽车能够有效地回收原本被摩擦消耗的能量,可以降低油耗,改善车辆的燃油经济性。

作为系统能量转换装置的制动电机是实现制动能量回收的最关键部件之一,开关磁阻电机(SRM)结构简单、成本低、容错能力强、起动性能好、没有电流冲击、效率高、调速范围宽,具有良好的四象限工作状态,被认为是电动汽车及混合动力电动汽车中的一种最具潜力的驱动方式之一,目前国际上逐渐采用感应电机、磁阻电机取代直流电机以获得更高的动静态性能。

1. 燃油汽车能量再生制动系统

定压源液压传动系统如图2-24所示,采用变量泵/马达、气囊式蓄能器和飞轮作为能量转换及储存部件,实现制动时的动能回收和起动加速时的液压能回馈。将汽车制动时的动能转变为液压能,并将液压能转变为飞轮的机械能储存起来,并在汽车加速或上坡时再利用。汽车在减速行驶时,驱动轮上的变量泵/马达作为泵工作,由蓄能器和高速旋转的飞轮回收汽车行驶时的能量;汽车在加速行驶或等速行驶阻力增加时,驱动轮上的变量泵/马达作为马达工作,由蓄能器和高速旋转的飞轮为系统提供动力。

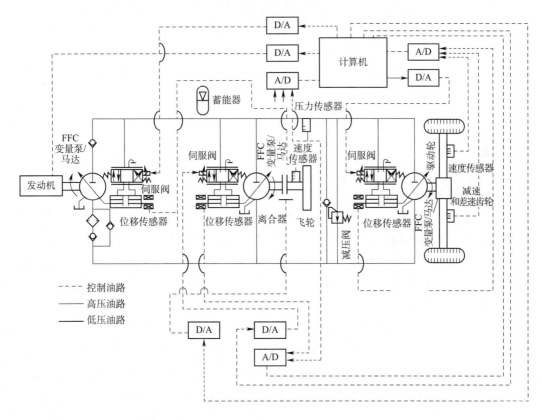

图2-24 燃油汽车能量再生制动系统

2. 纯电动汽车能量再生制动系统

能量再生制动系统将汽车制动或减速时的部分机械能,转换为其他形式的能量(旋转动能、液压能、化学能等),储存在储能器中,同时产生一定的负荷阻力,使汽车减速制动。当汽车再次起动或加速时,再生系统又将储存在储能器中的能量转换为汽车行驶所需的驱动力。纯电动汽车能量再生制动的方法有飞轮储能、液压储能和电化学储能等。

纯电动汽车再生制动/液压制动系统如2-25所示,驾驶员踩下制动踏板后,电泵使制动液增压产生制动力,制动控制与电机控制协同工作,确定纯电动汽车上的再生制动力矩和前后轮上的液压制动力。再生制动时,再生制动控制回收再生制动能量,且反充到动力电池中。与传统燃油汽车相同,纯电动汽车的ABS及其控制阀的作用是产生最大制动力。

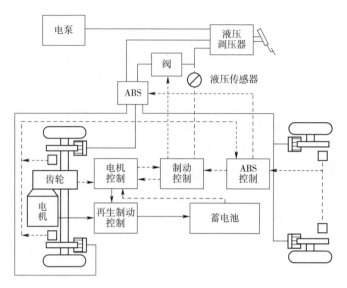

图 2-25 纯电动汽车能量再生制动系统

复习思考题

一、简答题

1. 如何评价汽车燃油经济性?
2. 节油自动离合器有何特点?
3. 减小空气阻力的措施有哪些?
4. 减小滚动阻力的措施有哪些?
5. 如何采用高效变速系统实现汽车节油?

二、判断题

1. ECE 规定:测量车速为 90km/h 与 120km/h 的等速百公里油耗和基于 ECE-R.15 循环工况的百公里油耗,并各取 1/3 求和,作为混合百公里油耗来评定汽车燃油经济性。(   )

2. 汽车采用节油自动离合器后,百公里可节油 1.1L。(   )

3. 6MT 一般较 5MT 可节油 1% ~3%。(   )

4. 7AT 较 4AT 降低 5% ~7% 能耗,8AT 较 4AT 降低 6% ~8% 能耗。(   )

5. 采用 AMT 技术后,与传统 AT 相比,AMT 整车能耗可降低 5% ~10%。(   )

6. 与传统 4AT 相比,CVT 一般可降低 2% ~6% 能耗。(   )

7. 双离合自动变速器与 4AT 相比,能耗可降低 2% ~7.5%。(   )

8. 为防止高速时轮胎发生驻波现象,引起汽车滚动阻力显著增加,汽车行驶时要适当控制车速,载货汽车应控制在 100km/h 以下,轿车应控制在 140km/h 以下。(   )

9. 当汽车在良好的硬路面上以小于 50km/h 的速度行驶时,汽车滚动阻力占总行驶阻力的 80% 左右。(   )

10. 当汽车轮胎气压较标准气压降低 49kPa 时,油耗增加 5%;当轮胎气压低于标准值的 5% ~20% 时,油耗相应增加 10%。(   )

11. 汽车平均空气阻力减小2%,所需发动机功率约可减少0.5%。 (   )
12. 轿车C_D下降0.2,在公路上行驶可节油22%,在城市工况行驶可节油6%。 (   )
13. 汽车安装空气动力筛眼屏板后,C_D可减少3%以上;汽车安装导流罩后,C_D可减少3%~6%。 (   )
14. 汽车安装间隔风罩后,可节约12%燃油。 (   )
15. 汽车质量每减少100kg,油耗将减少0.4~1L/100km;汽车质量每减少10%,燃油消耗可降低6%~8%。 (   )
16. 汽车轻量化措施主要有优化汽车结构设计、采用汽车轻量化材料和优化汽车制造工艺。 (   )
17. 高强度钢材料在欧美国家车身的应用比达到了55%以上,我国自主品牌的应用也占到了45%左右。 (   )
18. 奥迪A8轿车已经实现了全铝车身,外覆盖件为铝板冲压,与同类的钢制车身相比,车身质量减轻了30%~50%,油耗降低了5%~8%。 (   )
19. 按照汽车轻量化技术路线发展,到2025年实现整车减重12%~20%,整车大量应用铝镁合金和部分零部件采用碳纤维和塑料等复合材料。 (   )

三、论述题

1. 阐述实现汽车轻量化的主要途径。
2. 分析纯电动汽车能量再生制动原理。

第三章　燃油汽车发动机节能技术

燃油汽车发动机以其良好的技术成熟度、可靠性及耐久性,在未来较长一段时间内将仍然为汽车主要动力装置。在石油能源日益减少、环保要求不断提高的背景下,世界各国不断加大对环保节能型汽车的研发力度,其中发动机是研发的重点。燃烧燃料以产生动力是发动机工作的前提,为了充分燃烧燃料、提高发动机效率、实现节能减排的目标,必须积极研发和推广应用发动机节能技术,实现发动机节能降耗。采用稀薄燃烧控制技术、进气增压技术、可变压缩比技术、可变配气相位控制技术、燃油喷射电子控制技术等节能技术,能有效地解决发动机能耗问题。

第一节　发动机性能指标与性能特性

发动机性能主要包括动力性、经济性、排放性和运行品质等,其中动力性和经济性与节能的关系最为密切,其相互关联,又相互制约,因此必须在满足动力性要求的前提下,提高发动机的经济性。

一、发动机性能指标

发动机动力性和经济性指标包括指示性能指标和有效性能指标两类。

1. 指示性能指标

以工质在汽缸内对活塞做功为计算基准的指标称为指示性能指标,简称指示指标。指示指标不受动力输出过程中机械摩擦和附件消耗等因素影响,直接反映热功转换程度。

2. 有效性能指标

以发动机曲轴输出功为计算基准的指标称为有效性能指标,简称有效指标。有效指标用于直接评定发动机实际工作性能的优劣,主要包括有效功率、有效转矩和燃油消耗率。

(1) 有效功率。发动机通过飞轮对外输出的功率,称为有效功率,用 P_e 表示,其计算方法:

$$P_e = T_e \frac{2\pi n}{60} \times 10^{-3} = \frac{T_e n}{9550} (\text{kW}) \tag{3-1}$$

式中:T_e ——有效转矩,N·m;
　　　n ——曲轴转速,r/min。

有效功率也可按下式计算:

$$P_e = \frac{i V_h P_{me} n}{30\tau} (\text{kW}) \tag{3-2}$$

式中:i ——发动机的汽缸数;

V_h——每个汽缸的工作容积,L;
P_me——发动机的平均有效压力,MPa;
τ——完成一个工作循环的冲程数。

平均有效压力是指单位汽缸工作容积所输出的有效功,计算方法:

$$P_\mathrm{me} = K_1 \eta_\mathrm{V} \frac{\eta_\mathrm{i}}{\alpha} \eta_\mathrm{m} \ (\mathrm{MPa}) \tag{3-3}$$

式中:K_1——常系数,MPa;

η_V——发动机的充气效率;

η_i——发动机的指示热效率;

η_m——发动机的机械效率;

α——过量空气系数。

(2)有效转矩。发动机通过飞轮对外输出的转矩,称为有效转矩,用 T_e 表示。有效转矩与外界施加于发动机曲轴上的阻力矩相平衡,可用测功机测定。

(3)平均有效压力。单位汽缸工作容积发出的有效功,称为平均有效压力,用 p_me 表示。

(4)有效燃油消耗率。发动机每发出 1kW 的有效功率,在 1h 内所消耗的燃油的质量(g),称为有效燃油消耗率,用 g_e 表示。g_e 越低,发动机的经济性越好。g_e 计算方法为:

$$g_\mathrm{e} = \frac{Q_\mathrm{t}}{P_\mathrm{e}} \times 10^3 \ (\mathrm{g/kW \cdot h}) \tag{3-4}$$

式中:Q_t——发动机在单位时间内的燃油消耗,kg/h。

燃油消耗率也可按下式计算:

$$g_\mathrm{e} = \frac{3.6 \times 10^6}{\eta_\mathrm{i} \eta_\mathrm{m} W_\mathrm{j}} \ (\mathrm{g/kW \cdot h}) \tag{3-5}$$

式中:W_j——燃料热值,kJ/kg。

(5)有效热效率。燃料燃烧产生的热量 Q_1 转化为有效功 W_e 的百分数,称为有效热效率,用 η_e 表示。为获得一定量的有效功所消耗的热量越少,η_e 越高,发动机的经济性越好。

$$\eta_\mathrm{e} = \frac{W_\mathrm{e}}{Q_1} \times 100\% \tag{3-6}$$

3.运行品质指标

发动机运转性能指标主要包括排气品质、噪声、起动性能等,这些性能指标会影响到汽车综合性能,也会对人类赖以生存的环境产生重要影响。发动机采用节能技术时,必须充分考虑上述影响因素。

二、发动机特性

发动机性能指标随着调整状况及运行工况而变化的关系称为发动机特性,包括速度特性、负荷特性和万有特性。

1.发动机速度特性

发动机的有效功率(P_e)、有效转矩(T_e)和有效燃油消耗率(g_e)随曲轴转速(n)变化的曲线,称为发动机的速度特性曲线,如图 3-1 所示。节气门开度全开时的发动机速度特性曲线,称为发动机外特性曲线,代表发动机最高动力性能;节气门部分开启(或部分供油量位置)时的速度特性曲线,称为发动机部分负荷特性曲线。

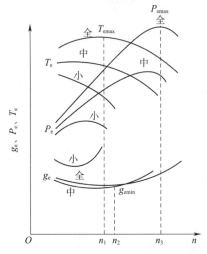

图 3-1 汽油机不同节气门开度时的速度特性曲线

可见,部分特性曲线的变化趋势与外特性基本一致。随着发动机转速的升高,T_e 逐渐增至 T_{emax};此后逐渐下降,且下降程度逐渐加快。随着转速升高,开始时,P_e 曲线上升很快;但达到最大转矩转速后,转速再增大,P_e 增长减慢;当达到 P_{emax} 后,P_e 又随转速的增大而下降。g_e 曲线则为一条凹形曲线,只有在某一经济转速时 g_e 最小。车用发动机很少在节气门全开的工况下工作,主要以部分负荷运转。汽油发动机最大功率比其外特性的最大功率小 15% 左右,货车和轿车(含轻型汽车)的柴油发动机则分别小 10% 和 5% 左右。

2. 发动机负荷特性

当发动机转速不变时,有效功率、有效转矩和平均有效压力都可表示发动机负荷。另外,由于负荷率能更好地反映发动机的经济性规律,还常用负荷率表示负荷大小。也可根据需要用节气门开度(或油量调节机构所决定的循环供油量)表示负荷。

负荷率(U)指发动机在一定转速下节气门部分打开时,实际输出的功率 P' 与节气门全开时所能发出的最大功率 P'_1 之比的百分数,即:

$$U = \frac{P'}{P'_1} \times 100\% \tag{3-7}$$

负荷特性是指发动机转速不变时,其经济性指标随负荷而变化的关系。负荷特性曲线表明了在发动机某一转速时,不同 P_e 或 U 下的有效燃消耗率,如图 3-2 所示。

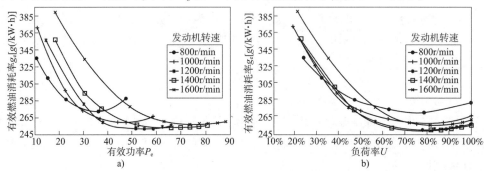

图 3-2 发动机负荷特性曲线

当节气门开度(或油量调节机构所决定的循环供油量)由怠速逐渐增大时,g_e 迅速下降;当节气门开度增至全开度的 80% 左右时,g_e 最低;此后,若再增大节气门开度,g_e 又重新上升。同一转速下的最低燃油消耗率值越小,曲线变化越平,发动机的经济性越好。负荷特性用以评价发动机工作的经济性。

3. 发动机万有特性

发动机的速度特性和负荷特性只能分别表示某一节气门开度或某一转速时发动机性能

参数间的变化规律。而车用发动机的转速和负荷变化范围很广,需要许多转速特性或负荷特性图,以分析各种工况下的性能。在一张图上较全面地展示发动机的性能,常应用多参数的特性曲线,即万有特性曲线。

在以转速、转矩(或平均有效压力)分别作为横、纵坐标的坐标系中画出等油耗曲线和等功率曲线,如图3-3所示。万有特性图中的任一个点,都代表发动机的一个工况,从万有特性图中可以得到发动机任一工况的主要性能参数。

万有特性图中最内层的等燃油消耗率曲线是最经济区域,燃油消耗率最低。曲线越向外,经济性越差,从中很容易找出最经济的负荷和转速。若等燃油消耗率曲线横向较长,则表示发动机经济性对转速变化不太敏感,发动机在负荷变化不大而转速变化较大的情况下,油耗较小;若等燃油消耗率曲线纵向较长,则表示发动机经济性对负荷变化不太敏感,发动机在负荷变化较大而转速变化较小的情况下,燃油消耗较少。等燃油消耗率曲线间隔较稀的区域,发动机经济性的变化较为平缓;而等燃油消耗率曲线间隔较密的区域,发动机经济性的变化较为剧烈。万有特性中的高速、低负荷区域(右下角部分)经济性较差,因而基本不用。采用汽车变速系统,可将发动机的工作点沿等功率线移到万有特性中的低速高负荷区域(左上角部分),以提高发动机的经济性。

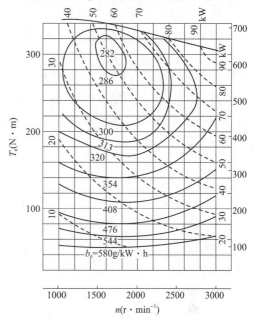

图3-3 发动机万有特性

第二节　发动机节能主要途径

发动机节能是汽车节能技术的关键环节,发动机节能技术的核心是提高发动机的燃烧效率,提高发动机热效率,因此,必须组织好发动机各个工作过程,减少各种损失,正确选择汽车动力发动机机型。

一、提高充气效率

充气效率是指发动机进气行程时,实际进入汽缸内的新鲜气体(空气或可燃混合气)的质量与在进气系统进气状态下充满汽缸工作容积的气体质量的比值,用 η_v 表示。

汽缸容积相同,提高充气效率可使进入汽缸的新鲜气体的量增多。当燃料供给量一定时,η_v 提高,混合气浓度变小,使燃烧时供氧相对充分而改善燃烧条件,有利于提高发动机经济性能。改进发动机的换气过程,可提高 η_v。具体措施包括改进气门配气机构、凸轮外形、配气相位及减小进、排气管道流动阻力等。

1. 减小进气系统的流动损失

发动机进气系统包括空气滤清器、进气管、进气道、气门与气门座,其中气门座处的流通截面积最小,气流损失最大。

1)减小进气门座处的流动损失

(1)增大进气门直径,选择合适的排气门直径。对于现代高速发动机的单进气门、单排气门结构,进气门直径 d 与缸径 D 之比为 5% ~ 50%,面积比 $d^2/D^2 = 0.2 ~ 0.25$。因此应使排气门直径足够大,以减小排气损失。

流动阻力与流速的平方成正比,流速是决定流动阻力大小的主要因素。在高速可压缩的流动系统中,决定气流流动性的最重要参数是马赫数(Ma),平均马赫数(Ma_m)是进气门处气流平均速度 v_{im} 与该处声速 c 之比,即:

$$Ma_m = \frac{v_{im}}{c} = \frac{v_{pm}}{c}\left(\frac{D}{d}\right)^2 \qquad (3-8)$$

式中:D、d——活塞和进气门的直径,m;

v_{pm}——活塞的平均速度,m/s。

发动机的缸径、气门大小一定,Ma_m 与发动机转速成正比。在正常配气相位的情况下,当 $Ma_m > 0.5$ 时,η_v 急剧下降,如图3-4所示。

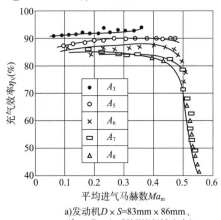
a)发动机 $D \times S$=83mm×86mm、4缸、P_{emax}/n=70kW/(6400r/min)

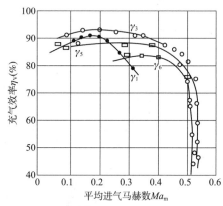
b)发动机 $D \times S$=42mm×35mm、1缸、P_{emax}/n=4.4kW/(10500r/min)

图3-4 η_v 与 Ma_m 的关系

注:1. γ_1、γ_2……为不同的进气门开启角度下测得的 Ma_m 曲线;

2. A_1、A_2……为不同的进气门直径下测得的 Ma_m 曲线。

可见,η_v 的大小取决于 Ma_m。因此,设计发动机时,应尽可能使 Ma_m 在最高转速时不超过0.5。汽油机的 Ma_m 接近0.5,柴油机的 Ma_m 一般在 0.3 ~ 0.5 之间。

(2)增加气门数,采用小气门。采用多气门机构(如3气门、4气门、5气门)是增大进气门流通面积、降低进气损失的有效措施。主要措施有:通过凸轮或摇臂控制气门按时开或关;在气道中设置旋转阀门,按需要打开或关闭该气门的进气通道。其中,设置旋转阀门比采用凸轮、摇臂控制简单。

6135Q-1型柴油机由双气门结构,改用四个小气门(两进、两排)后,η_v 提高,混合器混合均匀,燃烧完全,热效率提高,排气温度降低,热负荷减小,发动机使用寿命延长,达到了节能的目的。发动机采用多气门技术后,可明显降低 HC 和 NO 的排放,降低6% ~ 8%油耗。

(3)改善进气门处流体动力学性能,减小流动损失。适当增大气门升程,改进配气凸轮形状,在惯性力允许的情况下,使气门开闭尽可能快。适当加大气门杆身与头部的过渡圆弧,减小气门座密封面的宽度,修圆气门座密封锥面的尖角等,均可改善进气门处流体动力学性能。

(4)采用较小的 S/D(活塞行程/汽缸直径)值。转速不变时,S/D 减小,活塞平均速度减小,Ma_m 降低。另外,缸径增大,还可采用大的气门直径,使 η_v 提高,如图3-5所示。

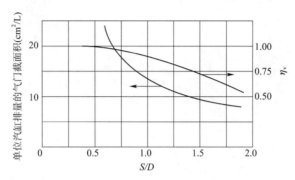

图3-5 S/D 对 η_v 的影响

2)减小整个进气管道的流动阻力

(1)进气道。进气道形状复杂,受气门导管凸台影响,截面形状急剧变化,因而进气阻力较大;同时还要确保进气道形状能使新鲜气体充入汽缸内形成涡流,便于混合气的形成与燃烧。进气道应有足够的流通截面积、表面光滑、拐弯小、多段通道连接对中。

(2)进气管。进气管应有足够的流通截面积,表面光洁,避免急转弯和流通截面突变。为了保证燃料的雾化与蒸发,汽油机进气应有较高的流速,同时为满足低负荷条件下工作,进气管通常做得较小。多缸发动机进气歧管的结构与布局,对充气效率及可燃混合气在缸内的均匀分配影响较大。

(3)空气滤清器。空气滤清器的阻力随结构而异,并随着使用时间的延长而加大。微孔纸质滤芯原始阻力最小,但积尘后阻力增长较快;油浴式空气滤清器阻力较大,使用中要注意清洗。空气滤清器上有报警指示器,当滤芯积尘阻力过大时,指示灯发亮。

为提高充气效率,汽车采用可变进气道系统,根据发动机不同工况,采用不同长度及容积的进气管向汽缸内充气,以形成惯性充气效应及谐振脉冲波效应。

如图3-6所示,双通道可变进气歧管的每个歧管都有两个进气通道,一长一短。根据汽油机转速高低、负荷大小,空气由旋转阀控制后经过相应通道流进汽缸,喷油器安装在长进气道中。

发动机中、低速运转时,旋转阀在发动机电子控制模块控制下,将短进气通道封闭,新鲜空气经空气滤清器、节气门,沿长进气通道,经过缸盖上的进气道5和进气门6进入汽缸;发动机高速运转时,电子控制模块发出指令,旋转阀将短进气道打开,长进气通道变为辅助进气通道,新鲜空气同时经过两个进气通道进入汽缸。

与可变长度进气歧管的功用相同,双通道可变进气歧管可提高发动机在中、低转速和中、小负荷时的有效输出转矩,改善动力性;降低发动机在中、低速和中、小负荷的最低燃油消耗率,改善经济性;适当减少发动机有害排气污染物的排放量,改善排气净化性。

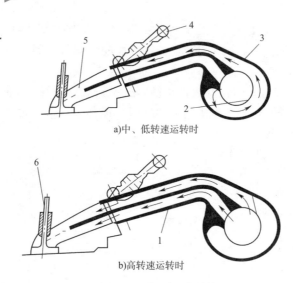

a) 中、低转速运转时

b) 高转速运转时

图 3-6 双通道可变进气歧管

1-短进气通道；2-旋转阀；3-长进气通道；4-喷油器；5-缸盖上的进气道；6-进气门

2. 减少对新鲜充量的加热

降低活塞、气门等热区零件的温度和减小接触面积，如采用增压发动机的燃烧室扫气、油冷活塞、柴油机进、排气管分置缸盖两侧等措施，都有利于减少对新鲜充量的加热，具有节能效果。

3. 减少排气系统的阻力

减少排气系统中气门座、排气道、排气管、消声器的阻力，对降低排气压力、减少排气损失均有利。

4. 合理地选择配气相位

进、排气门开和闭的四个阶段中，进气门迟闭角和进、排气门重叠角对充气效率均有较大影响，如图 3-7 所示。

(1) 进气门迟闭角。利用气流惯性增加每一循环汽缸的充气量。当发动机转速较低（Ma_m 较小）时，进气门迟闭角不宜过大，否则新鲜气体会被向上止点运动的活塞推回到进气管，因为活塞到下止点时，缸内压力与进气管压力相近；当发动机转速高（Ma_m 大）时，活塞到达下止点时缸内压力远低于进气管压力，因此允许有较大的进气门迟闭角，以明显增加进气量。

(2) 进、排气门重叠角。高速非增压柴油机进、排气门重叠角一般在 20°~60°之间。重叠角低于 40°时，基本没有燃烧室扫气作用。有重叠角比无重叠角时充气效率高，原因是进气门早开、排气门晚闭，使进气

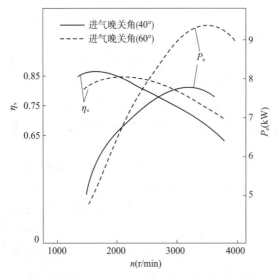

图 3-7 进气门迟闭角对 η_v 和 P_e 的影响

初期和排气后期的节流损失减小。增压发动机的进、排气门重叠角大,可达110°~140°,强烈的燃烧室扫气作用可将残余废气扫除干净,冷却燃烧室热区零件,减少对新鲜气体的加热,有利于提高充气效率,降低NO_x排放量。

(3) 排气提前角。合理的排气提前角,应该是在保证排气损失最小的前提下,尽量晚开排气门,以加大膨胀比,提高热效率。

(4) 配气相位。合理选择配气相位,根据发动机高速性能,从以下几方面综合评定:充气效率高,以保证发动机的动力性能;必要的燃烧室扫气,以保证降低高温零件的热负荷,使发动机运行可靠;合适的排气温度;较小的换气损失,以保证发动机的经济性。

二、提高发动机机械效率

发动机的指示功率:

$$P_i = P_e + P_m \tag{3-9}$$

发动机的机械效率:

$$\eta_m = \frac{P_e}{P_i} = 1 - \frac{P_m}{P_i} \tag{3-10}$$

或:

$$\eta_m = \frac{W_e}{W_i} = 1 - \frac{W_m}{W_i} \tag{3-11}$$

或:

$$\eta_m = 1 - \frac{p_{mm}}{p_{mi}} \tag{3-12}$$

式中:P_i——发动机的指示功率;

P_m——发动机的机械损失功率;

W_i——发动机的指示功;

W_m——发动机的机械损失功;

W_e——发动机的有效功;

p_{mm}——汽缸的平均机械损失压力;

p_{mi}——汽缸的平均指示压力。

不减小缸内指示功率,减少机械损失可提高发动机的机械效率,从而提高发动机的有效功率输出。因此,从设计上尽量采取措施以减少机械损失,从而提高发动机的燃油经济性。减少总摩擦损失的17%~21%,可提高整机经济性3%~7%。

1. 机械损失的组成

发动机的机械损失主要包括机械摩擦损失、附件消耗损失和泵气损失。

(1) 机械摩擦损失。主要包括发动机运动件的机械摩擦、搅油及空气动力损失。

① 活塞组件摩擦。活塞组件摩擦损失占摩擦损失中的最大比例,主要由活塞环面、活塞裙面以及活塞销三部分的摩擦损失组成。改进活塞的形状,减少活塞环横截面的尺寸,适当降低活塞环的张力,可使活塞组件摩擦损失减少23%~25%。采取措施有:减少活塞环数目,如由三道环减至二道环;减薄活塞环厚度,目前已有2~3mm厚的气环;减少活塞裙部的

接触面积;在裙部涂固体润滑膜等。

②轴承摩擦。轴承摩擦损失包括曲轴主轴承、凸轮轴轴承、连杆轴承以及前后主轴承密封装置的摩擦,主要取决于轴径、转速、材质和润滑条件。适当减小曲轴与连杆轴承的直径与宽度,可减少摩擦总损失的3%。

③配气机构摩擦。包括凸轮与挺柱、摇臂与气门、摇臂轴承等部位的滑动摩擦。其中凸轮与挺柱、气门杆与气门导管的接触面,由于载荷高、面积小,摩擦损失最大。减轻气门和摇臂的重量,减轻气门弹簧的负荷,采用带滚轮的气门挺柱等,可以减少1.5%~7.0%摩擦损失。

④其他损失。其他损失包括齿轮、链、带传动损失,连杆大头搅油损失以及曲轴箱内空气压缩、通风和各机件运动的空气动力损失等,所占比例较小。

(2)附件驱动功率消耗。附件驱动功率消耗主要包括水泵、机油泵、高压喷油泵、调速器、点火装置、空压机、动力转向泵及控制排放的辅助空气泵等发动机运转时必不可少的辅助机构所需的驱动功率。

(3)泵气损失。泵气损失指进、排气过程中,工质流动时节流和摩擦等因素造成的能量损失。

2. 影响机械效率的因素

发动机的运转因素、结构因素以及机内外的状态条件,对机械效率(η_m)有不同的影响。

(1)转速。如图3-8所示,η_m随转速或活塞平均速度的上升而下降,原因是:各摩擦副相对速度增加,摩擦阻力加大;曲柄、连杆、活塞等运动件的惯性力加大,活塞侧压力及轴承负荷上升,摩擦阻力加大;泵气损失增大;辅助装置的摩擦阻力和所需功率增加。

(2)负荷。如图3-9所示,与非增压发动机相比,增压发动机机械损失功率因汽缸压力以及增压器的机械损失而略有增加,但因负荷(P_e)上升很多,η_m仍较高。增压中冷使进气温度下降,P_e上升更大,η_m更高。

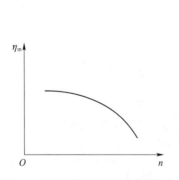

图3-8 发动机转速对机械效率的影响

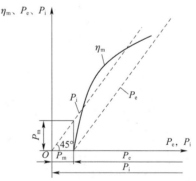

图3-9 机械效率随负荷的变化曲线

(3)润滑。机件相对运动的摩擦损失占机械损失的70%左右,润滑油的黏度是影响η_m最重要的因素。发动机在冷起动和低温状态下运行时,不允许润滑油黏度过高;润滑油已充分暖热时,不允许其黏度过低,以免破坏机件表面的油膜,增大润滑油得消耗量。选用润滑油时,应在保证各种环境和工况均能可靠润滑的前提下,尽量选用低黏度的润滑油,以减小摩擦损失,改善起动性能。

3. 减小机械摩擦损失的途径

(1) 降低连杆、活塞和活塞环等往复运动件的摩擦和质量。

(2) 降低滑动部件的滑动速度及高面压比,如减小曲轴轴径尺寸,缩短轴承宽度等。提高曲轴、连杆等旋转零件的刚度,防止运动中产生变形。

(3) 减少润滑油的搅拌阻力。

(4) 改良润滑油。开发效果良好的节油型润滑油,如低黏度化及减摩添加剂等。

(5) 合理选择摩擦零件的材料,优化材料配对,提高摩擦表面加工精度。

三、可燃混合气成分与发动机工况的匹配

可燃混合气成分通常用空燃比表示,它对发动机动力性、经济性及排放性均有较大影响。

1. 空燃比对发动机性能的影响

将进入发动机的空气质量与燃油质量之比称为空燃比,用 A/F 表示。燃油供给装置的作用就是向进气管提供一定比例的燃油,且与进气管内的空气混合后形成可燃混合气,使其在汽缸内燃烧。1kg 汽油完全燃烧所需要的空气量约为 14.7kg,因此,当 A/F 为 14.7 时,称为理论空燃比。但在发动机实际工作过程中,燃烧 1kg 燃油所消耗的空气不一定就是理论所需求的空气量,它与发动机的结构与使用工况密切相关,所供的实际空气量可能大于或小于理论空气量。此外,通常把实际空气量与理论空气量的比值称为过量空气系数(α),当 $\alpha = 1$ 时,称为理论混合气;$\alpha > 1$ 时,称为稀混合气;$\alpha < 1$ 时,称为浓混合气。

空燃比对发动机性能的影响如图 3-10 所示。当空燃比约为 12.5 时,由于其燃烧速度最快,发动机所产生的转矩最大,故发动机的动力性最好,所以又称其为功率空燃比。当空燃比为 16 时,由于混合气较稀,有利于汽油完全燃烧,故可降低发动机的油耗。因为此时发动机的经济性最好,故又称其为经济空燃比。

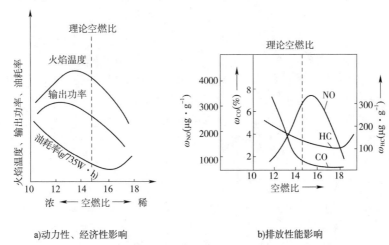

a) 动力性、经济性影响　　b) 排放性能影响

图 3-10 空燃比对发动机性能的影响

发动机性能与空燃比有密切的关系,但影响程度和变化规律各不相同。如何精确地控制空燃比,是提高发动机性能的重要途径。

2. 发动机各种工况对混合气的要求

发动机实际运行过程中,其工况在工作范围内不断变化,且在工况变化时,发动机对可燃混合气空燃比的要求也不同。

(1) 稳定工况对混合气的要求。发动机的稳定工况是指发动机已经完全预热,进入正常运转,且在一定时间内转速和负荷没有突然变化的情况。稳定工况又可分为怠速、小负荷、中等负荷、大负荷和全负荷等几种。

①怠速和小负荷工况。怠速工况是指发动机对外无功率输出,且以最低稳定转速运转的情况。此时,混合气燃烧后所做的功,只用于克服发动机内部的阻力,并使发动机保持最低转速稳定运转。汽油机怠速转速一般为 800±100r/min。在怠速工况下,节气门处于关闭状态。此时,吸入汽缸内的可燃混合气不仅数量极少,而且汽油雾化蒸发也不良,进气管中的真空度很高,当进气门开启时,缸内压力仍高于进气管压力,结果使得汽缸内的混合气废气率较大。此时,为保证混合气能正常燃烧,就必须提高其浓度,如图 3-11 中的 A 点所示。随着负荷的增加和节气门稍微开大而转入小负荷工况时,吸入混合气的品质逐渐改善,所以在小负荷工况时,发动机对混合气成分的要求如图 3-11 中的 AB 段所示。即发动机在小负荷运行时,供给混合气也应加浓,但加浓的程度随负荷的增加而减小。

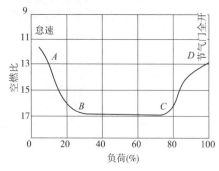

图 3-11 汽油机负荷变化时所需要的混合气空燃比

②中等负荷工况。汽车发动机的大部分工作时间都处于中等负荷状态。此时,节气门已有足够大的开度,上述影响因素已不复存在,因此可供给发动机较稀的混合气,以获得最佳的燃油经济性。该工况相当于图 3-11 中的 BC 段,空燃比约为 16~17。

③大负荷和全负荷工况。在大负荷时,节气门开度已超过75%,此时应随着节气门开度的增大而逐渐加浓混合气以满足发动机功率的要求,如图 3-11 中的 CD 段。但实际上,在节气门尚未全开之前,如果需要获得更大的转矩,只要进一步开大节气门就能实现,没有必要使用功率空燃比来提高功率,而应当继续使用经济混合气来达到省油的目的。因此,在节气门全开之前,所有的部分负荷工况都应按经济混合气配制。只是在全负荷工况时,节气门已经全开,此时为了获得该工况下的最大功率,必须供给功率混合气,如图 3-11 中的 D 点。在从大负荷过渡到全负荷工况的过程中,混合气的加浓应逐渐变化。

(2) 过渡工况对混合气的要求。汽车在运行中的主要过渡工况可分为冷起动、暖机、加速和减速等三种形式。

①冷起动。冷机起动时,需要供给发动机很浓的混合气,以保证混合气中有足够的汽油蒸气,使发动机能够顺利起动。但在冷起动时燃料和空气的温度很低,汽油蒸发率很小,为了保证冷起动顺利,在汽缸内形成可燃混合气,要求混合气的空燃比可达到 2。

②暖机。发动机冷机起动后,各汽缸开始依次点火而做功,发动机温度逐渐上升,即暖机。发动机在暖机过程中,由于温度较低,燃油雾化较差,因此需要空燃比较小的浓混合气,而且随着发动机温度升高而空燃比逐渐增大,直至达到正常工作温度时为止,发动机进入怠速工况。

③加速和减速。发动机的加速是指发动机的转速突然迅速增加的过程。此时,驾驶员猛踩加速踏板,节气门开度突然增大,进气管压力随之增加,由于汽油的流动惯性和进气管压力增大后汽油蒸发量的减少,大量的汽油颗粒被沉积在进气管壁面上,形成较厚油膜,而进入汽缸内的实际混合气则瞬时被稀释,严重时会出现混合气过稀的情况,使发动转速下降。为了避免这一现象发生,在发动机加速时,应向进气管喷入一些附加汽油以弥补加速时的暂时稀释,从而获得良好的加速性能。

当汽车减速时,迅速松开加速踏板,节气门突然关闭,此时由于惯性作用,发动机仍保持很高的转速,因此进气管真空度急剧增高,促使附着在进气管壁面上的汽油蒸发汽化,并在空气量不足的情况下进入汽缸内,造成混合气过浓,严重时甚至熄火。因此,在发动机减速时,应供给较稀的混合气,以避免这一现象发生。

四、提高循环热效率

发动机将燃料的化学能转换为有效功的过程,是决定发动机动力性和经济性最关键的环节。转换效率越高,燃油消耗率低,输出功率大。能量转换过程由燃烧效率(η_c)、机械效率(η_m)和循环热效率(η_t)三个环节组成。其中,η_t是核心环节。发动机工作过程的热力循环由热力过程和缸内工质两大因素决定,热力系统经一系列连续过程,最后又回到初态,称其经历了一个热力循环。如果这种循环在外界加入热量后,又对外做正功,即为热机循环。发动机的一个工作过程就是一个热机循环。

工质在热机循环中所做的功和交换的热量可分别在 $p\text{-}V$ 示功图及 $T\text{-}S$ 示热图上表示。如图3-12所示,$p\text{-}V$ 图上曲线包围的面积反映了循环功(W_t)的大小。

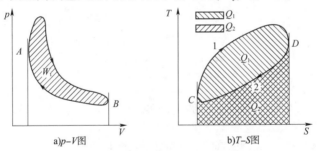

图3-12 发动机动力循环的 $p\text{-}V$ 图及 $T\text{-}S$ 图

可见,发动机每一个工作循环,系统与外界交换的功(W_t)是由外界交换的热(Q)转换而得,即 $W_t = Q = Q_1 - Q_2$,Q_2为向外界的等容放热量。循环热效率为W_t占循环燃料燃烧放出的热量(Q_1)的百分比,即:

$$\eta_t = \frac{W_t}{Q_1} = \frac{Q}{Q_1} = 1 - \frac{Q_2}{Q_1} \tag{3-13}$$

工质的实际循环。从理想循环到实际循环,η_t进一步下降。导致η_t下降的因素主要有:

(1)工质向外传热的损失。实际压缩、燃烧和膨胀过程中,工质都会与周边进行热交换,并非理想的绝热过程,从而引起传热损失。

缸内工质从活塞顶面、汽缸盖底面和缸套壁面向外传热,前两者面积不变,缸套壁面随活塞位置改变。图3-13所示为某柴油机工作循环,活塞顶、汽缸盖底面和缸套壁面热交换量随曲轴转角的变化曲线。工质向缸盖及活塞顶的传热主要在膨胀前期进行,向缸套的传热在中、后期达到峰值。图3-14为发动机三种不同循环示意图。

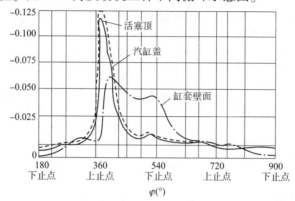

图3-13 缸内工质每工作循环向活塞顶、汽缸盖底面和缸套壁面的传热曲线

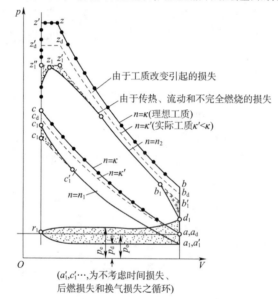

图3-14 发动机三种不同循环示功图
●——理论循环; ----理想循环; ——实际循环
▨时间损失, ▨后燃损失, ▨换气损失

①压缩过程传热。压缩过程初期,工质温度低于周边壁面,周边壁面向工质传热;压缩过程中、后期,工质温度因工质被压缩而上升,工质向外传热。

②燃烧及膨胀过程传热。该阶段传热量最集中,传出热量多,引起缸内压力不如理想循环绝热过程时高,$z_d'z_db_dbzz'$即传热损失。以上传热引起的做功损失,约占总加热量的6%,远远少于冷却系统带出的热量。

(2)早燃损失及后燃损失。实际燃烧过程总要持续一段时间,不存在理想的等容燃烧,燃烧始点要提前到c_1点,以确保更接近上止点燃烧,获得较高等容度,由此引起图上c_1c_1'上面和z_1z_1''下面小块面积的早燃损失。同时,由于高温热分解等作用,压力不会陡然下降,燃烧要延迟一段时间结束,从而出现图上z_1z_1'下面小块面积表示的后燃损失。任何发动机工况都存在最佳点火提前角,使早燃损失达到最小。

(3)换气损失。排气门提前在 b_1 点开启,造成自由排气损失($b_1b_1'd_1b_1$);进、排气过程中的泵气损失,进、排气冲程曲线所包围 $d_1r_1a_1d_1$。换气损失占总放热量的1%～3%,其中排气损失所占比例比进气损失大。

(4)不完全燃烧损失。不完全燃烧损失指燃料与空气混合不良,燃烧组织不善而引起的燃料热值不能完全释放的损失。在合理组织混合气与燃烧的条件下,汽、柴油机都可认为近于完全燃烧。但若偏离正常情况,该损失会大大增加,因此发动机混合气形成与燃烧匹配受到广泛关注。

(5)缸内流动损失。缸内流动损失指压缩、燃烧及膨胀过程中,由于缸内气流(涡流与湍流)所形成的损失。压缩过程中,消耗压缩功增加;燃烧膨胀过程中,由于部分能量用于克服气流阻力,作用于活塞上的压力减小。

(6)工质泄漏损失。工质通过活塞环向外泄漏的现象不可避免,通常不超过排量的1%。活塞环、缸套发生磨损以及低速工况下,泄漏会明显增加。

通过以上分析,采取提高压缩比、采用稀混合气、燃料在上止点燃烧等措施,可提高内燃机的热效率。

五、采用发动机可变压缩比技术

发动机压缩比是指压缩前汽缸内的最大容积与压缩后汽缸内的最小容积之比。压缩比提高,汽缸内混合气压缩终了时的温度和压力随之升高,改善了燃烧条件,减少了不完全燃烧损失和传热损失;燃烧气体膨胀充分,燃料燃烧产生的热量能得到充分利用;有利于燃烧稀混合气。同排量的发动机,压缩比大,能获得较大的热效率,燃料的使用也更加经济。对6102Q 发动机进行试验:当压缩比为6～7时,每提高0.1个单位压缩比,功率增加0.735kW左右,转矩增加2～2.5N·m,油耗率降低1%。

为提高发动机热效率,应增大压缩比。但压缩比过大,不但燃料超耗,还会引起不良后果。对于汽油发动机,若汽油辛烷值一定,压缩比过大,会产生爆燃;对于柴油发动机,压缩比过大,会使零件负荷过大,加速零件磨损并降低机械效率,燃料消耗率提高。

柴油发动机压缩比的选择,应以保证柴油机冷起动性能和最大负荷为原则,同时还要考虑排放气体对环境的污染;汽油发动机压缩比的选择,应以不发生爆燃为原则,在汽缸直径小、转速高、燃烧室紧凑、燃料辛烷值高、爆燃性小的汽油发动机上选择较大的压缩比。

影响压缩比提高的主要因素是爆燃。随着压缩比提高,压缩终了的温度升高很快,混合气自燃倾向增大,以致火焰前锋面尚未到达之前出现自燃,而产生爆燃。

影响爆燃的因素主要是汽油的辛烷值,辛烷值越高,越不易爆燃。但低压缩比发动机使用过高辛烷值汽油时,加速缓慢,动力下降,耗油较快,缸垫易被烧穿,气门易被烧蚀;相反,高压缩比的发动机使用过低辛烷值汽油时,会导致起动困难,增大爆燃趋势,动力下降,油耗上升。

汽车发动机采用可变压缩比技术,可直接满足发动机高动力输出和低油耗的目标,其在高负荷区域,采用低压缩比,可以抑制爆震现象发生,提升发动机外特性;在低负荷区域,采用高压缩比,可以提高发动机热效率,降低油耗。

第三节 稀薄燃烧控制技术

稀薄燃烧控制技术采用汽缸内直接喷射方式,将高压燃油直接喷入活塞顶部的深坑型燃烧室内,配合进气涡流及燃烧室内的气流运动,形成分层燃烧,同时精确控制缸内的燃油喷射量和喷射时间,实现空燃比为 50 的超稀薄燃烧。结合提高压缩比和 EGR 技术,可有效地改善发动机经济性和排放特性。汽油机缸内直喷(GDI)及稀薄燃烧技术已成为汽油机的发展方向。

一、概述

汽车油耗、NO_x 和发动机输出转矩的变动量(ΔT_{tq})随空燃比(A/F)的变化特性如图 3-15 所示。在理论空燃比下,通过三元催化转化器可将 CO、HC 和 NO_x 的排量控制在很低的水平,但并不是最佳经济点,还需要进一步提高 A/F。通常 A/F 增加,NO_x 排量增加,当 $A/F \approx 16$ 时,NO_x 排量达到最大值。继续增加 A/F,由于空气冷却,燃烧温度降低,NO_x 排量反而降低,但 ΔT_{tq} 增加。因此,要求稀薄燃烧系统必须精确地控制 A/F,将 ΔT_{tq} 控制在允许范围内。为了改善燃烧过程,扩大稀薄燃烧范围,主要采用立式(滚动式)进气道,在燃烧室内形成强大的纵向进气涡流,以提高混合气的湍流强度;同时,在进气行程进行燃油喷射,利用混合气涡流,在火花塞附近形成比平均混合气浓度更浓的混合气,形成分层燃烧状态。

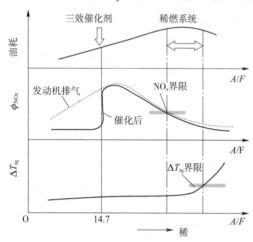

图 3-15 油耗、NO_x 和 ΔT_{tq} 随 A/F 的变化特性

二、稀薄燃烧方式及特点

稀薄燃烧技术建立在混合气分层燃烧的基础上,分层燃烧是在着火时刻时,在火花塞周围分布适合于着火的浓混合气,而燃烧室其他位置为稀混合气。如何在汽缸内形成适合的混合气浓度梯度分布是稀薄燃烧的关键技术。根据汽缸内涡流形式的不同,稀薄燃烧分为轴向分层稀薄燃烧和纵向分层稀薄燃烧;根据喷射方式不同,稀薄燃烧分为气道喷射(PFI)稀薄燃烧和缸内直喷(GDI)稀薄燃烧。GDI 发动机的经济性和排放特性明显优于 PFI 发动机,其燃烧过程比较如图 3-16 所示。

GDI 汽油机在不同工况下的混合气特征如图 3-17 所示,在整个运行工况范围内采用混合燃烧模式,即稀薄燃烧仅对中小负荷工况进行。其在压缩行程后期喷油,通过晚喷在汽缸内形成上浓下稀的分层混合气,点火后能高效稳定燃烧,混合气的平均空燃比可达到 25,同时通过推迟点火时刻,采用 EGR 技术等控制排放;在大负荷或全负荷区,为了输出最大转矩,提供功率混合气,为此在进气行程中提前喷油,点火时缸内已形成均匀混合气;在中等负荷、高速区采用均质的理论混合气燃烧,通过三元催化转化器降低排放。

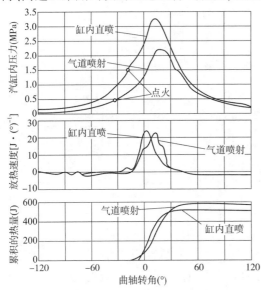

图 3-16　GDI 与 PFI 燃烧过程比较

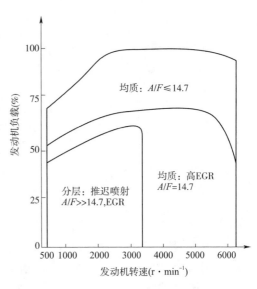

图 3-17　GDI 发动机不同工况下混合气特征

（1）PFI 稀薄燃烧技术。PFI 稀薄燃烧技术如图 3-18 所示。四气门发动机通过气流与喷射时刻的匹配,在缸内形成混合气浓度的梯度分布。缸内气流运动规律由直进气道和螺旋气道控制,在中小负荷工况运行时关闭直进气道,进入汽缸的气流在螺旋气道的导向作用下,在缸内形成一定强度的涡流,并与喷油时刻配合,实现稀薄燃烧；大负荷时,直进气道和螺旋进气道同时开启,减小缸内涡流强度,提高充气效率,实现功率混合气的均质燃烧。

PFI 稀薄燃烧分为轴向分层稀薄燃烧和横向分层稀薄燃烧。轴向分层稀薄燃烧配合缸内气流在进气后期进行喷射,通过缸内强涡流实现混合气浓度的梯度分布。喷油时刻决定缸内浓混合气的位置,从而确定火花塞位置。分层原理如图 3-19 所示,利用进气道的导向作用在缸内形成较强的轴向

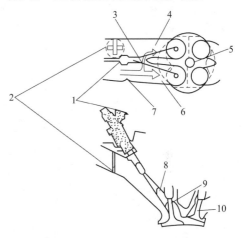

图 3-18　四气门稀燃系统
1-喷油器；2-进气控制阀；3-连接通道；4-直气道；
5-火花塞；6-螺旋气道；7-进气系统；8-凸起壁面；
9-进气门；10-排气门

涡流,轴向涡流强度在压缩过程中有所衰减,但能保持一定强度,配合缸内的气流特性,通过 ECU 控制喷油器在进气后期的恰当时刻喷油,由此通过缸内轴向涡流的作用,在汽缸内形成上浓下稀的混合气浓度梯度分布,实现稀薄燃烧。

轴向分层燃烧的关键技术在于喷射时间与进气涡流的匹配,通过进气道导向行程进入汽缸内的螺旋形涡流,可分解为径向分量和轴向分量,通常径向分量大于轴向分量。通过径向分量使由进气门进入汽缸的混合气向汽缸圆周扩散分布,混合气沿轴向形成浓度梯度分布,保证火花塞附近形成浓混合气,空燃比可达到 22。轴向分层燃烧相对均质燃烧,油耗可

降低12%。稀薄燃烧汽油机普遍采用多气门机构和进气可变系统,实现汽缸内的斜轴涡流。

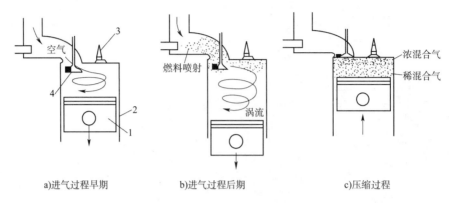

图 3-19 轴向分层原理
1-活塞;2-汽缸;3-火花塞;4-导气屏进气门

横向分层稀薄燃烧利用滚流式进气道,进气过程中在汽缸内绕垂直于汽缸中心线且平行于曲轴轴线产生纵向滚流,并配合喷射方式在缸内形成混合气浓度梯度分布,如图 3-20 所示。滚流在压缩过程中随压缩程度增加而越来越强。喷油器布置在进气歧管中心,顺气流沿气门方向喷油。在滚流作用下,浓混合气经过汽缸中央布置的火花塞,两侧为空气,实现横向混合气浓度梯度分布,空燃比可达到23,经济性可提高6%~8%,NO_x 排放降低80%。

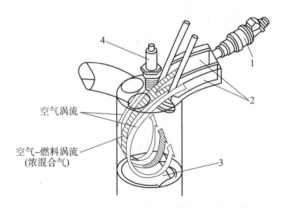

图 3-20 横向浓度分层形成原理
1-喷油器;2-进气口隔板;3-滚流控制活塞;4-中心火花塞

PFI 式稀薄燃烧技术能改善发动机的经济性和排放特性,但由于节气门的存在,泵气损失增大,影响中小负荷燃烧效率的提高;混合气形成过程中,进气道及气门处黏附油膜,直接影响汽缸内的混合气质量,不利于发动机快速起动、瞬态过渡响应特性以及更精确地控制混合气浓度;空燃比小于27,节能效果有限,难以进一步降低 NO_x 排放。

(2)GDI 稀薄燃烧技术。GDI 技术包括缸内气流特性(滚流和涡流)控制、高压旋流式喷油器的喷雾及喷射时间控制、喷射压力(2~5MPa)控制和稀薄燃烧等。

GDI 汽油机的喷油器安装在燃烧室内,如图 3-21 所示,在汽缸内更容易形成不均匀的混合气浓度梯度分布,消除了气道油膜蒸发量对缸内混合气质量的影响,减小泵气损失,更容易实现稀薄燃烧,且混合气 A/F 范围变宽,有利于进一步改善发动机的经济性和排放特性。

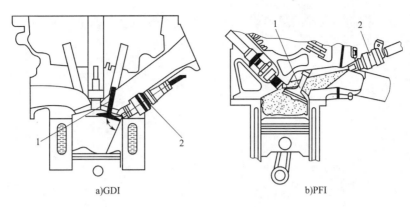

a)GDI b)PFI

图 3-21 GDI 与 PFI 比较
1-进气阀;2-喷油器

GDI 发动机燃烧室内气流的组织方式,如图 3-22 所示。壁面导向方式通过活塞顶部燃烧室的形状将喷油器喷射的燃油导向汽缸上部流动,配合燃烧室内形成的挤流,在火花塞附近形成浓混合气。气流导向方式通过燃烧室结构形状设计,配合进气道的导向作用,在汽缸内形成涡流和滚流,配合喷射时间实现混合气浓度分层分布,在适当位置设置火花塞,可靠点燃混合气。喷雾导向方式配合汽缸内的气流特性,合理布置火花塞及喷油器喷射的相对位置,实现稀薄燃烧。火花塞安装在靠近喷油器的下游,喷油器喷射的燃油偏向火花塞位置方向,通过喷射时刻和点火时间的合理控制,可靠点燃梯度分布的混合气。

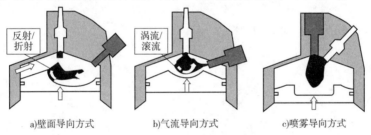

a)壁面导向方式 b)气流导向方式 c)喷雾导向方式

图 3-22 发动机燃烧室内气流的组织方式

GDI 喷射方式不仅能实现均质混合气燃烧,也可实现混合气浓度分层的稀薄燃烧。目前,利用 GDI 技术已经开发了预混合压燃(PCCI)和均质压燃(HCCI)技术。

①GDI 分层稀薄燃烧。GDI 分层稀薄燃烧如图 3-23 所示。缸内直喷汽油机的启喷压力为 2MPa,采用螺旋气道在缸内产生一定强度的进气涡流,火花塞沿气流方向布置在喷油器下游的油束下方。在缸内气流的作用下,喷油器喷雾偏向火花塞方向扩散,形成火花塞附近为浓混合气的分层分布。对应喷射时间控制点火时刻实现可靠着火,并向稀薄混合气扩散燃烧;已燃气体被气流带离火花塞区,新鲜气体被带入喷油区,依次循环工作。可将发动机压缩比提高到 12,从而提高热效率,改善燃油经济性。

②GDI 滚流分层稀薄燃烧。GDI 滚流分层稀薄燃烧在缸内组织滚流的方式大体上有两种:

a. 采用切向进气道和燃烧室结构形状,压缩过程中在缸内形成压缩滚流,滚流随压缩过程的进行越来越强,配合喷射时间在缸内形成不同的混合气浓度分层分布,如图 3-24 所示,空燃比可达到 40,燃油经济性提高 30%,采用 40% 的 EGR 率可降低 NO_x 排放达 90%。根据发动机不同工况,控制喷油器的早喷射和晚喷射,可实现均质燃烧和分层燃烧,也可在小负荷到大负荷范围内实现分层稀薄燃烧。

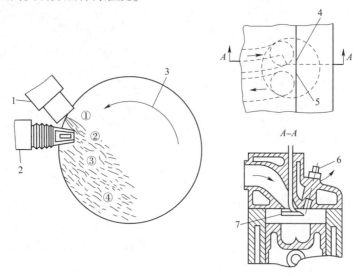

图3-23 分层稀薄燃烧
1、4、6-喷油器;2、5-火花塞;3-空气流动方向;7-挡板阀

b. 采用直立式进气道,进气过程中在汽缸内直接产生进气滚流,结合压缩过程中不断加强的滚流强度控制最佳喷射时间,在缸内形成混合气浓度的分层分布,如图3-25所示,空燃比可达到50,能有效改善发动机的经济性和排放特性。

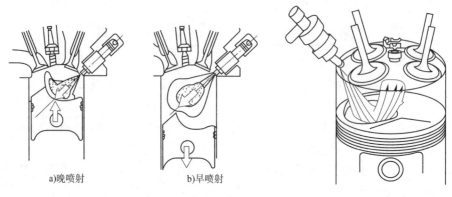

a)晚喷射　　　　b)早喷射

图3-24 GDI分层燃烧系统　　　　图3-25 GDI燃烧系统

汽油机采用GDI技术后,经济性可达到或接近柴油机水平,动力性也相应提高,瞬态响应特性明显改善,起动时间短,冷起动时HC排放降低。但仍存在以下问题,需进一步完善:

①分层燃烧对燃油蒸气在汽缸内的分布要求高,需喷油时刻、点火时刻、空气运动、喷雾特性和燃烧室形状匹配,否则燃烧不稳定。

②低负荷时HC排放较多,高负荷时NO_x排放较多,若燃烧组织不好,有可能形成碳烟。

③由于喷油器安装在燃烧室内,与高温燃气直接接触,所以易堵塞且无自洁作用,直接影响喷雾质量。

④因混合气浓度超出理论空燃比,三元催化转换器不能应用,而稀薄混合气的还原装置

成本高,技术难度较大。

⑤汽缸和燃料供给系统的磨损加剧。

三、稀薄燃烧控制方法

目前稀薄燃烧系统精确控制空燃比的方法有空燃比反馈控制式和燃烧压力反馈控制式。

1. 空燃比反馈控制式稀薄燃烧系统

利用空燃比传感器测出排气中的氧浓度,由此求出该循环空燃比,进行下一循环空燃比的反馈控制。空燃比传感器输出的信号为模拟信号,对该信号进行 A/D 转换,经调幅等前处理后,再输入到 ECU 中进行排气中氧浓度的测量,并利用储存在 ROM 中由发动机工况确定的目标空燃比的脉谱图,计算出该工况下排气中的目标氧浓度。然后将目标值与实测值进行比较,求出偏差量,并对偏差量进行修正,确定最终的喷射持续时间。空燃比反馈控制流程如图 3-26 所示。

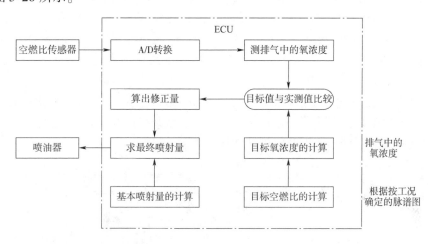

图 3-26 空燃比反馈控制流程

2. 燃烧压力反馈控制式稀薄燃烧系统

通过燃烧压力传感器直接检测汽缸内的燃烧压力,由此求出发动机每循环输出转矩的变动量,并通过空燃比的反馈控制,使发动机输出的实际转矩变动量被控制在允许范围内。控制空燃比使实际转矩变动量更接近允许的界限值。与空燃比反馈控制式相比,空燃比控制范围更大,可进一步降低 NO_x 排放。

第四节 进气与增压控制技术

增压技术利用压缩机对空气进行压缩增压后再送入缸内燃烧。在相同的进气冲程内,进气门的开启时间一定,将空气进行压缩后再送入汽缸,能使单位时间内进入缸内的空气质量增加,同一循环内喷油量增加,输出功率增加,同时改善缸内燃烧状况,提升燃烧效率。与普通发动机相比,增压技术可使发动机输出功率提高至少 20%,并且与大排量的发动机相比,其消耗的能源更少,获得的动力却相当,在很大程度上降低了能源消耗,减少了污染物的排放,提高了汽车发动机的经济性。

一、谐波进气增压控制系统

谐波进气增压控制系统利用进气气流的惯性产生的压力波提高充气效率。

在发动机进气行程初期,由于活塞的吸入作用,在进气管内产生负的压力波(负压波),负压波在进气管内传播,并到达进气管末端,若无压力变化时,该负压波被反射回来,形成逆相位的正压力波。当进气门打开时,正压力波进入汽缸内,从而提高了充气效率,即惯性增压。汽缸、进气管构成进气系统,由活塞引起压力振动而产生共振,使这种惯性效应达到最大值。一般通过选择进气管长度、进排气门的开闭定时,实现在发动机的额定转速下获得较好的惯性效应。

如果使进气压力脉动波与进气门的配气相位合理配合,可使进气管内的空气产生谐振,利用谐振效果在进气门打开时形成增压进气效果,有利于增加发动机的输出功率。

进气管较长时,谐振压力波的波长较长,有利于发动机在中、低转速区增加转矩;进气管较短时,谐振压力波的波长较短,有利于发动机在高速范围内输出功率的增加。若发动机进气管的长度能随转速改变,可使发动机在整个转速范围内充分利用进气谐振效应,有效地提高发动机的动力性。但进气管的长度不能改变,因此一般按最大转矩所对应的转速区域设计惯性增压。

波长可变的谐波进气增压控制系统(ACIS),如图3-27所示。该发动机进气管的长度不能变化,但在进气管中部增设了一个大容量的空气室和电控真空阀,实现了压力波传播有效长度的改变,并兼顾了发动机低速和高速的谐波增压效应。

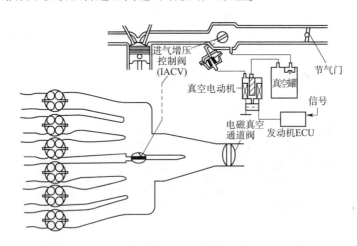

图3-27 ACIS控制原理

当发动机转速较低时,大容量空气室出口的控制阀关闭,进气管内的脉动压力波传播长度为由空气滤清器到进气门的距离,该距离较长,按发动机中低速进气增压效果要求设计。当发动机转速较高时,则空气室出口的控制阀打开,由于大容量的空气室的参与,在进气道控制阀处形成气帘,使进气压力脉动波只能在空气室出口和进气门之间传播,等效地缩短了压力波传播距离,使发动机在高速区也能得到较好的气体动力增压效果。

二、共振增压可变进气系统

共振增压是利用汽缸群中的压力振动实现进气系统的调谐共振,而惯性增压则只利用各汽缸的压力振动实现调谐。

共振增压可变进气系统(六缸发动机)设有上、下两个集合部(容器),连接两个集合部的通路上设有可变进气控制阀,如图 3-28 所示。由于各汽缸的进气行程相隔 20°曲轴转角,各汽缸产生的负压波存在 120°相位差,每 1 个集合部(容器)连接各汽缸的进气管,则各缸产生的负压波在容器中互相抵消,容器成为反射点,所以可根据进气管长度、口径、汽缸容积决定惯性效应。与此相对应,进气行程具有 240°间隔的汽缸群被分为 2 个容器,并形成相位为反向 240°周期的合成波。当用同样长度的进气管连接 2 个容器,则从 2 个容器传播的压力波在接合部互相抵消。接合部成为反射点。在进气行程中产生的负压波在接合部进行反射,反相形成正压波的时间与进气阀关闭时间一致,则汽缸内压力超过大气压,提高了充气效率。

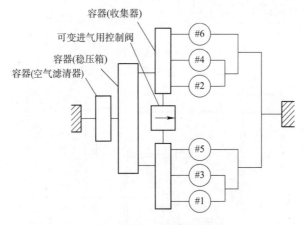

图 3-28 共振增压可变进气系统

使用共振增压的可变进气系统,2 个容器与长度、口径不同的 2 个管路相连;另外,设有可变进气控制阀,其在低速时关闭,高速时开启,可获得 2 种不同的共振增压效应。发动机低速时,可变进气控制阀关闭,左右两个容器中的相位相反,于是产生 240°的周期性压力波,并在稳压箱中互相抵消,从而形成反射点;发动机高速时,可变进气控制阀开启,反射点即成为进气管连接通道的中心点。利用这种控制原理,使发动机获得两种共振效应,从低速域到高速域,提高了充气效率。以进气量信号、发动机转速信号、检测暖机状态的壁温信号以及节气门开关信号作为发动机运转区域的判别信号,ECCS(电控单元)控制步进电动机的运转,从而控制可变进气控制阀的开、闭。共振增压可变进气系统如图 3-29 所示。

三、废气涡轮增压系统

废气涡轮增压闭环控制系统如图 3-30 所示。ECU 依据发动机的加速、爆燃、冷却液温度、进气量等信号,确定增压压力的目标值,并通过进气管压力传感器来反馈发动机的实际增压压力值。ECU 根据目标值与实际值的差值控制脉冲信号的占空比,分别控制电磁阀的相对开启时间,以此调节可变喷嘴环和涡轮增压器废气放气阀真空膜盒的真空度,改变可变喷嘴环的角度和废气放气阀的开度,从而控制废气涡轮的转速,以此产生发动机所需要的目标增压压力。

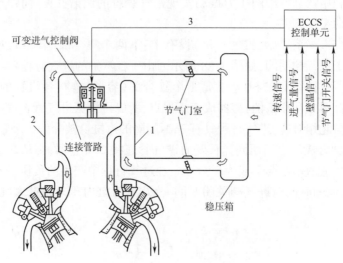

图 3-29　共振增压可变进气系统
1、2-集气管;3-可变进气控制信号

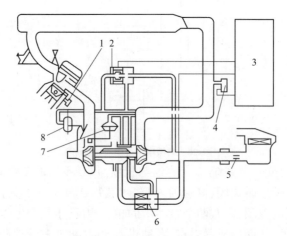

图 3-30　增压压力闭环控制系统
1-爆燃传感器;2-放气阀控制电磁阀;3-ECU;4-进气管压力传感器;5-空气流量传感器;6-可变喷嘴环控制电磁阀;7-可变喷嘴环真空膜盒;8-放气阀真空膜盒

第五节　可变配气相位控制技术

可变配气相位控制技术包括可变气门正时和可变气门升程两大类。部分发动机只匹配可变气门正时,如丰田的 VVT-i 发动机;部分发动机只匹配可变气门升程,如本田的 VTEC;部分发动机既匹配了可变气门正时,又匹配了可变气门升程,如丰田的 VVTL-i、本田的 VTEC-i。

一、可变气门正时

采用可变气门正时(VVT)技术,改善了发动机在低、中转速下的转矩输出,大大增强了驾驶的操纵灵活性,可以将发动机的转速设计得更高。

可变气门正时可分为:

①连续可变气门正时和不连续可变气门正时;

②进气可变气门正时和进、排气双可变气门正时。

简单的可变配气相位 VVT 只有两段或三段固定的相位角可供选择,通常是 0°或 30°中的一个。更高性能的可变配气相位 VVT 能够连续变化相位角,根据转速的不同,在 0°~30°之间线性调控配气相位角。连续可变气门正时系统更适合匹配各种转速,因而能有效地提高发动机的输出性能,尤其是发动机的输出稳定性。

ECU 根据发动机转速和负荷等传感器信号控制凸轮轴调整机构的机油压力,从而改变进、排气门的开、关时刻,此系统也称为智能可变气门正时(VVT-i)。

1. 智能可变气门正时系统的组成及功用

VVT-i 主要包括凸轮轴位置传感器、曲轴位置传感器、VVT-i 控制器和凸轮轴正时机油控制阀。VVT-i 利用曲轴位置传感器和凸轮轴位置传感器(VVT 传感器)检测凸轮轴转动变化量,从而确定凸轮轴转动方向及转动量。VVT-i 控制器结构形式如下:

(1)叶片式 VVT-i 控制器。叶片式 VVT-i 控制器由定时链条驱动的外壳、固定在凸轮轴上的叶片组成,如图 3-31 所示。VVT-i 控制器的叶片在油压的作用下沿圆周方向旋转,带动凸轮轴连续转动,从而改变进气门正时。当发动机熄火时,进气凸轮轴被调整到最大延迟状态以维持起动性能。当发动机起动后,在油压并未立即传到 VVT-i 控制器时,锁销锁定 VVT-i 控制器的运动部件以防撞击产生噪声。叶片式 VVT-i 控制器是目前内部摩擦力最小,使用最广泛的一种控制器。

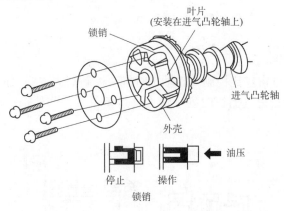

图 3-31 叶片式 VVT-i 控制器

(2)螺旋齿轮式 VVT-i 控制器。螺旋齿轮式 VVT-i 控制器由活塞、螺旋齿轮、直齿轮(内齿为螺旋齿轮)、复位弹簧、齿毂(外壳)组成,螺旋齿轮与凸轮轴固定连接,如图 3-32 所示。当机油压力作用在活塞上,活塞克服弹簧力推动直齿轮轴向运动,与直齿轮内齿合的螺旋齿轮旋转,同时带动凸轮轴转动一定角度,改变了凸轮轴的位置。

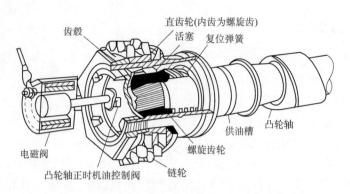

图 3-32 螺旋齿轮式 VVT-i 控制器

(3) 链式 VVT-i 控制器。链式 VVT-i 控制器在进、排气凸轮轴之间安装的一个链传动机构,如图 3-33 所示。排气凸轮轴由曲轴通过带直接驱动,进气凸轮轴通过链轮和链条由排气凸轮轴驱动。机油压力作用在活塞上,活塞推动链条张紧器上下移动,改变进气凸轮轴的转动角度。这种调整结构只改变进气凸轮轴的正时,一汽奥迪 A6 轿车和上海帕萨特 B5 轿车的 VVT-i 采用了该结构。

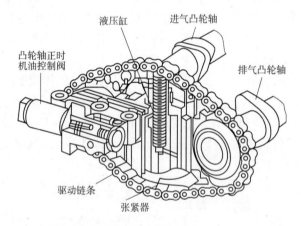

图 3-33 链式 VVT-i 控制器

由发动机 ECU 通过占空比控制凸轮轴正时机油控制阀的位置、分配 VVT-i 控制器的油压。发动机停止运转时,进气门正时处于最大延迟角位置。凸轮轴正时机油控制阀的结构如图 3-34 所示。

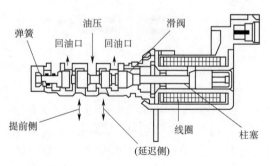

图 3-34 凸轮轴正时机油控制阀

2. 智能可变气门正时系统的工作原理

进气门智能可变气门正时系统(VVT-i)如图3-35所示,智能可变气门正时系统的工作过程见表3-1。

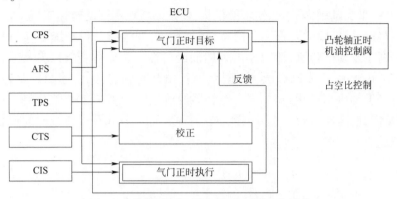

图3-35 进气门智能可变气门正时系统工作原理

智能可变气门正时系统的工作过程 表3-1

名称	图示工作过程	凸轮轴正时机油控制阀的占空比	工作过程说明
正时提前	(1)		当由发动机ECU发送给凸轮轴正时机油控制阀的占空比变大(>50%),阀位置处于如左图(1)所示位置,油压作用于气门正时提前侧的叶片室,使进气凸轮轴向气门正时的提前方向旋转
正时推迟	(2)		当由发动机ECU发送给凸轮轴正时机油控制阀的占空比变小(<50%),阀位置处于如左图(2)所示位置,油压作用于气门正时延迟侧的叶片室,使进气凸轮轴向气门正时的推迟方向旋转
正时保持	(3)		发动机ECU根据各传感器的信息进行处理,并计算出气门正时角度,当达到目标气门正时以后,凸轮轴正时机油控制阀通过关闭油道来保持油压。如左图(3)所示是保持现在的气门正时的状态

二、可变气门升程

1. 概述

采用可变升程正时(Variable Valve Timing with Lift, VVTL)控制的发动机,气门升程能随发动机转速的变化而改变。发动机低转速时,采用短升程,能产生更大的进气负压及更多的涡流,使空气和燃油充分混合,提高发动机低转速时的动力输出;发动机高转速时,采用长升程提高充气效率,使发动机换气顺畅。

VVTL 以 VVT 为基础,采用凸轮转换机构,使发动机在不同的转速工况下由不同的凸轮控制,及时调整进、排气门的升程和开启持续时间。可变气门升程系统对气门开、闭时刻进行了优化,提高了发动机转速、动力输出和燃油经济性。智能可变气门升程系统(VVTL-i)的组成如图 3-36 所示,当发动机低、中速运转时,由凸轮轴的低、中速凸轮驱动摇臂,使进、排气门动作;当发动机高速运转时,来自传感器的信号使 ECU 控制机油控制阀动作,调节摇臂活塞液压系统,使高速凸轮工作。因此,进、排气门的升程和开启持续时间增加,提高了发动机的充气效率。

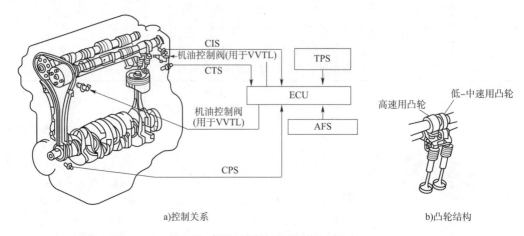

图 3-36 智能可变气门升程系统(VVTL-i)

2. VVTL-i 的组成及工作原理

VVTL-i 控制系统包括曲轴位置传感器、凸轮轴位置传感器、节气门位置传感器、冷却液温度传感器、空气流量传感器和机油压力控制阀(图 3-37)。VVTL-i 的控制原理如图 3-38 所示,VVTL-i 的工作过程见表 3-2。机油压力控制阀中的伺服阀由 ECU 进行占空比控制。当发动机高速运转时,机油压力控制阀开启,机油直接通往凸轮转换机构,使高速凸轮起作用。

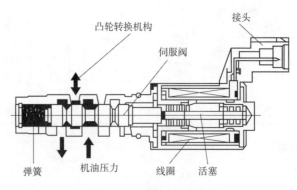

图 3-37 机油压力控制阀

第三章 燃油汽车发动机节能技术

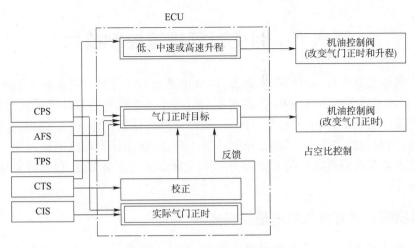

图 3-38　VVTL-i 控制原理

VVTL-i 工作过程　　　　　　　　　　　　　　　　　　　　表 3-2

图示说明	工作过程
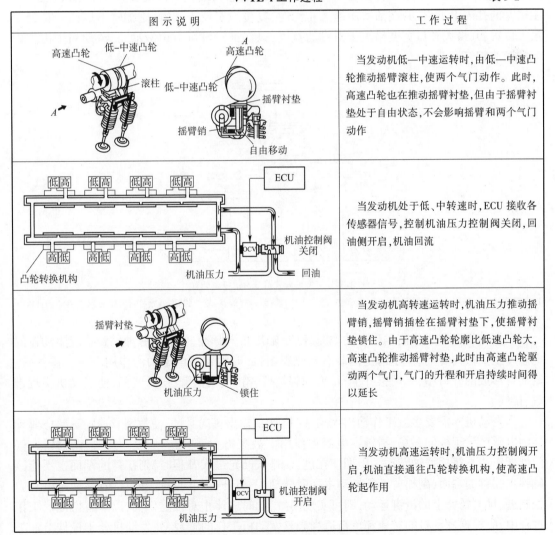	当发动机低—中速运转时,由低—中凸轮推动摇臂滚柱,使两个气门动作。此时,高速凸轮也在推动摇臂衬垫,但由于摇臂衬垫处于自由状态,不会影响摇臂和两个气门动作
	当发动机处于低、中转速时,ECU 接收各传感器信号,控制机油压力控制阀关闭,回油侧开启,机油回流
	当发动机高转速运转时,机油压力推动摇臂销,摇臂销插栓在摇臂衬垫下,使摇臂衬垫锁住。由于高速凸轮轮廓比低速凸轮大,高速凸轮推动摇臂衬垫,此时由高速凸轮驱动两个气门,气门的升程和开启持续时间得以延长
	当发动机高速运转时,机油压力控制阀开启,机油直接通往凸轮转换机构,使高速凸轮起作用

第六节　可变汽缸排量控制技术

汽车在设计上通常有较大的功率储备，以获得良好的动力性。当车辆在市区或坡路行驶时，只需要最大功率的 20%～40%，此时发动机的经济性能和排放性能都较差，为此采用可变汽缸排量控制技术，在中低负荷情况下，使部分汽缸停止工作，改善发动机的经济性能和排放性能；当发动机大功率工作时，全部汽缸工作，从而保证发动机的动力性。可变汽缸排量控制技术是在部分负荷情况下，部分进气门关闭以实现闭缸节油，包括可调摇臂式和可调挺杆式两种。

一、可调摇臂式可变汽缸排量控制技术

可调摇臂式可变汽缸排量装置如图 3-39 所示，由主摇臂、副摇臂、滑键和复位弹簧等构成。主摇臂、副摇臂通过摇臂轴连在一起，可分别绕摇臂轴转动；滑键安装在主摇臂上，可在主摇臂的孔内上下滑动；在活塞压缩上止点时，复位弹簧使主摇臂、副摇臂形成的开口处于最大位置，其最大开口宽度略大于滑键的宽度，以保证滑键可自由滑动，其滑动间隙由气门间隙调节螺钉调节。

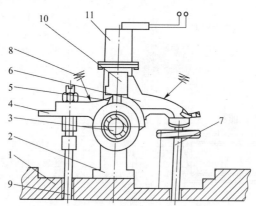

图 3-39　可调摇臂式可变汽缸排量装置

1-汽缸盖；2-摇臂轴支座；3-摇臂轴；4-主摇臂；5-键口；6-副摇臂；7-气门；8-复位弹簧；9-推杆；10-励磁感应驱动器；11-电磁驱动器

当发动机多缸工作需输出大功率时，ECU 输出负向脉冲，使数字脉冲励磁感应驱动器的电感产生负极向磁场，由于滑键内装有永磁材料，此时滑键在电磁力的作用下落入主摇臂、副摇臂形成的开口中，气门推杆上行，推动副摇臂、滑键、主摇臂，压开气门，使发动机实现进气、排气。

当发动机不需要多缸工作输出大功率时，ECU 输出正向脉冲，使数字脉冲励磁感应驱动器的电感产生正极向磁场，滑键在电磁力作用下被吸出主、副摇臂形成的开口，副摇臂在气门推杆作用下绕摇臂轴转动。但即使在进气、排气凸轮最大升程时，副摇臂的端面也不能接触到主摇臂的端面，副摇臂不能推动主摇臂转动，不打开进气门、排气门。因此，通过电磁力控制进、排气摇臂上的滑键运动，即可实现闭缸，此时应停止对该缸供油，以节省燃油。工作过程中，应根据发动机的转速和负荷适当调整发动机工作的缸数，使发动机处于最佳节油工

况工作。通过实车试验,采用可调摇臂式可变汽缸排量控制技术,可节油20%。

二、可调挺杆式可变汽缸排量控制技术

可调挺杆式可变汽缸排量控制装置由往复离合器式气门挺杆、弹性离合器选择器、组合气路驱动器和微机控制系统组成,往复离合器式气门挺杆如图3-40所示。气门挺杆为空心结构,内部装有能上下运动的分离心轴和平衡弹簧。当分离套沿气门挺杆向下滑动时,钢球被卡入分离心轴的侧孔内,使分离心轴和气门挺杆锁紧,此时挺杆为刚性,凸轮轴使气门打开或关闭,实现开缸;当分离套向上滑动时,钢球被分离心轴顶出,分离心轴和挺杆松开,弹簧弹力远小于气门弹簧的张力,虽在凸轮轴作用下挺杆上下运动,但不能使气门打开,实现闭缸。

弹性离合选择器结构如图3-41所示,控制部分如图3-42所示,用于选择分离套的位置,靠压缩机压缩空气,通过组合气路驱动器,使弹性拨叉上下摆动,使分离套上下滑动,实现闭缸或开缸。

以中型货车为例,进行2万km运行试验,采用可调挺杆式可变汽缸排量装置,平均节油率达到15.5%。

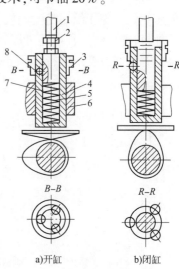

图3-40 往复离合器式的气门挺杆
1-发动机气门;2-气门调整螺栓;3-分离套;4-气门挺杆;5-弹簧;6-导管体;7-分离心轴;8-钢球

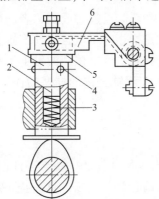

图3-41 弹性离合器选择器
1-气门挺杆;2-分离心轴;3-弹簧;4-钢球;5-分离套;6-弹性拨叉

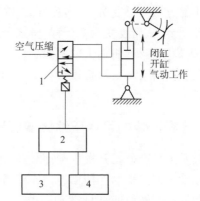

图3-42 控制部分组成
1-二位四通电磁阀;2-微电脑(ECU);3-速度传感器;4-节气门位置传感器

第七节 可变压缩比控制技术

发动机工作时,缸内混合气压力不宜太高,否则可燃混合气可能在点火之前燃烧而发生爆燃,为满足大负荷工况要求,发动机设计时不得不把压缩比降低,尤其是增压发动机。若采用可变压缩比,对于自然吸气式发动机,在部分负荷时压缩比可适当增高;对于增压发动

机,在低负荷工况使压缩比提高到与自然吸气式发动机相同或更高,在高负荷工况,适当降低压缩比。即压缩比随发动机负荷变化连续调节,则可避免爆燃,增强动力性,提高经济性。另外,可变压缩比技术还可提高发动机对燃油的适应性。发动机压缩比改变方法有:改变燃烧室容积或改变活塞行程,如图3-43所示。

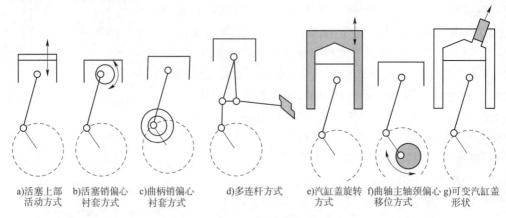

图3-43 实现可变压缩比的机构形式

a)活塞上部活动方式 b)活塞销偏心衬套方式 c)曲柄销偏心衬套方式 d)多连杆方式 e)汽缸盖旋转方式 f)曲轴主轴颈偏心移位方式 g)可变汽缸盖形状

在运动部分采用可变机构:活塞上部活动方式是指通过改变活塞销与活塞顶面距离,来改变燃烧室容积;活塞销偏心衬套方式与曲柄销偏心衬套方式通过改变连杆长度,来改变活塞行程。上述方式均通过液压机构进行远距离操纵,难以使所有的汽缸同步,使压缩比连续可调困难。

在静止部分采用可变机构:多连杆方式把连杆分为两部分,通过改变二者的弯曲角以实现连杆长度调节,从而改变活塞行程;汽缸盖旋转方式是指相对于汽缸体使汽缸盖转动一个角度,改变燃烧室容积;曲轴主轴颈偏心移位方式是指相对于汽缸体使曲轴上下移动一个位移,改变燃烧室容积;可变汽缸盖形状方式是通过设置在汽缸盖内的柱塞的往复运动,改变燃烧室容积。

一、多连杆配置的可变压缩比增压汽油机

该项技术由日产公司开发生产,曲柄销传动部位摆动的杠杆的一端与连杆连接,杠杆另一端与控制轴延伸出来的连杆相连。连杆与控制轴的偏心部分连接,当控制轴转动时,控制轴连杆使曲柄销回转而使杠杆摆动。由此活塞上止点的位置做上下移动,使压缩比能从8到14连续改变。

控制轴连杆使杠杆的一端向下运动时,则杠杆的另一端将曲轴连杆向上推压,活塞的上止点向上移动,压缩比提高;控制轴连杆把杠杆的一端向上抬起时,连杆的另一端将曲轴连杆向下推压,活塞的上止点向下移动,压缩比降低。曲柄销杠杆能达到1.3倍的杠杆行程放大功能,如图3-44所示。

控制臂由电动执行器驱动,电动执行器由电动机、梯形螺钉、螺帽构成。当电动机转动梯形螺钉时,螺帽做轴向移动。该位移被传递到控制轴的叉形部分,控制轴在其弯曲角最大达到100°时做旋转运动。压缩比从最大值变化到最小值需要的时间为0.4s。

将该发动机装在日产车上进行试验,试验车速为100km/h,稳定行驶,油耗比普通发动

机降低13%;在高压缩比时,燃烧性能良好,即使在大量废气再循环下燃烧性能仍然稳定。

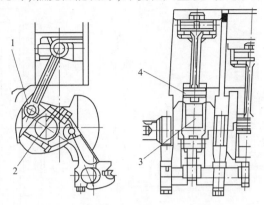

图3-44 日产曲柄销杠杆的放大行程功能

1-行程扩大功能(连杆设计);2-曲柄臂长度缩短(提高刚性);3-曲柄销直径缩短,宽度增加;4-降低轴承面承受压力设有连接销

二、曲轴偏心移位的可变压缩比增压汽油机

该项技术由德国 FEV 工程公司开发。其核心是曲轴的偏心支承,曲轴支承在偏心器中,偏心器支承曲轴的孔的中心线与其旋转中心线并不重合,两者之间的距离称为偏心度,如图3-45所示。用电动机通过偏心器上的扇形齿轮带动偏心器转动,曲柄中心线相对于汽缸盖的位置发生改变,因而压缩比从8到16的连续调节。调节时间在压缩比减小时为0.1s,在压缩比增大时为0.3s。

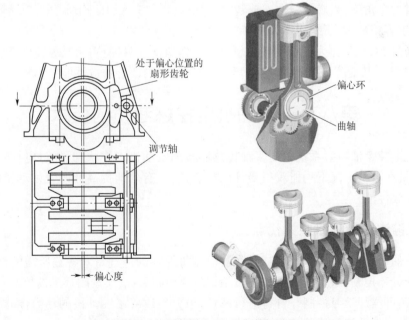

图3-45 可变压缩比(VCR)机构与原理

在压缩比调节过程中,曲轴中心线位置将发生改变。但与曲轴变速器输入端和发动机前端相连接的其他部件的位置不变,为此专门采用了平行的曲柄传动机构对其进行必要补

偿,如图3-46所示。

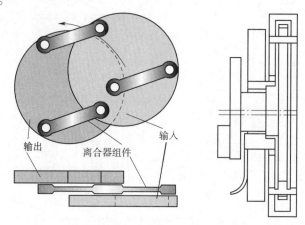

图3-46 平行的曲柄传动机构

实验结果表明,样车在新欧洲行驶循环中相对于固定压缩比的原型车油耗降低7.8%。偏心移位实现可变压缩比,对燃烧室几何形状的影响很小,调节机构需要的力较小,惯性力没有改变,摩擦没有增加,噪声没有恶化,可调节性良好,制造费用适中,发动机的主要尺寸基本保持不变。

三、汽缸盖可旋转的可变压缩比增压汽油机

该项技术由瑞典萨博公司开发,简称SVC技术。将燃烧室与曲轴箱动态连在一起,汽缸盖与汽缸体通过一组摇臂连接,摇臂在ECU的控制下,通过液压调节装置使汽缸盖相对于曲轴箱转过一个角度,当燃烧室向右偏转时,燃烧室容积变大,压缩比减小;当燃烧室向左偏转时,燃烧室容积减小,压缩比增大。

SVC通过ECU,根据发动机的转速、负荷、工作温度、燃料使用状况等进行压缩比从8到14的连续调节。其能降低发动机油耗,增大发动机功率,改善排放性能。

第八节 汽油机电控燃油喷射技术

汽油机电控燃油喷射系统采用多种传感器检测发动机工作状态,经过电控单元计算处理,使发动机在各种工况下均能获得最佳的空燃比,可有效地提高和改善发动机的动力性、经济性和排放性能。

一、电控汽油喷射系统的优点

电控汽油喷射系统采用电子控制方式,根据每循环的进气量对各缸所需的汽油喷射量进行精确计量和控制,ECU还可根据执行结果改变控制目标,实现闭环反馈控制。在反馈控制基础上,还可增加学习控制并自行进行修正,极大地改善了发动机的动力性、经济性和排放性,提高了控制系统的控制精度、稳定性和可靠性。具有以下优点:

(1)可直接或间接地测量发动机的进气量,进而精确计量出发动机燃烧所需的供油量,并同时根据发动机负荷、温度等参数进行适时修正,以此精确控制发动机各种工况下的A/F,

实现发动机的最优控制,有效提高其动力性、经济性和排气净化程度。

(2)进气管无需喉管节流,流通阻力减少,发动机充气效率提高。同时,由于汽油喷射系统可以采用较大气门重叠角,有利于废气排出,同样也可提高发动机的充气效率。

(3)可提高汽油的雾化质量,故无须采用进气管预热方法促进汽油蒸发,有利于进气管的设计和布置。由于汽缸内吸入较冷的混合气,可提高发动机的充气效率。同时也有利于提高发动机的抗爆性,使发动机也可采用较大点火提前角和较高的压缩比,以提高发动机的动力性。

(4)发动机可在较稀混合气条件下运行,不仅能减少废气中有害排放物的排放浓度,还有利于节省能源。此外,利用发动机的断油技术,可消除发动机急减速时产生的污染,有利于提高发动机燃油经济性。

(5)动态响应好,汽车加速行驶时,由于A/F控制系统响应迅速,消除了汽车变工况时汽油供给的迟滞现象,有利于提高发动机的加速性能。

(6)进气管无须形成高速气流,进气歧管可按流体力学最佳理论进行设计,具有较大的设计自由度,有利于改善发动机的充气效率。尤其是采用进气谐振控制系统后,可根据发动机转速选择进气管的有效长度,利用进气谐振增压效应,进一步提高发动机的充气效率。

(7)可使发动机每个汽缸获得均匀的混合气,以此提高发动机的燃烧质量和稳定性,减少废气中的CO和HC的含量。

(8)由于汽油是在一定压力下以雾状喷出,发动机冷起动时基本不影响混合气的形成质量,使发动机具有良好的低温起动性能。

(9)在反馈控制基础上,增加了学习控制功能,且与三元催化转化器配合使用,可最大限度地减少CO、HC及NO_x等有害气体。

二、汽油喷射系统的分类

1. 按控制方式分类

(1)机械控制式汽油喷射系统(简称K型)。利用机械机构实现汽油连续喷射,为缸内喷射系统,即系统将汽油直接喷射到汽缸内部,A/F采用了气动式混合气调节器进行调节。

(2)机电结合式汽油喷射系统(简称KE型)。由机械机构与电子控制装置结合实现汽油喷射,其供油压力为610~650kPa,喷油器开始喷油压力为430~460kPa。

(3)电控汽油喷射系统,如图3-47所示。汽油喷射供油系统供给一定压力的汽油,由喷油器将汽油喷入进气门附近(多点喷射)或节气门附近(单点喷射)的进气歧管内或直接喷入发动机汽缸内与空气混合,喷油器受ECU控制,ECU通过控制每次喷油持续时间控制喷油量,喷油持续时间一般为2~12ms。喷油持续时间决定了喷油量的多少。

根据控制方式不同,电控汽油喷射系统可分为开环控制系统、闭环控制系统、自适应控制系统、学习控制系统和模糊控制系统等。

2. 按空气进气量的检测方式分类

根据空气进气量的检测方式不同,分为直接检测式和间接检测式汽油喷射系统。直接检测方式称为质量-流量方式,间接检测方式又可分为速度-密度方式和节气门-速度方式。

速度-密度方式根据进气管绝对压力和发动机转速计量发动机每循环的进气量;节气

门-速度方式根据节气门开度和发动机转速计量发动机每循环的进气量,计算所需的喷油量。目前在汽油发动机上通常采用质量-流量方式和速度-密度方式测量进气量。

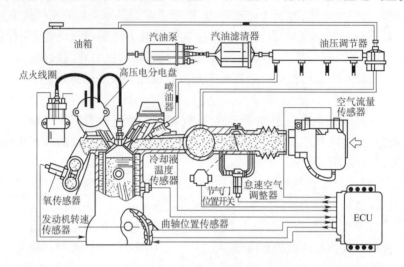

图3-47 电控汽油喷射系统

由于质量-流量控制方式(L型)通过翼片式空气流量传感器直接测量发动机的进气量,再根据进气量和转速确定发动机每工作循环的供油量,因此比用进气管绝对压力间接测量发动机进气量的方法精度高、稳定性好。

3. 按喷油器喷油部位分类

根据喷油器喷油的部位不同,分为缸内喷射系统和进气管喷射系统。缸内喷射系统均为多点喷射系统,喷油器安装在汽缸盖上,喷油器将汽油直接喷射到汽缸内部,又称为缸内直接喷射系统;进气管喷射系统的喷油器将汽油喷射在节气门或进气门附近进气管内,又称为缸外喷射系统,进气管喷射系统又可分为单点喷射系统和多点喷射系统。目前,汽车汽油喷射系统大都采用进气管喷射系统。

4. 按喷油器数量分类

(1)单点汽油喷射系统(SPI)。在多缸发动机节气门上方,安装一只或两只喷油器同时将汽油喷在节气门上方的进气管中,与进气气流混合形成可燃混合气,通过进气歧管再分配到各个汽缸。

(2)多点汽油喷射系统(MPI)。在发动机每个汽缸进气门前方的进气歧管上均安装一只喷油器,空气与汽油在进气门附近形成汽油混合气,可保证各缸得到混合均匀的混合气。

5. 按喷油器喷油方式分类

(1)连续喷射系统。在发动机运转期间,喷油器连续喷油。连续喷射系统主要用于机械控制式或机电结合式汽油喷射系统,此外部分单点喷射系统也采用连续喷射方式。

(2)间歇喷射系统。在发动机运转期间,喷油器间歇喷油。目前,绝大多数电控汽油喷射系统都采用了间歇喷油方式,其喷油量大小取决于喷油器阀门的开启时间(即喷油时间),喷油时间越长,喷油量越大。根据喷射汽油的时序不同,间歇喷射系统又可分为同时喷射系统、分组喷射系统和顺序喷射系统。

喷油正时:由 ECU 根据凸轮轴位置传感器信号判定第一缸活塞位置,在第一缸活塞到达进气行程上止点前一定角度时,发出喷油脉冲信号,控制第一缸喷油器喷射汽油。第一缸喷油器喷油之后,ECU 将根据汽缸点火顺序,轮流控制其他汽缸的喷油器在其活塞到达进气行程上止点前一定角度时喷射汽油,从而实现顺序喷射。20 世纪 90 年代以后开发研制的汽油喷射系统基本上都采用了顺序喷射方式喷油,当系统发生故障处于应急状态工作时,ECU 将自动转换为同时喷射方式喷油。

6. 按电控系统的控制模式分类

(1) 开环控制。开环控制根据实验确定的发动机各种运行工况所对应的最佳供油量的数据事先存入计算机,发动机运行过程中主要根据各传感器的输入信号,判断发动机运行状况,再找出最佳供油量,并发出控制信号。控制信号经功率放大器放大后,驱动喷油器动作,以此精确地控制混合气的 A/F,使发动机最佳运行。

开环控制简单易行,但精度直接依赖于所设定的基准数据的精度和喷油器调整标定的精度。因此,它对发动机及控制系统的各个组成部分的精度要求高,系统本身抗干扰能力较差,当使用工况超出预定范围时,则不能实现最佳控制。

(2) 闭环控制。闭环控制在排气管上加装了氧传感器,可根据排气中含氧量的变化,测出进入发动机燃烧室内混合气的 A/F 值,并将其输入到 ECU 中,与设定的 A/F 目标值进行比较,将误差信号经功率放大器放大后驱动喷油器喷油,使 A/F 保持在设定目标值附近。因此,闭环控制可达到较高的 A/F 控制精度,能消除因汽缸差异和磨损等引起的性能变化对 A/F 的影响,使发动机工作稳定性好,抗干扰能力强。

此外,采用闭环控制的汽油喷射系统可保证发动机运行在理论空燃比(14.7)附近很窄的范围内,使三元催化转化器对排气净化处理达到最佳效果。

由于发动机某些特殊运行工况(如起动、暖机、加速、怠速、满负荷),需要控制系统提供较浓的混合气来保证发动机的各种性能。因此,在现代汽车发动机电控系统中,通常采用开环与闭环相结合的控制方式。

三、电控汽油喷射系统的组成

发动机电控汽油喷射系统主要由空气供给系统、汽油供给系统和电子控制系统组成,如图 3-48 所示。

1. 空气供给系统

空气供给系统用于向发动机提供新鲜空气,并测量进入汽缸的空气量。按怠速进气量的控制方式不同,空气供给系统分为旁通空气式和直接供气式。

(1) 旁通空气式空气供给系统。主要由空气滤清器、空气流量传感器、进气软管、旁通空气道、怠速控制阀、进气歧管、动力腔、节气门位置传感器、进气温度传感器等组成。

(2) 直接供气式空气供给系统。主要由空气滤清器、空气流量传感器、进气软管、进气歧管、动力腔、节气门位置传感器、进气温度传感器等组成。采用节气门直接控制的发动机控制系统,没有设置旁通空气道。进入汽缸的空气量多少,由 ECU 根据安装在进气道上的空气流量传感器检测的进气量信号确定。

2. 汽油供给系统

汽油供给系统向发动机提供混合气燃烧所需的汽油,主要由油箱、电动汽油泵、输油管、汽油滤清器、油压调节器、汽油分配管、喷油器和回油管等组成。

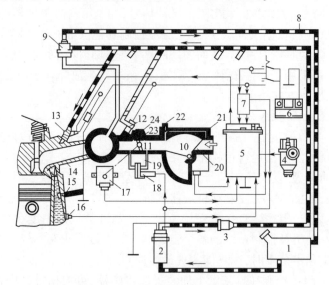

图3-48 发动机电控汽油喷射系统(L型)
1-汽油箱；2-电动汽油泵；3-汽油滤清器；4-分电器；5-ECU；6-蓄电池；7-继电器；8-回油管；9-油压调节器；10-翼片式空气流量传感器；11-节气门；12-冷起动喷油器；13-喷油器；14-进气管；15-热时间开关；16-冷却液温度传感器；17-节气门位置传感器；18-辅助空气阀；19-辅助空气管；20-进气温度传感器；21、23-旁通道；22、24-调节螺钉

油压调节器用于调节供油系统的汽油压力，使系统油压与进气歧管压力之差保持恒定，喷油器喷油量的多少只与喷油器开启时间有关，而与系统油压和进气歧管的负压等参数无关，如图3-49所示。

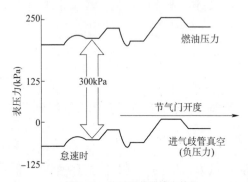

图3-49 油压调节器输出特性

3．汽油喷射电子控制系统

汽油喷射电子控制系统由信号输入装置、ECU和执行器组成，如图3-50所示。

(1)信号输入装置。包括各种传感器和开关，用于检测发动机运行状态的各种参数，并将其转换成计算机能够识别的电信号输入ECU。

(2)ECU。用于接收各种传感器和控制开关输入的发动机工况信号，根据ECU内部预先编制的控制程序和存储的试验数据，通过数学计算和逻辑判断确定适应发动机工况的喷油时间和点火提前角等参数，并将这些参数转换为电信号控制各种执行元件动作，从而使发动机保持最佳运行状态。

(3)执行器。用于接受ECU的控制指令，完成具体的控制动作。发动机电控汽油喷射系统常用的执行器主要功用如下：

①电动汽油泵：给发动机电控系统提供规定压力的汽油。

②油泵继电器：控制电动汽油泵电路的接通与切断。

③喷油器：接收ECU发出的喷油脉冲信号，并计量汽油喷射量。

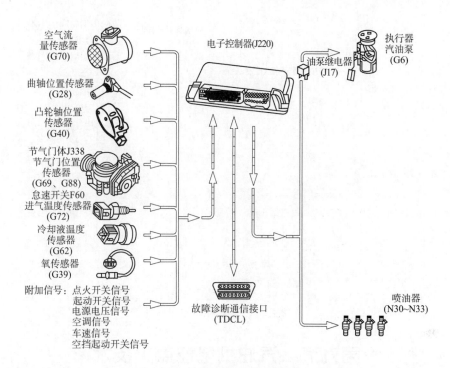

图 3-50 汽油喷射电子控制系统

④氧传感器加热器:加热氧传感器的检测部件,使传感器尽快进入工作状态。

在汽车电控系统中,还设有一个故障诊断插座(故障测试仪接口)。当控制系统发生故障或需要了解控制系统的工况参数时,利用测试仪通过故障诊断插座调取所需信息和参数。

四、电控汽油喷射系统控制原理

1. 喷油器控制

发动机各种传感器信号输入 ECU 后,ECU 根据数学计算和逻辑判断结果,发出脉冲信号指令控制喷油器喷油。

2. 喷油正时控制

喷油正时是指喷油器开始喷油的时刻。单点汽油喷射系统只有一只或两只喷油器,发动机一旦工作就连续喷油。多点汽油喷射系统每个汽缸配有一只喷油器。根据汽油喷射时序不同,多点汽油喷射又可分为同时喷射、分组喷射和顺序喷射三种喷射方式。在多点顺序喷射系统中,喷油顺序与点火顺序同步,点火时刻在压缩上止点前开始,喷油时刻在排气上止点前开始。

3. 喷油量控制

喷油量控制即对喷射持续时间的控制,其目的是根据发动机燃烧时所设定的目标空燃比来精确配剂汽油量,使其达到最佳空燃比。喷油持续时间控制内容如图 3-51 所示。

发动机工况不同,对混合气浓度的要求也不相同。特别是冷起动、急速、急加减速等特殊工况,对混合气浓度都有特殊要求。因此,喷油量的控制大致可分为发动机起动时喷油量的控制和发动机起动后(即运转过程中)喷油量的控制两种情况。

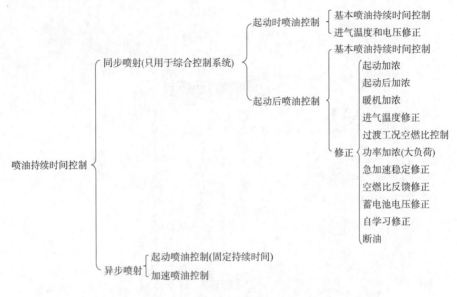

图 3-51　喷油持续时间控制内容

第九节　汽油机电控点火技术

汽油机电控点火系统采用多种传感器检测发动机点火系统工作状态,经过电控单元计算处理,调节点火时刻,实现各种工况下的最佳点火提前角控制,从而提高和改善发动机的动力性、经济性和排放性能。

一、汽油机电控点火系统的组成

汽油机电控点火系统能实现最佳点火提前角控制,从而提高发动机的动力性,降低汽油消耗量和有害气体的排放量。

汽油机电控点火系统主要由空气流量传感器、节气门位置传感器、曲轴位置传感器、凸轮轴位置传感器、冷却液温度传感器、进气温度传感器、车速传感器、爆燃传感器、各种控制开关、ECU、点火控制器、点火线圈以及火花塞等组成。

1. 信号输入装置

信号输入装置包括各种传感器和开关。传感器用于检测与点火有关的发动机工作状况信息,并将检测结果输入 ECU,作为计算和控制点火时刻的依据。各种开关信号用于修正点火提前角。起动开关信号用于起动时修正点火提前角;空调开关信号用于怠速工况下使用空调时修正点火提前角;空挡起动开关只对于自动变速器汽车,ECU 利用该信号判断发动机是处于空挡停车状态还是行驶状态,然后对点火提前角进行修正。

2. ECU

ECU 中存储有监控和自检等程序,以及该型发动机在各种工况下的最佳点火提前角。ECU 不断接收各种传感器和开关发送的信号,按预先编制的程序进行计算和判断后,向点火控制器发出控制信号,实现点火提前角和点火时刻的最佳控制。

3. 执行器

MCI 的执行器为点火控制器。接收 ECU 输出的点火控制信号并进行功率放大,驱动点火线圈工作。

二、汽油机电控点火系统控制原理

1. 基本控制原理

电控点火系统控制原理如图 3-52 所示,空气流量传感器(AFS)和节气门位置传感器(TPS)向 ECU 提供发动机负荷信号,用于计算确定点火提前角;曲轴位置传感器(CPS)向 ECU 提供发动机转速、曲轴转角信号,转速信号用于计算确定点火提前角,转角信号用于控制点火时刻(点火提前角);凸轮轴位置传感器(CIS)用于检测活塞上止点位置,识别缸序;冷却液温度信号(CTS)、进气温度信号(IATS)、车速信号(VSS)、空调开关信号(A/C)以及爆燃传感器(DS)信号等,用于修正点火提前角。

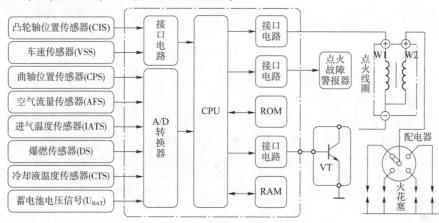

图 3-52 电控点火系统控制原理

发动机工作时,ECU 根据凸轮轴位置传感器信号判定哪一缸即将到达压缩上止点,根据反映发动机工况的转速信号、负荷信号以及与点火提前角有关的传感器信号确定相应工况下的最佳点火提前角,向点火控制器发出控制指令,使功率三极管截止、点火线圈初级电流切断、次级绕组产生高压电,并按发动机点火顺序分配到各缸火花塞,火花塞跳火点燃混合气。

上述控制过程是指发动机在正常状态下点火时刻的控制过程。当发动机起动、怠速或汽车滑行时,设有专门的控制程序和控制方式进行控制。

2. 点火提前角控制

最佳点火提前角对应发动机最大功率和最小油耗,该点不在压缩行程上止点处,应适当提前。点火提前角由初始点火提前角、基本点火提前角和修正点火提前角三部分组成。

(1) 初始点火提前角。其值大小取决于发动机型式,并由曲轴位置传感器的初始位置决定,一般为上止点前 6°~12°。在下列情况时,实际点火提前角等于初始点火提前角:

①发动机起动时。

②发动机转速低于 400r/min 时。

③检查初始点火提前角时。此时诊断插座测试端子短路,怠速触点 IDL 闭合,车速低于

2km/h。

(2) 基本点火提前角。为发动机最主要的点火提前角,是设计微机控制点火系统时确定的点火提前角。由于发动机本身的结构复杂,影响点火的因素较多,理论推导基本点火提前角的数学模型比较困难,而且很难适应发动机的运行状态。因此国内外普遍采用台架试验方法,利用发动机最佳运行状态下的实验数据确定基本点火提前角。

(3) 修正点火提前角。为使实际点火提前角适应发动机的运转状况,以得到良好的动力性、经济性和排放性能,必须根据相关因素(如冷却液温度、进气温度、开关信号等)适当增大或减小点火提前角,即对点火提前角进行必要的修正。修正点火提前角的项目有多有少,主要有暖机修正和怠速修正。

发动机的实际点火提前角是上述三个点火提前角之和。发动机曲轴每转一圈,ECU 计算处理后输出点火提前角信号。因此当传感器检测到发动机转速、负荷、冷却液温度发生变化时,ECU 自动调整点火提前角。当 ECU 确定的点火提前角超过允许的最大点火提前角或小于允许的最小点火提前角时,发动机很难正常运转,此时 ECU 将以最大或最小点火提前角允许值进行控制。

3. 配电方式

(1) 机械配电。由分火头将高压电分配至分电器盖旁电极,再通过高压线输送到各缸火花塞上的传统配电方式。

(2) 电子配电。由点火控制器控制,点火线圈的高压电按照一定的点火顺序,直接加到火花塞上,实现直接点火,也称为无分电器点火系统(DIS)。目前,DIS 在汽车上应用广泛。常用电子配电方式分为双缸同时点火和各缸单独点火两种配电方式,如图 3-53 所示。

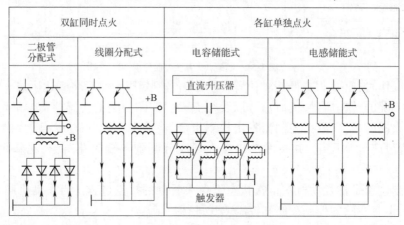

图 3-53 常用电子配电方式

4. 发动机爆燃控制

发动机发生严重爆燃时,其动力性和经济性严重下降;当发动机工作在爆燃临界点或有轻微爆燃时,其动力性和经济性最好。利用点火提前角闭环控制系统能有效地控制点火提前角,使发动机工作在爆燃的临界状态。

发动机爆燃控制系统,如图 3-54 所示。爆燃传感器用于检测发动机是否发生爆燃,发动机一般安装 1~2 个。发动机爆燃一般发生在大负荷、中低转速(小于 3000r/min)时,由于爆燃传感器输出电压的振幅随发动机转速不同而变化很大,因此可用来判别发动机是否发生爆燃。

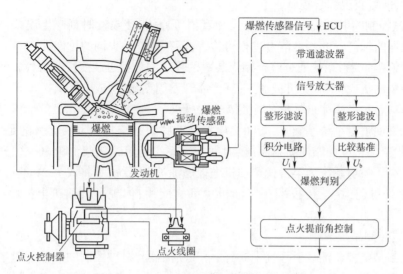

图3-54　发动机爆燃控制系统的组成与控制

爆燃控制系统是一个闭环控制系统,发动机工作时,ECU根据各传感器输入的信号,从存储器中查寻出相应的点火提前角控制点火时刻,控制结果由爆燃传感器反馈到ECU输入端,ECU再对点火提前角进行修正。

第十节　柴油机燃油喷射电控技术

柴油机燃油喷射电控系统与汽油机燃油喷射电控系统有许多共同之处,都由传感器、电控单元(ECU)和执行器三部分组成,其关键技术及难点为柴油喷射电控执行器。柴油机燃油喷射电控系统采用多种传感器检测发动机工作状态,经过电控单元计算处理,使发动机在各种工况下均能获得最佳的空燃比,可有效地提高和改善发动机的动力性、经济性和排放性。

一、柴油机电控燃油喷射系统的特点及类型

柴油机电控燃油喷射系统与汽油机电控燃油喷射系统有许多共同之处,都由传感器、ECU和执行器三部分组成。柴油机电控燃油喷射系统采用的传感器,如转速传感器、压力传感器、温度传感器以及节气门位置传感器等,与汽油机电控系统相同。ECU在硬件以及整车管理系统的软件方面也有相似之处。柴油机电控燃油喷射系统的关键技术及难点为柴油喷射电控执行器。

1. 柴油机电控燃油喷射系统的优点

柴油机电控燃油喷射系统的应用,在满足排放法规的条件下,大大提高了柴油机的燃油经济性和动力性。其优点如下:

(1)机械控制喷射系统的基本控制信息是柴油机转速和加速踏板位置,而电控燃油喷射系统则通过许多传感器检测柴油机的运行状态和环境条件,通过ECU计算出适应柴油机运行状况的控制量,由喷油器实施,控制精确、灵敏。在需要扩大控制功能时,只需改变ECU

的存储软件,即可实现综合控制。

(2)机械控制喷射系统由于设定错误和磨损等原因,使喷油时刻产生误差;电控燃油喷射系统则根据曲轴位置的基本信号进行再检查,不存在产生失调的可能性。

(3)电控燃油喷射系统通过改换输入装置的程序和数据可改变控制特性,一种喷射系统可用于多种柴油机,而不需要机械加工,新产品开发周期缩短,成本降低。

2. 柴油机电控燃油喷射系统的类型及应用情况

在传统燃油喷射系统基础上,柴油机电控燃油喷射系统首先发展起来的是位置控制系统,即第一代柴油机电控燃油喷射系统;时间控制系统为第二代柴油机电控燃油喷射系统;共轨式电控高压喷射系统为第三代柴油机电控燃油喷射系统,且将成为21世纪柴油机燃油系统的主流。目前,这三代技术在柴油机中都有应用,体现了柴油机电控喷射系统的多样性。

(1)位置控制系统。

位置控制型电控柴油喷射系统中,喷油泵和喷油器与机械控制的柴油喷射系统相同,只是将机械式调速器和液压式喷油提前器分别由电磁式供油量控制阀和电磁式供油定时控制阀取代。这两个电磁阀按照ECU的指令,通过改变供油量调节套筒的位置和喷油提前器活塞的位置实现柴油机喷油量和喷油定时的控制。

ECU根据柴油机转速传感器和节气门位置传感器等输入的柴油机运行状态信息,计算出适合于柴油机运行状态的最佳控制量,并向控制阀发出指令以完成相应控制。

位置控制型电控柴油喷射系统与机械控制柴油喷射系统相比,控制精度和响应速度都有所提高。将机械控制柴油喷射系统改造为位置控制型电控系统时,无需改变柴油机的结构,但系统控制频率低,喷油压力和喷油规律不能独立控制。

日本Denso公司的ECD-V1系统、德国Bosch公司的EDC系统、日本Zexel公司的COV-EC系统、英国Lucas公司的EPIC系统、日本Zexel公司的COPEC系统、德国Bosch公司的EDR系统和美国Caterpillar公司的PCEC系统等,属于位置控制的电控直列泵系统。

(2)时间控制系统。

时间控制系统保留了原有的喷油泵、高压油管和喷油器系统,用高速强力电磁阀直接控制高压燃油喷射。通常,电磁阀关闭,开始喷油;电磁阀打开,喷油结束。喷油始点取决于电磁阀关闭时刻,喷油量取决于电磁阀关闭的持续时间,传统喷油泵中的齿条、滑套、柱塞上的斜槽和控制喷油正时的提前器等全部取消,对喷射定时和喷射油量控制的自由度更大。

日本Denso公司的ECD-V4系统电控分配泵、日本Zexel公司的Model-1电控分配泵、美国Detroit公司的DDEC电控泵喷嘴和德国Bosch公司的EUPl3电控单体泵等,属于时间控制系统。

(3)共轨式电控高压喷射系统。

共轨式电控高压喷射系统改变了传统的柱塞泵脉动供油原理,采用新型的高压燃油系统,例如通过油锤响应、液力增压、共轨蓄压或高压共轨等形式形成高压。采用压力时间式燃油计量原理,用电磁阀控制喷射过程,喷油量和喷油正时控制更加灵活。

德国Bosch公司、日本Denso公司和英国LLICas公司都研制出了共轨式电控高压喷射系统,并得到具体应用。德国戴姆勒-奔驰公司利用 Bosch 技术,在世界范围内推出了采用新型高压共轨燃油喷射系统的 4 气门直喷式柴油机,并用于 A、C 级轿车。

二、分配泵电控燃油喷射系统

分配泵靠柱塞(分配转子)的转动实现泵油和燃油分配,其典型结构为轴缩式分配泵(VE 型分配泵),主要由驱动机构、滑片式输油泵、喷油提前器等组成,如图 3-55 所示。

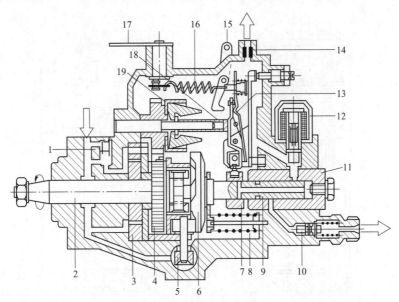

图 3-55　VE 型分配泵

1-高压阀;2-驱动轴;3-滑片式输油泵;4-驱动齿轮;5-喷油提前器;6-凸轮盘;7-油量控制滑套;8-复位弹簧;9-柱塞;10-出油阀;11-柱塞套筒;12-断油阀;13-张力杠杆;14-溢流节流孔;15-停车手柄;16-调速弹簧;17-调速手柄;18-调速套筒;19-飞锤

滑片式输油泵由凸轮盘、滚轮机构、柱塞、柱塞套筒和油量控制滑套等组成。驱动机构旋转,带动凸轮盘旋转,柱塞在同步旋转的同时沿轴向左右移动。当凸峰转过时,复位弹簧使凸轮盘与柱塞左移,进油通道与柱塞前端轴向槽连通,柱塞分配孔与出油阀通道隔离,柱塞卸油孔被油量控制滑套封死。随着柱塞的左移,压缩容积增大而产生真空度,柴油在真空作用下,经泵体进油道、进油阀、柱塞轴向槽进入压油室,完成供油过程。当凸轮盘端面上的凸峰与滚轮相抵靠时,凸轮盘和柱塞向右移动,柱塞轴向槽与泵体进油道隔离,柱塞卸油孔仍封死,柱塞分配孔与出油阀通道相通,随着柱塞的右移,压缩容积减小,油压升高。当油压超过出油阀弹簧弹力时,出油阀开启,向喷油器送入高压油,完成泵油过程。

分配泵供油量通过调速器调节油量控制滑套的位置控制,供油时刻通过喷油提前器控制。当发动机转速增加时,喷油提前器使凸轮盘相对滚轮逆转某一角度,使凸峰提前与滚轮抵靠,实现供油提前。

分配泵体积小、质量轻、成本低、使用方便,但只能满足简单的供油特性和供油时刻变化特性。为此,在分配泵的基础上采用电子控制技术,提高其供油特性和控制精度,以适应日趋严格的节能与排放法规的要求。

三、直列式喷油泵电控技术

直列式电控喷油泵的典型结构为 TICS 泵，TICS 泵主要由 ECU、电子控调速器、滑阀式喷射定时控制系统以及喷油泵等组成。

电子调速器用于控制喷射量，主要由线性步进电动机、连杆、油量调节齿杆、齿杆位置传感器和线束等组成，如图 3-56 所示。

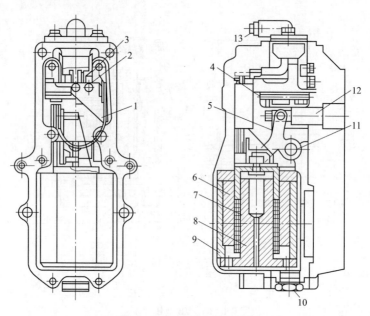

图 3-56　REDⅢ型电子调速器

1-扁平电缆；2-印刷电路板；3-柔性端头销；4-齿杆位置传感器；5-连杆；6-永久磁铁；7-移动式线圈；8-内芯；9-外芯；10-润滑油回路；11-连杆轴；12-调节齿杆；13-外线束

步进电动机的线圈套筒位于圆柱形径向磁场中，通过改变移动线圈中电流的流通方向，即可改变其作用力方向，由此控制移动线圈上下移动。调速器上设有节气门位置传感器，可实现齿杆位置的反馈控制。

TICS 泵保留了 P 型直列泵的齿杆控制油量机构，在柱塞偶件上增加了一个控制滑套，取代了柱塞套。通过控制滑套相对柱塞上下位移的变化，改变柱塞的供油始点，即供油预行程，由此在一定范围内可实现供油时刻的任意控制。

四、共轨式电控高压喷射系统

电控分配泵、TICS 泵能有效地改善柴油机的动力性、经济性和排放特性，但仍受原机械式喷射系统的限制，而不能自由、灵活地控制喷油规律。共轨式电控高压喷射系统是针对严格的汽车排放法规要求而研发的一项高压喷射技术。

共轨式电控高压喷射系统采用一根各缸共用的高压油管（共轨），通过高压输油泵向共轨（蓄压室）泵油，并在共轨中设置压力传感器，监测共轨中的燃油压力，通过 ECU 控制设置在高压输油泵上的电磁阀，对共轨压力进行反馈控制，确保共轨压力恒定。

1. 特点

(1) 喷油压力可柔性调节,根据柴油机不同工况确定对应的最佳喷油压力,从而优化柴油机综合性能。

(2) 可独立控制喷油正时,控制范围宽,配合喷油压力(120~200MPa)柔性控制喷油时间,有利于降低 NO_x 和微粒(PM)排放。

(3) 喷油速率的柔性控制,可实现理想喷油规律,容易实现预喷油和多次喷油,提高柴油机的动力性和经济性,有效控制排放。

(4) 电磁阀控制喷油,控制精度较高,高压油路中不会出现气泡和残压为零等现象,循环喷油量变动小,各缸供油均匀,可减轻柴油机振动,降低排放。

2. 类型

随着排放法规的不断严格,高压共轨喷射系统在国内外车用柴油机上逐渐得得到广泛应用,如日本电装公司开发的 ECD-U2 系统、德国 BOSCH 公司开发的 CR 系统、美国 Caterpillar 公司开发的 HEUI 系统和意大利 Fiat 集团开发的 Unijet 系统等。

3. 德国 BOSCH 公司的 CR 型高压共轨喷射系统

德国 BOSCH 公司已向市场推出三代 CR 型高压共轨系统,第一代于 1997 年批量投放市场,主要应用于轿车,喷油压力达 135MPa。第二代于 2000 年开始批量生产,使用具有油量调节功能的高压泵和经改进的电磁喷油器,喷油过程由预喷射、主喷射和多次喷射等组成,最高喷射压力提高到 145MPa,主要适用于升功率在 55kW/L 以下的轻型车用柴油机。

BOSCH 第二代 CR 型高压共轨系统主要由传感器、ECU、高压输油泵、共轨和喷油器等组成,如图 3-57 所示。与 ECU-U2 系统的主要区别在于该系统的高压输油泵采用带有电控压力调节器的径向柱塞泵,可实现部分停缸控制,由此降低低压时的功率损耗,共轨压力可在 15~145MPa 范围内自由调节,喷油器针阀连续两次升起的最短时间间隔(预喷射与主喷射时间间隔)为 900μs。ECD-U2 系统采用三通阀,可保证喷油器的开启响应特性和停油速度,但结构复杂,成本高。BOSCH 公司的 CR 系统中,喷油器采用二通阀,其他方面与 ECD-U2 系统基本相同。

高压输油泵电磁阀和喷油器电磁阀的通电时刻和通电持续时间,均由 ECU 根据传感器的信号,判断柴油机的工作状态后,对应该工况确定最佳共轨压力、喷油泵供油量、喷油器喷油量、喷油定时、预喷时间和预喷量等,然后向各电磁阀发送控制指令,完成对喷射过程的精确而灵活的控制。

BOSCH 公司的第三代高压共轨喷射系统的特点主要体现在技术的复杂度和精密度。高压输油泵将燃油从油箱泵出,经燃油滤清器送入具有泵油量可调的高压油泵进行升压,分配单元将其分成两路,一路供给泵油元件,另一路用于冷却。高压油泵将燃油压缩至 160MPa 左右,输入共轨。共轨上安装的压力传感器、压力调节器(溢流阀)和电控装置形成共轨压力闭环控制,高压燃油经共轨传送到喷油器。

带有断油装置的 BOSCH 高压喷油泵由偏心凸轮驱动的三个泵油件的径向柱塞泵组成。泵进油口处为一个受弹簧作用的活塞,无压力作用时,活塞关闭通往柱塞偶件的进油口。当进油压力达到一定值时,进油口打开,可与电子紧急切断阀一起执行紧急断油功能。带弹簧的活塞有一个旁通孔,燃油通过该孔冲洗凸轮壳体。每套柱塞偶件有一个进油阀和一个出油阀,可通过持续关闭进油阀来切断某个柱塞偶件的进油,以降低部分负荷的功耗。

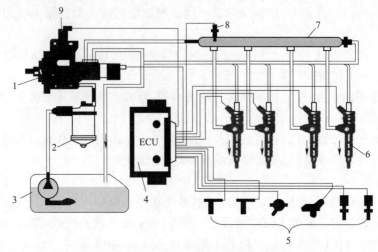

图3-57　BOSCH公司的高压共轨系统
1-高压输油泵;2-燃油滤清器;3-油箱;4-ECU;5-传感器;6-喷油器;7-共轨;8-压力传感器;9-溢出阀

复习思考题

一、简答题

1. 何谓发动机的有效性能指标,说明各指标的含义。
2. 结合发动机万有特性图分析如何提高发动机的经济性。
3. 如何提高发动机充气效率?
4. 如何提高发动机循环热效率?
5. 发动机各种工况对混合气有哪些要求?
6. 空燃比对发动机性能有何影响?
7. 简述发动机压缩比的选择方法。
8. 如何提高发动机压缩比?
9. 比较发动机开环控制技术和闭环控制技术。
10. 比较发动机单点喷射和多点喷射的特点。
11. 最佳点火提前角对发动机性能有何影响?

二、判断题

1. 发动机有效指标用于直接评定发动机实际工作性能的优劣。　　　　　　(　　)
2. 有效燃油消耗率越低,发动机的经济性越好。　　　　　　　　　　　　(　　)
3. 有效热效率越高,发动机的经济性越好。　　　　　　　　　　　　　　(　　)
4. 有效燃油消耗率曲线为一条凹形曲线,只有在某一经济转速时,有效燃油消耗率最小。　　　　　　　　　　　　　　　　　　　　　　　　　　　　(　　)
5. 发动机负荷特性用以评价发动机工作的经济性。　　　　　　　　　　　(　　)
6. 发动机负荷特性表明,当节气门开度增至全开度的80%左右时,有效燃油消耗率最低。　　　　　　　　　　　　　　　　　　　　　　　　　　　　(　　)

7. 万有特性图中最内层的等燃油消耗率曲线是最经济区域,燃油消耗率最低。（　　）

8. 当燃料供给量一定时,充气效率提高,混合气浓度变稀,使燃烧时供氧充分而改善燃烧条件,有利于提高发动机经济性能。（　　）

9. 发动机采用多气门技术后,可明显降低 HC 和 NO 的排放,降低油耗 6%~8%。（　　）

10. 汽车可变进气道系统,采用不同长度及容积的进气管向汽缸内充气,以便形成惯性充气效应及谐振脉冲波效应,提高充气效率。（　　）

11. 合理的排气提前角,应在保证排气损失最小的前提下,尽量晚开排气门,以加大膨胀比,提高热效率。（　　）

12. 排量相同的发动机,压缩比大,则热效率高,发动机经济性好。（　　）

13. 稀薄燃烧控制技术精确控制缸内的燃油喷射量和喷射时间,实现空燃比为 50 的超稀薄燃烧,可有效地改善发动机经济性和排放特性。（　　）

14. 稀薄燃烧技术建立在混合气分层燃烧的基础上,经济性和排放特性明显优于 PFI 发动机。（　　）

15. 汽油机采用 GDI 技术后,经济性可达到或接近柴油机水平,冷起动时 HC 排放降低。（　　）

16. 谐波进气增压控制技术利用进气气流惯性产生的压力波提高充气效率。（　　）

17. 共振增压是利用汽缸群中的压力振动实现进气系统的调谐共振,而惯性增压则只是利用各汽缸的压力振动实现调谐。（　　）

18. 采用可变升程正时控制的发动机,气门升程能随发动机转速的变化而改变。（　　）

19. 采用可变汽缸排量控制技术,在中低负荷情况下,使部分汽缸停止工作,改善发动机的经济性能和排放性能。（　　）

20. 若采用可变压缩比控制技术,压缩比随发动机负荷变化连续调节,可避免爆燃,增强发动机的动力性,提高发动机的经济性。（　　）

21. 电控汽油喷射系统采用闭环反馈控制,极大地改善了发动机的动力性、经济性和排放性。（　　）

22. 发动机利用断油技术,可消除发动机急减速时产生的污染,有利于提高发动机燃油经济性。（　　）

23. 发动机电控系统在反馈控制基础上,增加了学习控制功能,且与三元催化转化器配合使用,可最大限度地减少 CO、HC 及 NO_x 等有害气体。（　　）

24. 喷油量控制即喷射持续时间的控制,其目的是根据发动机燃烧时所设定的目标空燃比来精确配剂汽油量,使其达到最佳空燃比。（　　）

25. 当发动机转速超过允许的极限转速(6000~7000r/min)时,ECU 立即控制喷油器中断汽油喷射。（　　）

26. 当汽车高速行驶中,驾驶人突然松开加速踏板减速时,ECU 立即控制喷油器中断汽油喷射。（　　）

27. 汽油机电控点火系统能实现最佳点火提前角控制,从而提高发动机的动力性,降低油耗和有害气体的排放量。（　　）

28. 最佳点火提前角对应发动机最大功率和最小油耗。（   ）
29. 当冷却液温度较低时,混合气燃烧速度较慢,应适当增大点火提前角,使发动机尽快暖机。（   ）
30. 若冷却液温度过高,为了避免发动机爆燃,应适当减小点火提前角。（   ）
31. 当发动机怠速运行时,若冷却液温度过高,为了避免发动机长时间过热,应增加点火提前角。（   ）
32. 当发动机工作在爆燃临界点或有轻微爆燃时,其动力性和经济性最好。（   ）
33. 利用点火提前角闭环控制系统能有效地控制点火提前角,使发动机工作在爆燃的临界状态。（   ）
34. 共轨式电控高压喷射系统是针对严格的汽车排放法规要求而研发的一项高压喷射技术。（   ）

三、论述题

1. 发动机起动后,针对中大负荷工况如何控制喷油量?
2. 汽油机电子点火系统是如何修正点火提前角,提高发动机性能的?
3. 分析发动机电控汽油喷射系统闭环控制原理。

第四章 汽车使用节能技术

影响汽车油耗高低的因素较多,其中汽车工况、驾驶技术、道路状况等较为明显。提高驾驶人节能意识、交通职业道德素质和驾驶操作技能,保证在用汽车技术状况、提高汽车运行效率、合理限速、鼓励发展小排量汽车和新能源汽车、科学设置红绿灯、提高路面质量、设立快慢车道等,在汽车使用过程中,对降低汽车油耗具有重要意义。

第一节 汽车运行与节油

一、驾驶技术

驾驶技术对汽车节能有直接影响。驾驶人除要严格按照汽车驾驶操作规程要求保证安全行车,防止发生机械损伤和安全事故外,还应根据使用说明书中规定合理使用车辆。汽车驾驶技术与节能的关系涉及前述各章节能理论、知识、技术如何有效利用。

行车前做到预热起动、低速升温、低挡起步;行车中,要注意保持发动机冷却液温度和润滑油温度、及时换挡、保有余力、行驶平稳、安全滑行、合理节油;拖带挂车行驶时,要及时检查主车与挂车之间的连接机构,避免冲击。注意根据道路情况合理选择行驶路线和车速,使车辆经常处于最佳工作状态,减缓汽车技术状况变化。

汽车起步后及时换至高挡,并应尽可能采用高挡行驶,避免长时间高挡低速行驶或低挡高速行驶。同一道路条件与车速下,虽然发动机发出的功率相同,但挡位越低,后备功率越大,发动机的负荷率越低,燃油消耗率越高,百公里油耗越大,而使用高挡时情况则相反。

汽车行驶中要保持发动机的正常工作温度(80~90℃),温度过高或过低都会使油耗增加。低温条件下起动时要进行预热,发动机起动后应低速运转,待冷却液温度升至50~60℃后再挂挡起步;注意经常检查冷却液量、保温罩和百叶窗的状况及冷却系统的工作情况。

要减小油耗,必须计划行车。行驶中避免反复起动车辆,停车时选择便于起步的地点,同时尽量一次就位。行驶时正确判断道路情况,避开不利的时机和路段,保持相应车速,减少制动次数,减轻制动强度。

驾驶人在出车前、行车中(中途停车时)和收车后应做好车辆安全检查和日常维护,发现故障或安全隐患要及时排除,如检视车辆的安全机构及各部机件连接的紧固情况,保持空气滤清器、燃油滤清器、机油滤清器和蓄电池的清洁,防止漏水、漏油、漏气、漏电。

二、行驶速度

汽车行驶速度不同,油耗也不同。汽车经济车速是指汽车在直接挡或超速挡行驶时,油耗最低时的车速。不同排量的车型,经济车速不同,一般为60~90km/h。发动机排量越大,经济车速相对越高。

汽车油耗的高低,主要取决于发动机耗油率和克服行驶阻力需要的功率。发动机耗油率随发动机负荷和转速的变化而变化,在发动机负荷为80%左右时最低。发动机小负荷工作时,留在汽缸内的废气量增多,需供给较浓混合气,才能保证燃烧过程正常进行,同时克服摩擦阻力的功率及附件消耗的功率占比增大,因此耗油率最大。

当车速低时,克服阻力需要的功率较小,但发动机负荷小而耗油率升高;反之,当车速高时,发动机由于负荷增大而耗油率降低,但车速越高,行驶阻力越大,需要功率也增大,对汽车油耗的影响大大超过了发动机由于负荷增大耗油率降低的影响,使汽车燃料经济性变差,只有在中速行驶时,汽车油耗最低。

三、汽车运行材料温度

汽车运行材料温度包括发动机冷却液温度、润滑油温度,汽车运行材料温度直接影响着汽车油耗。

汽车运行材料温度过高,将导致发动机产生早燃、爆燃等不正常燃烧,油耗增大;行车温度过低,燃油不易挥发,油滴相对增多,使混合气变稀、不易燃烧或使火焰传播速度减慢,导致油耗增加。发动机正常冷却液温度应保持在80~90℃之间。

正常的发动机冷却液温度,有利于燃油雾化和进气均匀分配,使发动机具有良好的动力性和经济性,使润滑油保持正常黏度和润滑性能,减小摩擦阻力,从而节省燃油。

第二节 汽车运行材料及合理使用

汽车运行材料指燃料、润滑材料、汽车工作液(液力传动油、冷却液、制动液等)、轮胎等。汽车运行材料使用是否合理,对于维持汽车正常工作和良好技术状况、延长汽车使用寿命、节能减排等均有直接影响。

一、汽车燃料及合理使用

目前,汽车主要以汽油或柴油作为燃料。燃油对发动机的使用性能有很大影响,若燃油选用不当,发动机则不能正常工作,其动力性下降,油耗增加。

1. 汽油及合理使用

车用汽油的性能应满足点燃式内燃机的工作需要,即在短时间内由液态蒸发成气态,并与空气混合均匀,形成良好的可燃混合气,平稳快速燃烧对外做功,同时不发生气阻、爆燃和腐蚀机件等现象。

1) 汽油的规格

汽油牌号用汽油的抗爆性(辛烷值)表示,牌号越大,则辛烷值越高,抗爆性越好。根据《车用汽油》(GB 17930—2016)规定:车用汽油(Ⅳ)按研究法辛烷值(RON)分为90号、93号、和97号三个牌号;车用汽油(Ⅴ)、车用汽油(ⅥA)、车油(ⅥB)按研究法辛烷值(RON)划分为89号、92号、95号和98号四个牌号。前者适用于执行第四阶段国家机动车大气污染物排放标准的地区,后者适用于执行第五阶段和第六段国家机动车大气污染物排放标准的地区。自2017年1月1日起,车用汽油(Ⅳ)技术要求废止,车用汽油(Ⅴ)技术要求开始实施;自2019年1月1日起,车用汽油(Ⅴ)技术要求废止,车用汽油(ⅥA)技术要求开始实施;自2023年1月1日起,车用汽油(ⅥA)技术要求废止,车用汽油(ⅥB)技术要求开始实施。

2)汽油的选用

选用汽油时,应根据使用说明书推荐的牌号,结合使用条件,以发动机不发生爆燃为原则。通常,以发动机压缩比为主要依据(表4-1)。在不生爆燃的前提下,应尽量选用低牌号汽油。若辛烷值过低,发动机易爆燃;高辛烷值汽油着火慢,排放温度高,不仅热功转换不充分,还易烧坏气门及气门座。部分汽油机主要技术特性和使用的汽油牌号见表4-2。

发动机压缩比与汽油牌号　　　　　　　　　　　　　　　　　表4-1

发动机压缩比	汽油牌号		
	RON89或RON90	RON92或RON93	RON95或RON97
9.0~9.5	√	√	
9.5~10.5		√	
10.5~11			√

部分汽油机主要技术特性和使用的汽油牌号　　　　　　　　　　表4-2

汽车型号	发动机型号和结构特征	功率(kW)/转速(r/min)	排量(L)	压缩比	汽油牌号
解放CA1046L	CA488	65/4500	2.2	8.1	89、90
北京BJ2020SG	BY492QS	62.5/3800	2.45	9.2	89、90
捷达GT	EA211,电控多点喷射	81/6000	1.6	10.3	92、93
上海桑塔纳2000	AYJ,闭环电控多点喷射	74/5200	1.8	9.5	92、93
奥迪200	AAH,电控多点喷射	103/5500	2.6	10.0	92、93
奥迪A6L	CYY,三元催化转换器,电控多点喷射	140/5800	1.8	10.5	95、97
红旗H7	CA4GC20T,涡轮增压,电控多点喷射	150/5500	2.0	10.3	95、97

3)汽油选用注意事项

(1)国产汽油实测辛烷值一般比标定值高一个单位。随着发动机结构不断完善,很多压缩比较高的汽油机,仍能使用较低辛烷值的汽油。

(2)经常在大负荷、低速下工作的汽油机,使用汽油的辛烷值应稍高。

(3)同牌号普通汽油与乙醇汽油可混合使用,但油耗会略微升高;汽油中不可掺入煤油和柴油,因其蒸发性差,加入后会汽油品质变差。

(4)汽油蒸发与季节及气温有关,冬季应选择蒸气压较大的汽油,夏季应选择蒸气压较小的汽油。

(5)在高海拔地区行车时,发动机压缩终了时缸压和温度较低,不易爆燃,汽油的辛烷值可适当降低。

2. 柴油及合理使用

1) 柴油的规格

柴油分轻柴油和重柴油,轻柴油适用于高速柴油机,重柴油适用于中、低速柴油机。车用柴油机为高速柴油机,以轻柴油为燃料。

轻柴油牌号按凝点划分。《车用柴油》(GB 19147—2016)根据柴油凝点将其分为:5号、0号、-10号、-20号、-35号和-50号6个牌号。0号柴油表示其凝点不高于0℃,其余以此类推。

2) 柴油的选用

柴油的选用主要依据使用地区月风险率为10%的最低气温(表4-3)。选用柴油的凝点应比最低气温低4~6℃,各牌号柴油适用范围见表4-4。

表4-3 部分地区月风险率为10%的最低气温(单位:℃)

地区	一月	二月	三月	四月	五月	六月	七月	八月	九月	十月	十一月	十二月
河北省	-14	-13	-5	1	8	14	19	17	9	1	-6	-12
山西省	-17	-16	-8	-1	5	11	15	13	6	-2	-9	-16
内蒙古自治区	-43	-42	-35	-21	-7	-1	4	1	-8	-19	-32	-41
黑龙江省	-44	-42	-35	-20	-6	1	7	4	-6	-20	-35	-43
吉林省	-29	-27	-17	-6	1	8	14	12	2	-6	-17	-26
辽宁省	-23	-21	-12	-1	6	12	18	15	6	-2	-12	-20
山东省	-12	-12	-5	2	8	14	19	18	11	4	-4	-10
江苏省	-10	-9	-3	3	11	15	20	20	12	5	-2	-8
安徽省	-7	-7	-1	5	12	18	20	20	14	7	0	-6
浙江省	-4	-3	1	6	12	17	22	21	15	8	2	-3
山西省	-2	-2	3	9	15	20	23	23	18	12	4	0
福建省	-4	-2	3	8	14	18	21	21	15	8	1	-3
台湾地区	3	0	2	8	10	16	19	19	13	10	1	2
广东省	1	2	7	12	18	21	23	23	20	13	7	2
海南省	9	10	15	19	22	24	24	23	23	19	15	12
广西壮族自治区	3	3	8	12	18	21	23	23	19	15	9	4
湖南省	-2	-2	3	9	14	18	22	21	16	10	4	-1
湖北省	-6	-4	0	6	12	17	21	20	14	8	1	-4
河南省	-10	-9	-2	4	10	15	20	18	11	4	-3	-8
四川省	-21	-17	-11	-7	-2	2	1	0	-7	14	-19	
贵州省	-6	-6	-1	3	7	9	12	11	8	4	-1	-4
云南省	-9	-8	-6	-3	1	5	7	7	5	-1	-5	-8
西藏自治区	-29	-25	-21	-15	-9	-3	-1	0	-6	-14	-22	-29
新疆维吾尔自治区	-40	-38	-28	-12	-5	-2	0	-2	-6	-14	-25	-34

续上表

地区	一月	二月	三月	四月	五月	六月	七月	八月	九月	十月	十一月	十二月
青海省	-33	-30	-25	-18	-10	-6	-3	-4	-6	-16	-28	-33
甘肃省	-23	-23	-16	-9	-1	3	5	5	0	-8	-16	-22
陕西省	-17	-15	-6	-1	5	10	15	12	6	-1	-9	-15
宁夏回族自治区	-21	-20	-10	-4	2	6	9	8	3	-4	-12	-19

各牌号柴油适用范围　　　　表4-4

柴油牌号	适用范围
10号	有预热设备的高速柴油机
5号	月风险率为10%的最低气温在8℃以上的地区
0号	月风险率为10%的最低气温在4℃以上的地区
-10号	月风险率为10%的最低气温在4℃~-5℃以上的地区
-20号	月风险率为10%的最低气温在-5℃~-14℃以上的地区
-35号	月风险率为10%的最低气温在-14℃~-29℃以上的地区
-50号	月风险率为10%的最低气温在-29℃~-44℃以上的地区

在气温允许的条件下,尽可能选用高牌号柴油。低凝点柴油冶炼工艺复杂,生产成本高;柴油中凝点越低的成分燃烧性越差,其着火落后期越长,易导致发动机工作粗暴。

3. 车用新型燃料及合理使用

1)生物柴油

生物柴油由动、植物油脂与醇(如甲醇或乙醇)经酯交换反应,得到的脂肪酸单烷基酯,是一种用可再生动、植物油加工制取的新型燃料。生物柴油具有优良的环保特性,较好的发动机低温起动性能、润滑性能和安全性能。

生物柴油按凝点分5号、0号、-10号三个牌号,可参考各地区风险率为10%的最低温度,使用不同牌号的生物柴油调和油。

2)车用天然气

天然气是以轻质碳氢化合物为主体的气体混合物,主要成分是甲烷(CH_4),一般为85%~95%。天然气资源丰富,排放污染小,辛烷值高,只能点燃而不能压燃,具有很强的抗爆性。使用天然气,经济性好,安全性好,技术成熟;但天然气属非再生能源,不能作为根本性的替代能源,储运不便,新建加气站网络要求投资大。天然气能量密度较小,单独以其为燃料时,需要设计专门的发动机。

3)醇类燃料

醇类燃料主要是指甲醇(CH_3OH)和乙醇(C_2H_5OH),醇类燃料汽车以甲醇汽油、乙醇汽油、甲醇、乙醇为燃料。可使用醇类燃料与汽油或柴油按一定比例配制而成混合燃料,也可直接采用醇类燃料作为发动机燃料。

醇类燃料辛烷值高,燃烧速度快,可实现稀薄燃烧,汽化潜热大,热值低,沸点低,蒸汽压高;但易产生气阻,腐蚀性大,易发生分层。

《车用燃料甲醇》(GB/T 23510—2009)规定了车用燃料甲醇的要求、试验方法、检验规则及标志等,《车用甲醇汽油(M85)》(GB/T 23799—2009)规定了由84%~86%(体积分数)的甲醇与14%~16%(体积分数)的车用汽油及改善使用性能的添加剂调合而成的车用甲醇汽油(M85)的要求和试验方法等。

《车用乙醇汽油(E10)》(GB 18351—2017)规定:车用乙醇汽油(E10)按研究法辛烷值分89号、92号、95号和98号四个牌号,数值越大,表示车用乙醇汽油的抗爆燃性越好。

乙醇汽油选用的主要依据为发动机压缩比,压缩比越高,乙醇汽油牌号越高。发动机压缩比小于8,选用89号或90号车用乙醇汽油;发动机压缩比为8.0~9.5,选用92或93号车用乙醇汽油;发动机压缩比为9.5~10.5,选用95或97号车用乙醇汽油。

二、汽车润滑材料及合理使用

汽车润滑材料包括机油、齿轮油和润滑脂。合理使用润滑材料,可降低润滑材料费用,提高润滑效果,减小摩擦和磨损,降低功率损耗和燃料消耗,延长汽车使用寿命。

1. 机油及合理使用

机油指发动机润滑油,具有润滑、冷却、洗涤、密封、防锈、防腐等作用,其性能用润滑性、低温操作性、黏温性、净分散性、抗氧化性、抗腐性、抗泡沫性等指标评价。

机油的工作条件十分苛刻。润滑油在飞溅和循环润滑中,不断与各种金属部件及空气接触,在金属的催化下与氧反应,促使机油不断老化变质。在工作过程中,机油与各高温机件接触,机油氧化变质剧烈;发动机工作时,若汽缸密封不良,燃烧废气和未燃气体串入曲轴箱,会导致机油严重变质。此外,灰尘、金属磨屑、积炭等都会污染机油。

1)机油的分类

美国石油学会(API)使用性能分类法和美国汽车工程师协会(SAE)使用黏度分类法,是使用最广泛的机油分类方法。

《内燃机油分类》(GB/T 28772—2012)见表4-5,《内燃机油黏度分类》(GB/T 14906—2018)见表4-6。

内燃机油分类 表4-5

应用范围	品种代号	特性和使用场合
汽油机油	SE	用于轿车和某些货车的汽油机以及要求使用API SE、SD*级油的汽油机。此种油品的抗氧化性能及控制汽油机高温沉积物、锈蚀和腐蚀的性能优于SD*或SC*
	SF	用于轿车和某些货车的汽油机以及要求使用API SP、SE级油的汽油机。此种油品的抗氧化和抗磨损性能优于SE,同时还具有控制汽油机沉积、锈蚀和腐蚀的性能,并可代替SE
	SG	用于轿车、货车和轻型卡车的汽油机以及要求使用API SG级油的汽油机。SG质量还包括CC或CD的使用性能。此种油品改进了SF级油控制发动机沉积物、磨损和油的氧化性能,同时还具有抗锈蚀和腐蚀的性能,并可代替SF、SF/CD、SE或SE/CC
	SH、GF-1	用于轿车、货车和轻型卡车的汽油机以及要求使用API SH级油的汽油机。此种油品在控制发动机沉积物、油的氧化、磨损、锈蚀和腐蚀等方面的性能优于SG,并可代替SC GF-1与SH相比,增加了对燃料经济性的要求

续上表

应用范围	品种代号	特性和使用场合
汽油机油	SJ、GF-2	用于轿车、运动型多用途汽车、货车和轻型卡车的汽油机以及要求使用 API SJ 级油的汽油机。此种油品在挥发性、过滤性、高温泡沫性和高温沉积物控制等方面的性能优于 SH。可代替 SH,并可在 SH 以前的"S"系列等级中使用 　GF-2 与 SJ 相比,增加了对燃料经济性的要求,GF-2 可代替 GF-1
	SL、GF-3	用于轿车、运动型多用途汽车、货车和轻型卡车的汽油机以及要求使用 API SL 级油的汽油机。此种油品在挥发性、过滤性、高温泡沫性和高温沉积物控制等方面的性能优于 SJ。可代替 SJ,并可在 SJ 以前的"S"系列等级中使用 　GF-3 与 SL 相比,增加了对燃料经济性的要求,GF-3 可代替 GF-2
	SM、GF-4	用于轿车、运动型多用途汽车、货车和轻型卡车的汽油机以及要求使用 API SM 级油的汽油机。此种油品在高温氧化和清净性能、高温磨损性能以及高温沉积物控制等方面的性能优于 SL。可代替 SL,并可在 SL 以前的"S"系列等级中使用 　GF-4 与 SM 相比,增加了对燃料经济性的要求,GF-4 可代替 GF-3
	SN、GF-5	用于轿车、运动型多用途汽车、货车和轻型卡车的汽油机以及要求使用 API SN 级油的汽油机。此种油品在高温氧化和清净性能、低温油泥以及高温沉积物控制等方面的性能优于 SM。可代替 SM,并可在 SM 以前的"S"系列等级中使用 　对于资源节约型 SN 油品,除具有上述性能外,强调燃料经济性、对排放系统和涡轮增压器的保护以及与含乙醇最高达 85% 的燃料的兼容性能 　GF-5 与资源节约型 SN 相比,性能基本一致,GF-5 可代替 GF-4
柴油机油	CC	用于中负荷及重负荷下运行的自然吸气、涡轮增压和机械增压式柴油机以及一些重负荷汽油机。对于柴油机具有控制高温沉积物和轴瓦腐蚀的性能,对于汽油机具有控制锈蚀、腐蚀和高温沉积物的性能
	CD	用于需要高效控制磨损及沉积物或使用包括高硫燃料自然吸气、涡轮增压和机械增压式柴油机以及要求使用 API CD 级油的柴油机。具有控制轴瓦腐蚀和高温沉积物的性能,并可代替 CC
	CF	用于非道路间接喷射式柴油发动机和其他柴油发动机,也可用于需有效控制活塞沉积物、磨损和含钢轴瓦腐蚀的自然吸气、涡轮增压和机械增压式柴油机。能够使用硫的质量分数大于 0.5% 的高硫柴油燃料,并可代替 CD
	CF-2	用于需高效控制汽缸、环表面胶合和沉积物的二冲程柴油发动机,并可代替 CD-Ⅱ*
	CF-4	用于高速、四冲程柴油发动机以及要求使用 API CF-4 级油的柴油机,特别适用于高速公路行驶的重负荷卡车。此种油品在机油消耗和活塞沉积物控制等方面的性能优于 CE*,并可代替 CE*、CD 和 CC
	CG-4	用于可在高速公路和非道路使用的高速、四冲程柴油发动机。能够使用硫的质量分数小于 0.05% ~ 0.5% 的柴油燃料。此种油品可有效控制高温活塞沉积物、磨损、腐蚀、泡沫、氧化和烟炱的累积,并可代替 CF-4、CE*、CD 和 CC

续上表

应用范围	品种代号	特性和使用场合
柴油机油	CH-4	用于高速、四冲程柴油发动机。能够使用硫的质量分数不大于0.5%的柴油燃料。即使在不利的应用场合,此种油品可凭借其在磨损控制、高温稳定性和烟炱控制方面的特性有效地保持发动机的耐久性;对于非铁金属的腐蚀、氧化和不溶物的增稠、泡沫性以及由于剪切所造成的黏度损失可提供最佳的保护。其性能优于CG-4,并可代替CG-4、CF-4、CE*、CD和CC
	CI-4	用于高速、四冲程柴油发动机。能够使用硫的质量分数不大于0.5%的柴油燃料。此种油品在装有废气再循环装置的系统里使用可保持发动机的耐久性。对于腐蚀性和与烟炱有关的磨损倾向、活塞沉积物以及由于烟炱累积所引起的黏温性变差、氧化增稠、机油消耗、泡沫性、密封材料的适应性降低和由于剪切所造成的黏度损失可提供最佳的保护。其性能优于CH-4,并可代替CH-4、CG-4、CF-4、CE*、CD和CC
	CJ-4	用于高速、四冲程柴油发动机。能够使用硫的质量分数不大于0.05%的柴油燃料。对于使用废气后处理系统的发动机,如使用硫的质量分数大于0.0015%的燃料,可能会影响废气后处理系统的耐久性和/或机油的换油期。此种油品在装有微粒过滤器和其他后处理系统里使用可特别有效地保持排放控制系统的耐久性。对于催化剂中毒的控制、微粒过滤器的堵塞、发动机磨损、活塞沉积物、高低温稳定性、烟炱处理特性、氧化增稠、泡沫性和由于剪切所造成的黏度损失可提供最佳的保护。其性能优于CI-4,并可代替CI-4、CH-4、CG-4、CF-4、CE*、CD和CC
农用柴油机油	—	用于以单缸柴油机为动力的三轮汽车(原三轮农用运输车)、手扶变型运输机、小型拖拉机,还可用于其他以单缸柴油机为动力的小型农机具,如抽水机、发电机等。具有一定的抗氧、抗磨性能和清净分散性能

内燃机油黏度分类　　　　　　表4-6

黏度等级	低温起动黏度(mPa·s)不大于	低温泵送黏度(无屈服应力时)(mPa·s)不大于	运动黏度(100℃)(mm²/s)不小于	运动黏度(100℃)(mm²/s)小于	高温高剪切黏度(150℃)(mPa·s)不小于
试验方法	GB/T 6538	NB/SH/T 0562	GB/T 265	GB/T 265	SH/T 0751*
0W	6200 在 −35℃	60000 在 −40℃	3.8	—	—
5W	6600 在 −30℃	60000 在 −35℃	3.8	—	—
10W	7000 在 −25℃	60000 在 −30℃	4.1	—	—
15W	7000 在 −20℃	60000 在 −25℃	5.6	—	—
20W	9500 在 −15℃	60000 在 −20℃	5.6	—	—
25W	13000 在 −10℃	60000 在 −15℃	9.3	—	—
8	—	—	4.0	6.1	1.7
12	—	—	5.0	7.1	2.0
16	—	—	6.1	8.2	2.3
20	—	—	6.9	9.3	2.6
30	—	—	9.3	12.5	2.9

续上表

黏度等级	低温起动黏度 (mPa·s) 不大于	低温泵送黏度（无屈服应力时）(mPa·s)不大于	运动黏度 (100℃)(mm²/s) 不小于	运动黏度 (100℃)(mm²/s) 小于	高温高剪切黏度 (150℃)(mPa·s) 不小于
40	—	—	12.5	16.3	3.5 (0W-40,5W-40 和 10W-40 等级)
40	—	—	12.5	16.3	3.7 (15W-40,20W-40,25W-40 和 40 等级)
50	—	—	16.3	21.9	3.7
60	—	—	21.9	26.1	3.7

注：* 表示也可采用 SH/T 0618、SH/T 0703 方法，有争议时，以 SH/T 0751 为准。

机油还有单黏度级和多黏度级(稠化机油)之分，只能满足低温或高温一种黏度要求的机油称为单黏度级机油，既能满足低温工作时黏度级别要求，又能满足高温工作时黏度级别要求的机油称为多黏度级机油。多级油用冬用和夏用双重黏度级表示，如 5W/30 表示高温时该机油具有与 30 号机油相同的黏度，低温时其黏度不超过冬用机油 5W 的黏度值。多级油的品种主要有 0W/40、0W/50、5W/20、5W/30、5W/40、10W/30、10W/40、15W/40、15W/50、20W/60 等。

机油的命名和标记应包括使用性能级别代号和黏度级别代号两部分，如一个特定的汽油机油产品可命名为 SE30；一个特定的柴油机油产品可命名为 CC 10W/30；一个特定的汽油机/柴油机通用油可命名为 SE/CC15W/50。

2) 机油的选用

机油的选用原则：按照发动机结构特点和使用工况选用使用性能等级，按照使用地区的气温选用适当的黏度等级。

(1) 机油使用性能等级的选择。

①按照机油使用性能分类方法中的特性和适用场合，选择机油的使用性能等级。

②查阅汽车使用说明书或维修手册，选择机油的使用性能等级。

③选择汽油机油使用性能等级时，主要考虑以下因素：

a. 发动机的压缩比、排量、最大功率、最大转矩。

b. 曲轴箱强制通风、废气再循环等排气净化装置对机油的影响。

c. 机油的负荷，即发动机功率与曲轴箱机油容量之比。

d. 城市汽车时起动时制动等运行工况，对生成沉积物和机油氧化的影响。

④选择柴油机油使用性能等级时，主要考虑以下因素：

a. 机油的负荷、使用条件。

b. 发动机的平均有效压力、活塞平均速度。

c. 机油的硫含量。

d. 现代车用柴油机广泛采用高强度的电控高压共轨柴油机,必须使用含硫量低的柴油。其强化程度大大提高,同时发动机排放法规日趋严格,因此使用的机油的标准也相应提高。

⑤根据发动机结构确定机油使用性能等级后,在下列苛刻使用条件下应提高一级:

a. 长时期低温、低速行驶。

b. 长时期在高温、高速条件下工作,尤其是满载或超载长距离条件下工作。

c. 汽车长期处于制动和起动切换的使用状态,如邮递车、出租车等。

d. 牵引车或中型以上载货车满载或长时间行驶。

e. 使用场所灰尘大。

部分汽油机的技术特性和要求的汽油机油规格见表4-7,部分柴油机的技术特性和要求的柴油机油规格见表4-8。

部分汽油机的技术特性和要求的汽油机油规格　　　　表4-7

汽车型号	发动机型号结构特征	$\dfrac{功率}{(kW)} / \dfrac{转速}{(r/min)}$	$\dfrac{转矩}{(N \cdot m)} / \dfrac{转速}{(r/min)}$	排量(L)	压缩比	机油级别
捷达	EA113 多点喷射	70/5600	132/3750	1.6	9.6	SJ、SL
高尔夫6	EA111 缸内直喷,废气涡轮增压	96/5000	220/1750~3500	1.4	9.8	SL、SM
丰田卡罗拉	2ZR-FE 多点电喷发动机	103/6400	173/4000	1.8	10	SL、SM
一汽迈腾	EA888 缸内直喷、废气涡轮增压	147/5000~6000	280/1800~5000	2.0	9.6	SM、SN
本田雅阁	K24Z2 多点电喷发动机	132/6500	225/4500	2.4	10.5	SL、SM
奥迪A6L	VAJ 缸内直喷,机械式增压器	213/4850~6800	420/2500~4850	3.0	10.5	SM、SN

部分柴油机的技术特性和要求的柴油机油规格　　　　表4-8

汽车型号	发动机型号结构特征	最大功率(kW)	最大转矩(N·m)	排量(L)	压缩比	机油级别
捷达SDI	电控VE分配泵	47	125	1.9	19	CG-4
日产皮卡	4D22 电控直喷VE泵,废气涡轮增压	52	173	2.2	18	CF-4、CF
依维柯面包车	8140.43N 直喷高压共轨,废气涡轮增压	107	320	2.8	18.5	CG-4、CH-4
解放J6P重卡	电控高压共轨直喷,废气涡轮增压,中冷	324	1900	11.04	17.5	CI-4、CJ-4

(2)机油黏度等级的选择。

依据季节、气温情况和使用地区选择机油牌号(表4-9)。为避免冬季、夏季换油,可选用多级油。选用机油的黏度等级时,还必须考虑发动机的负荷、转速和磨损情况。发动机负荷大、转速低或磨损严重时,应选用黏度等级较大的机油;反之,选择黏度等级较小的机油。

机油黏度等级选用   表 4-9

黏度等级	使用温度范围(℃)	黏度等级	使用温度范围(℃)
0W	-45～-15	5W/20	-45～20
5W	-40～-10	5W/30	-40～30
10W	-30～-5	10W/30	-30～30
15W	-25～0	15W/30	-25～30
20W	-20～5	20W/30	-20～30
25W	-15～10	10W/40	-30～40 以上
20	-10～30	15W/40	-25～40 以上
30	0～30	20W/40	-20～40 以上
40	15～50	—	—

(3)机油的劣化与更换。

机油在使用过程中,由于添加剂的消耗、高温氧化、燃烧产物的影响,外部水分和尘埃等混入,使机油劣化变质。机油劣化变质后,沉积物增多,润滑性能下降,使零件腐蚀和磨损增大,应适时更换机油。更换方式有定期换油、按质换油和监测下的定期换油三类。

①按质换油。对能反映机油质量的代表性指标规定限值,据此更换机油。《汽油机油换油指标》(GB/T 8028—2010)和《柴油机油换油指标》(GB/T 7607—2010)规定了机油的换油指标。

②定期换油。按行驶里程或使用时间与机油使用性能变化之间的规律确定换油时期,换油期与机油的使用性能级别、发动机技术状况和运行条件有关。

③监测下的定期换油。在规定换油周期的同时,监测在用机油的综合指标,必要时可提前更换机油。

2.齿轮油及合理使用

齿轮油也称为齿轮润滑油,用于变速器、主传动器和转向器等的润滑,降低齿轮及其他运动部件的磨损,延长使用寿命,降低摩擦,减小功率损失,分散热量,起冷却作用;防止腐蚀和生锈,降低工作噪声,减小振动及齿轮间的冲击,冲洗污物,尤其是冲去齿面间污物。

1)齿轮油的分类

按齿轮油承载能力和使用场合不同,根据其使用要求和特性等,API 使用性能分类法将齿轮油分为六个级别,见表 4-10。

车辆齿轮油使用分类   表 4-10

分类	使用说明	用途
GL-1	低齿面压力、低滑动速度下运行的汽车弧齿锥齿轮、蜗轮后桥以及各种手动变速器规定用 GL-1 齿轮油。直馏矿油能满足这类情况的要求。可以加入抗氧剂、防锈剂和消泡剂改善其性能,但不加摩擦改进剂和极压剂	汽车手动变速器,包括拖拉机和载货汽车手动变速器

续上表

分 类	使用说明	用 途
GL-2	汽车蜗轮后桥齿轮,由于其负荷、温度和滑动速度的状况,使得 GL-1 齿轮油不能满足要求的蜗轮齿轮规定用 GL-2 类的齿轮油。通常都加有脂肪类物质	涡轮蜗杆传动装置
GL-3	速度和负荷比较苛刻的汽车手动变速器和弧齿锥齿轮的后桥规定用 GL-3 类油。这种使用条件要求润滑剂的负荷能力比 GL-1 和 GL-2 高,但比 GL-4 低	苛刻条件下的手动变速器和弧齿锥齿轮后桥
GL-4	在低速高转矩、高速低转矩下操作的各种齿轮,特别是客车和其他各种车用的准双曲面齿轮,规定用 GL-4 齿轮油。适用于其抗擦伤性能应等于或优于 CRCRGO-105 参考油。该油已做过各种试验,证明具有 1972 年 4 月 ASTM STP 说明的性能水平	手动变速器、弧齿锥齿轮和使用条件不太苛刻的准双曲面齿轮
GL-5	在高速冲击负荷、高速低转矩、低速高转矩条件下操作的各种齿轮,特别是客车和其他车辆的准双曲面齿轮,规定用 GL-5 齿轮油。适用于其抗擦伤性能应等于或优于 CRCRGO-110 参考油。该油已做过各种试验,证明具有 1972 年 4 月 ASTMSTP 所说明的性能水平	适用于操作条件缓和或苛刻的准双曲面齿轮及其他各种齿轮,也可用于手动变速器
GL-6	高速冲击负荷条件下运转的小客车和其他车辆的各种齿轮,特别是高偏置准双曲面齿轮,偏置大于 5cm 或接近大齿圈直径的 25%,规定用 GL-6 齿轮油。符合这种使用条件的润滑剂,其抗擦伤性能应等于或优于参考油 L-1000。该油已经试验,证明具有 1972 年 4 月 ASTM STP 所说明的性能水平	—

按黏度不同,SAE 黏度分类法将齿轮油分为七个级别,见表 4-11。其中,字母 W 表示冬季用齿轮油;不含字母表示夏季用齿轮油。

表 4-11 车辆齿轮油黏度分类

SAE 黏度级号	黏度达到 150Pa·s 时的最高温度(℃)	100 时的运动黏度(mm²/s)	
		最低	最高
70W	-55	4.1	—
75W	-40	4.1	—
80W	-26	7.0	—
85W	-12	11.0	—
90	—	13.5	<24.0
140	—	24.0	<41.0
250	—	41.0	—

齿轮油黏度等级还可分为单黏度等级和多黏度等级,如 SAE80W/90 表示一个多黏度等级的车辆齿轮油。《车辆齿轮油分类》(GB/T 28767—2012)按质量和使用性能的差异将齿

轮油分成 GL-3、GL-4、GL-5 和 MT-1 四个级别。其中,等级为 MT-1 的齿轮油适用于大型客车和重型货车使用的手动变速器。

2)齿轮油的选择

包括使用性能级别的选择和黏度级别的选择。

(1)使用性能级别的选择。严格遵循汽车使用说明书中的规定,或根据传动机构工作条件的苛刻程度选择。工作条件主要指传动齿轮的接触压力、滑动速度和工作温度,主要取决于传动装置的齿轮类型,因此可按齿轮类型传动装置的功能选择齿轮油的使用性能级别。驱动桥主传动器工作条件苛刻;而准双曲面齿轮主传动器更为苛刻,对齿轮油使用性能要求更高。

工作条件苛刻(轮齿间接触压力达300MPa以上,滑动速度超过10m/s)的主传动器准双曲面齿轮,必须使用 GL-5 级齿轮油;工作条件不太苛刻(接触压力在3000MPa以下,滑动速度在1.5~8m/s之间)的主传动器准双曲面齿轮可选用 GL-4 级齿轮油。有些载货汽车的后桥主传动装置虽然采用普通弧齿锥齿轮,但负荷较重,工作条件苛刻,也要求使用 GL-4 级或 GL-5 级齿轮油。部分汽车要求的车辆齿轮油的使用性能级别见表4-12。

部分汽车要求的车辆齿轮油使用性能级别　　　表4-12

汽车型号	变速器结构特点	驱动桥结构特点	使用性能级别
解放 CA1092	手动6挡	弧齿锥齿轮和圆柱齿轮,双级主减速器	GL-3
北京切诺基	手动4挡,带分动器	准双曲面齿轮,单级主减速器	GL-5
上海桑塔纳	手动4挡或5挡,两轴式	准双曲面齿轮,单级主减速器	GL-5
富康	手动4挡或5挡,两轴式	斜齿圆柱齿轮,单级主减速器	GL-5
红旗 CA7200	手动5挡,两轴式	准双曲面齿轮,单级主减速器	GL-4 或 GL-5
捷达 CL	手动4挡,两轴式	斜齿圆柱齿轮,单级主减速器	GL-4 或 GL-5
上海帕萨特 B5	手动4挡或5挡,两轴式	准双曲面齿轮,单级主减速器	GL-5

变速器及转向器通常负荷较轻,一般采用与主传动器相同的齿轮油。注意不能将使用级别低的齿轮油用在使用要求高的车辆上,否则会加剧磨损;使用级别高的齿轮油用在要求较低的车辆上,会造成浪费,各使用级别的齿轮油不能混用。

(2)黏度级别的选择。主要根据最低气温和最高工作油温。其黏度应保证低温下车辆易于起步,又能满足油温升高后的润滑要求。在 SAE 黏度分类中,黏度为 150Pa·s 时的最高温度就是保证低温操作性能的最低温度;选择黏度级别时,还要考虑高温时的润滑要求。润滑油黏度应适宜,尽可能使用多级润滑油。根据环境温度选齿轮油黏度时见表4-13。

根据当地季节气温选择齿轮油牌号　　　　表4-13

黏度牌号	70W	75W	80W	85W	90	140	250
黏度为150Pa·s时的适用最低温度(℃)	-55	-40	-26	-12	-10	10	—

(3)齿轮油的更换。采用定期换油时,准双曲面齿轮油换油周期为 $2\times10^4 \sim 2.5\times10^4 km$。采用按质换油时,应遵循有关标准规定的齿轮油的换油指标。普通车辆齿轮油(GL-3)的换油质量指标见表4-14。有任何一项指标达到上述标准时,应更换齿轮油。

普通车辆齿轮油的换油指标　　　　表4-14

项　目	换油质量指标	试验方法
100℃运动黏度变化率(%)	≥+20~-10	GB/T 265
水分(质量分数)(%)	≥1.0	GB/T 260
酸值增加量(mg KOH/g)	≥0.5	GB/T 8030
戊烷不溶物(质量分数)(%)	≥2.0	GB/T 8926
铁含量(质量分数)(%)	≥0.5	SH/T 0197

3.润滑脂及合理使用

润滑脂以液体润滑油为基础油,加入稠化剂和添加剂形成稳定的固体或半固体润滑材料。车辆上不宜施加液体润滑油的部位(如发电机、水泵、轮毂轴承、拉杆球节、传动轴花键和离合器轴承等)均使用润滑脂。

1)汽车润滑脂的分类

润滑脂用"LX+四个大写字母"形式组成的"代号+稠度等级"构成的符号表示(表4-15)。

润滑脂操作条件代号　　　　表4-15

操作温度				水　污　染					负荷条件	
字母1	最低温度(℃)	字母2	最高温度(℃)	字母3	环境条件		防锈性		字母4	备注
					字母	备注	字母	备注		
A	0	A	60	A	L	L-干燥 M-静态潮湿 H-水洗	L	L-不防锈 M-淡水存在下防锈 H-盐水存在下防锈	A	A-非极压型 B-极压型
B	-20	B	90	B	L		M		B	
C	-30	C	120	C	L		H		—	
D	-40	D	140	D	M		L			
E	-50	E	160	E	M		M			
—		F	180	F	M		L			
—		G	>180	G	H		L			
—		—		H	H		M			
—		—		I	H		H			

2) 汽车润滑脂的选择

包括润滑脂的类型和稠度牌号的选用,应根据车辆使用说明书的规定,选用与润滑部位的操作条件相适应的润滑脂类型和稠度。

(1) 稠度牌号。根据环境温度、转速、负荷等因素选用,汽车多采用2号润滑脂。

(2) 负荷。指单位面积承受的压力,根据负荷高低,选择非极压润滑脂(A)或极压型润滑脂(B)。

(3) 水污染。包括环境条件和防锈性,根据使用要求综合确定润滑脂的级别(字母4)。

(4) 操作温度。低温界限应低于被润滑部位的最低操作温度,否则会使运转阻力加大;高温界限应高于被润滑部位的最高操作温度,否则会因润滑脂流失而失去润滑作用,加剧磨损。

汽车的主要润滑部位多用锂基润滑脂,对受冲击载荷及极压条件下工作的钢板弹簧,则用石墨钙基脂,对工作温度过高或过低的地区应选特殊润滑脂(如低温润滑脂、高温润滑脂等)。

三、汽车工作液及合理使用

汽车常用工作液有发动机冷却液、制动液和液力传动油等。

1. 发动机冷却液及合理使用

1) 冷却液的规格

《机动车发动机冷却液》(GB 29743—2013)规定了轻负荷和重负荷发动机冷却系统用乙二醇型和丙二醇型冷却液及其浓缩液的分类和技术要求。按照冰点,冷却液分为 -15号、-20号、-25号、-30号、-35号、-40号、-45号和 -50号八个牌号(表4-16)。目前,普遍采用乙二醇水基型发动机冷却液。

发动机冷却液分类代号及型号　　　　　表4-16

轻负荷冷却液		型　号	重负荷冷却液		型　号
乙二醇型	浓缩液 LEC-Ⅰ	—	乙二醇型	浓缩液 HEC-Ⅰ	—
	稀释液 LEC-Ⅱ	LEC-Ⅱ-15、LEC-Ⅱ-20、LEC-Ⅱ-25、LEC-Ⅱ-30、LEC-Ⅱ-35、LEC-Ⅱ-40、LEC-Ⅱ-45、LEC-Ⅱ-50		稀释液 HEC-Ⅱ	HEC-Ⅱ-15、HEC-Ⅱ-20、HEC-Ⅱ-25、HEC-Ⅱ-30、HEC-Ⅱ-35、HEC-Ⅱ-40、HEC-Ⅱ-45、HEC-Ⅱ-50
丙二醇型	浓缩液 LPC-Ⅰ	—	丙二醇型 HPC-Ⅱ	浓缩液 HPC-Ⅰ	—
	稀释液 LPC-Ⅱ	LPC-Ⅱ-15、LPC-Ⅱ-20、LPC-Ⅱ-25、LPC-Ⅱ-30、LPC-Ⅱ-35、LPC-Ⅱ-40、LPC-Ⅱ-45、LPC-Ⅱ-50		稀释液	HPC-Ⅱ-15、HPC-Ⅱ-20、HPC-Ⅱ-25、HPC-Ⅱ-30、HPC-Ⅱ-35、HPC-Ⅱ-40、HPC-Ⅱ-45、HPC-Ⅱ-50
其他类型	LOC	依据冰点标注值	—		

2) 发动机冷却液的选用

选择冷却液时,其冰点要比车辆运行地区的最低气温低10℃左右。冷却液的浓缩液,可由用户加清洁水稀释后使用。乙二醇所含比例与冷却液冰点的关系见表4-17。

乙二醇—水型冷却液浓度(体积分数)、密度和冰点 表4-17

冷却液浓度(%)	冷却液不同温度下的密度(g/mm³)					冻结温度(℃)	安全使用温度(℃)
	10℃	20℃	30℃	40℃	50℃		
30	1.054	1.050	1.046	1.042	1.036	-16	-11
35	1.063	1.058	1.054	1.049	1.044	-20	-15
40	1.071	1.067	1.062	1.057	1.052	-25	-20
45	1.079	1.074	1.069	1.064	1.058	-30	-25
50	1.087	1.083	1.076	1.070	1.064	-36	-31
55	1.095	1.090	1.084	1.077	1.070	-40	-37
60	1.103	1.098	1.092	1.076	1.076	-50	-45

乙二醇冷却液的最低使用浓度为33.3%(体积分数),此时冰点不高于-18℃,低于该浓度,则冷却液的防腐蚀性不够;最高使用浓度为69%,此时冰点为-68℃,高于此浓度,冰点反而会上升。全年使用冷却液的车辆,其最低使用浓度为50%(体积分数)左右为宜。

2. 汽车制动液及合理使用

1) 汽车制动液的分类

美国联邦机动车辆安全标准(FMVSS)将制动液分为 FMVSS No.116 DOT-3、DOT-4 和 DOT-5 三类。

现代汽车主要采用合成型制动液,《机动车辆制动液》(GB 12981—2012)将制动液划分为 HZY3、HZY4、HZY5、HZY6 四个质量等级,制动液系列代号中 H、Z、Y 分别为合成、制动和液体的汉语拼音首字母,阿拉伯数字为区别本系列各标准的标记。各类制动液规格分类对照、主要特性和使用范围见表4-18。

汽车制动液分类对照、主要特性和使用范围 表4-18

GB 12981—2012	FMVSS NO.116	ISO 4925:2005	主要特性	推荐使用范围
HZY3	DOT-3	Class3	具有良好的高温抗气阻性能和优良的低温性能	我国广大地区均可使用
HZY4	DOT-4	Class4	具有优良的高温抗气阻性能和良好的低温性能	我国广大地区均可使用
HZY5	DOT-5	Class5.1	具有优异的高温抗气阻性能和低温性能	供特殊要求车辆使用
HZY6	—	Class6	具有优良的高温抗气阻性能和优异的低温性能	配备的 ESP/EBD + ABS 的商用车

2)汽车制动液的选用
(1)优先选用合成制动液。
(2)所选制动液的产品质量等级应等于或高于汽车制造厂规定的制动液质量等级。
(3)按照使用说明书中规定的制动液的类型选用。部分乘用车所用制动液规格见表4-19。

部分乘用车制动液规格　　　　　　　　　　表4-19

汽车制造公司	车　　型	制动液规格	制动液更换期
一汽-大众汽车有限公司	迈腾、大众CC、速腾、探岳	DOT-3或DOT-4	每24个月或行驶6万km
上海大众汽车有限公司	帕萨特、朗逸、途观	DOT-3	每24个月或行驶6万km
神龙汽车有限公司	东风雪铁龙、东风标致	DOT-3或DOT-4	每24个月或行驶3万km
北京现代汽车有限公司	君爵、劳恩斯、伊兰特、途胜	DOT-3或DOT-4	每24个月或行驶4万km

3)注意事项
(1)加注制动液时应注意清洁,防止杂质进入制动系统。
(2)制动液中含有机溶剂,易燃、易挥发,因此要注意防火,远离火源。
(3)下坡连续制动或频繁制动时,应注意制动液温度,防止气阻。
(4)防止日晒、雨淋,避免水分或矿物油混入使其变质,影响使用性能。
(5)不同规格的制动液不能混用。
(6)汽车制动液的更换期通常为两年。

3.液力传动油及合理使用
液力传动油主要用于液力传递、热能传递和润滑。

1)液力传动油的分类
美国材料试验学会(ASTM)和美国石油学会(API)采用使用性能分类法(PTF),将液力传动油分为PTF-1、PTF-2和PTF-3三类(表4-20)。其中,PTF-1类液力传动油对低温黏度要求较高,有较好的低温起动性,主要用于轿车、轻型货车的自动变速器;PTF-2类液力传动油负荷高,对极压、抗磨性要求较高;PTF-3类液力传动油有更突出的耐负荷性和抗磨性,主要用于低速运转的变速器。

美国液力传动油的使用分类　　　　　　　　　　表4-20

分　类	适用范围	规格举例	国内常用油名
PTF-1	适用于轿车、轻型载货汽车的自动传动装置。特点是低温起动性好,对油的低温黏度和黏温性有很高要求	通用汽车公司: DexronⅡD、DexronⅡE、DexronⅢ 福特汽车公司: Mercon、Newmercon	8号液力传动油,自动变速器油
PTF-2	适用于重型载货汽车、履带车、越野车的功率转换器和液力耦合器等。有良好的极压抗磨性	通用汽车公司: Truck、Coach 阿里森公司: AllisonC-3、AllisonC-4	6号液力传动油,功率转换器油

续上表

分 类	适用范围	规格举例	国内常用油名
PTF-3	主要功能是作传动、差速器和驱动齿轮的润滑,以及液压转向、制动、分动箱和悬架装置。适用于在中、低速下运转的拖拉机、工程机械的液压传动系统和齿轮箱油	约翰·狄尔公司: JDT-303、J-14B、J-20B 福特汽车公司: M2C41A	拖拉机液压/齿轮两用油

注:PIF-Power Transmission Fluid。

国产液力传动油根据100℃运动黏度分为6号和8号两个牌号,其中6号液力传动油相当于PTF-2类油中的Allisan C-3规格,主要用于内燃机车或载重汽车的液力变速器;8号液力传动油相当于PTF-1类油中的DexronⅡ规格,主要用于轿车自动变速器。

2)液力传动油的选用

(1)按照车辆使用说明书的规定选择。

(2)按照液力传动油使用分类中的适用范围选择。

(3)一般轿车和轻型货车自动变速器可选用通用公司Dexron规格的液力传动油。

(4)重负荷车辆的自变速器可选用Allisan C-3或C-4规格的液力传动油。

(5)国产6号液力传动油可用于重型货车、工程机械的液力传动系统,国产8号液力传动油可用于轿车和轻型货车的自动变速器。

常见车型使用液力传动油的规格见表4-21。

常见车型液力传动油规格　　　　　　　　　　表4-21

汽车制造公司	车　　型	变速器型号	油品规格
一汽-大众汽车有限公司	迈腾、大众CC、速腾、探岳	01M	DexronⅢ
上海大众汽车有限公司	帕萨特、朗逸、途观	01N(AG4)	DexronⅡE,DexronⅢ
神龙汽车有限公司	东风雪铁龙、东风标致	AL4	DexronⅢ,DexronⅢH
北京现代汽车有限公司	君爵、劳恩斯、伊兰特、途胜	F4A42-2	DexronⅢ,DexronⅢH

3)液力传动油的更换

液力传动油有使用期限,应定期更换,一般乘用车行驶50000～80000km,商用车行驶40000～80000km,必须更换液力传动油。若不及时更换,则会在过滤器内形成沉积杂质,引起齿轮和其他有关零件的磨损,如堵塞换挡油阀和输油管道,引起自动变速器故障。

4)注意事项

(1)经常检查油位。自动变速器油位不能过高或过低,否则易出故障。

(2)检查油面和换油时,应注意抽液的状况。

(3)按规定更换液力传动油和过滤器,拆洗自动变速器油底壳。

(4)换油时应将油底壳和油路清洗干净,按需要量加入新油。

(5)注意保持油温正常(80～85℃)。

(6)不同牌号的液力传动油不能混用。

四、汽车轮胎及合理使用

1. 轮胎规格表示方法

根据《轿车轮胎规格、尺寸、气压与负荷》(GB/T 2978—2014)和《载重汽车轮胎规格、尺寸、气压与负荷》(GB/T 2977—2016)中汽车轮胎用轮胎规格标志、使用说明表示。

轿车轮胎规格表示方法示例：

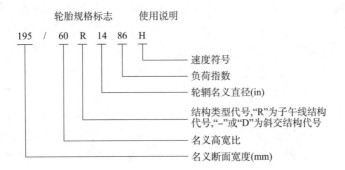

微型、轻型载重汽车轮胎规格表示方法示例：

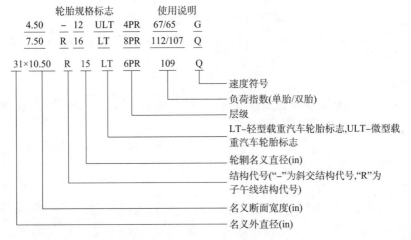

轮胎规格用外胎直径 D、轮辋直径 d、断面宽 B 和断面高 H 的名义尺寸代号表示，在轮胎侧面用符号表明轮胎的速度级别和负荷能力等使用性能特点。

普通斜交轮胎相邻帘布层的帘线交错排列，其规格用 $B-d$ 表示。载货汽车斜交轮胎和轿车斜交轮胎的尺寸 B 和 d 均用英寸(in)为单位。

子午线轮胎的帘线呈子午向排列，国产子午线轮胎规格用 BRd 表示，其中 R 代表子午线轮胎。国产轿车子午线轮胎断面宽 B 以 mm 为单位，载货汽车轮胎断面宽 B 有英制单位(in)和米制单位(mm)两种，轮辋直径 d 的单位多用英寸(in)。

扁平轮胎按扁平率-高宽比划分系列。国产轿车子午线轮胎有 80、75、70、65、60 五个系列。数字越小，则轮胎越扁平。

轻型载货汽车轮胎采用在规格中加 LT 标志表示，微型载货汽车轮胎则采用在规格中加 ULT 标志表示，子午线无内胎轮胎，在规格中加"TL"标志，同时用层级、负荷数和速度级别符号表明轮胎的负荷能力和轮胎的最高行驶速度等性能特点。

2. 汽车轮胎的选择

选用汽车轮胎时,应针对汽车的性能要求和使用特点综合考虑:

(1)轮胎类别。选择依据为汽车类型和使用区域。乘用轮胎主要适于乘用车类,商用轮胎主要适用于商用车类,非公路用轮胎主要适用于松软路面上行驶的越野车辆等,特种轮胎仅用于特种车辆或特殊环境。

(2)胎体结构。子午线结构比普通斜交结构具有更好的优良特性,但斜交轮胎技术成熟、造价低,是商用车轮胎结构中的主要形式。子午线轮胎适合重载和高速行驶,轿车和高速汽车尽量选用无内胎的子午线轮胎。

(3)轮胎胎面花纹。选择依据为道路条件、车辆类型和行车速度,同一辆车上轮胎花纹要尽量一致,常用胎面花纹有直花纹、横花纹、越野花纹和综合花纹等,直花纹适用于轿车轮胎,也用于轻型货车轮胎;横沟花纹仅适用于货车轮胎,越野花纹凹部深而粗,附着性好,越野能力强,适用于矿山、建筑工地以及一些软路面,但不适用较好的硬路面或高速公路;综合花纹介于越野花纹和直、横纹之间,适用于经常在城市和乡村之间行驶的汽车。

(4)轮胎负荷能力。轮胎负荷能力要与汽车总质量相适应,改装、改造后的汽车,应经车辆管理部门重新核定质量,并经过重新计算负荷后再确定轮胎规格。

(5)轮胎速度级别。经常在高速公路行驶的汽车应该选择速度级别较高的轮胎,若轮胎速度级别选得较低,车速长时间超过或接近轮胎的高限速,易使轮胎性能下降,以致爆胎。选用轮胎时一定要注意轮胎的速度等级,根据汽车的使用要求和性能进行选配。

3. 轮胎的合理使用

合理使用轮胎,可防止不正常磨损和损坏,延长轮胎使用寿命,保持轮胎良好的技术状况,以利于安全行车,并降低汽车油耗。

(1)保持轮胎气压正常。轮胎气压偏离标准是轮胎早期损坏的主要原因,应保持轮胎有规定的气压。图 4-1 所示为轮胎气压、负荷及车速对轮胎使用寿命的影响,其中,轮胎气压对轮胎使用寿命的影响如曲线 a 所示。

轮胎气压过低,胎侧变形越大,使胎体帘线产生较大的应力,还因摩擦加剧使胎温升高,降低橡胶和帘线的抗拉强度,使帘线折断、脱层,并加速橡胶老化,胎面接地面积增大,磨损加剧,滚动阻力增大,燃料消耗增加;轮胎气压过高,轮胎接地面积小,单位面积上的负荷大,同时轮胎弹性小,胎体线过于伸张,应力增大,因此胎冠磨损增大,胎面易于剥离或爆胎。

(2)防止超载。超载行驶时,胎侧弯曲变形大、胎体帘线承受更大的交变应力,易造成帘线折断、松散和帘线脱层,当受到冲击载荷时,会引起爆胎;同时,因接地面积增大,加剧胎肩磨损,须按标定的载质(客)量装货或载客,以防超载。轮胎负荷对轮胎使用寿命的影响如图 4-1 中曲线 b 所示。

(3)控制车速。高速行驶时,胎面与路面作用力和滑移量都增大,胎体温度升高。同时,轮胎的变形频率、胎体振动以及轮胎的圆周和侧向扭曲变形随之增大,使胎温和胎压升高,加速老化。车速过高,轮胎受动载荷增大,易产生帘布层破裂和胎面剥落现象,甚至爆裂。车速对轮胎使用寿命的影响如图 4-1 中曲线 c 所示。

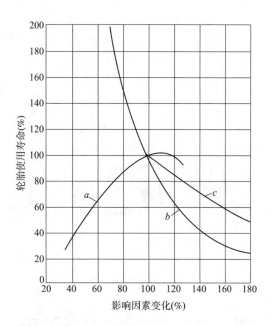

图 4-1　轮胎气压、负荷及车速对轮胎使用寿命的影响

（4）控制胎温。汽车行驶时，其轮胎断面发生变形产生内部摩擦，引起轮胎发热。胎温升高后，胎内气体受热膨胀，致使胎压升高。行驶速度对胎温和胎压的影响如图 4-2 所示。

胎温升高会使轮胎气压急剧升高，且橡胶和帘线的强度大幅下降，若胎温超过 95℃，轮胎就可能爆破。胎温升高，会使轮胎寿命明显缩短，如图 4-3 所示。

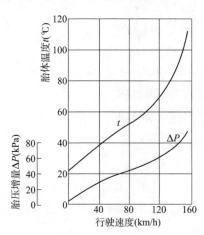

图 4-2　汽车行驶速度对胎温、胎压的影响

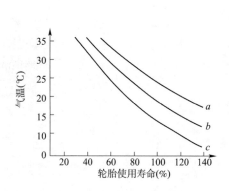

图 4-3　行驶速度气对轮胎使用寿命的影响

（5）正确驾驶。驾驶操作应起步平稳、加速均匀，避免轮胎在路面上滑移；控制车速，行驶中应尽量避免紧急制动，防止持续高速行驶而使胎温过高。

（6）保持汽车技术状况良好。尤其是底盘技术状态良好，是防止轮胎早期损坏的有效措施。

（7）合理搭配。轮胎规格应与规定型号规格的轮辋相配套。同一车轴应装配相同规格、花纹、层级和相同磨损程度的轮胎；子午轮胎和斜交轮胎不得混用在同一车或同一轴上。同一车上的轮胎花纹应尽量一致,为确保行车安全,翻新轮胎不能装在转向轮上。

(8)轮胎换位。汽车行驶一定里程后,按照一定的顺序调换轮胎位置,使全车轮胎合理承载和磨损均匀。可采用交叉换位法和循环换位法,如图4-4所示。

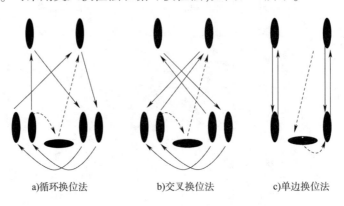

图4-4 轮胎换位方法

第三节 汽车维护与节能

汽车维护是保持车容整洁,及时发现和消除故障及其隐患,防止车辆早期损坏的技术作业。车辆维护应贯彻预防为主、周期维护的原则。通过汽车技术维护,可保持汽车技术状况良好,降低燃料、润滑油以及配件和轮胎的消耗,减轻车辆排放污染物对环境的污染。

一、汽车维护分类与维护周期

1. 汽车维护分类

汽车维护分日常维护、一级维护、二级维护和根据实际需要进行的走合期维护、季节性维护和I/M维护等,如图4-5所示。汽车维护作业内容主要包括清洁、润滑、检查、补偿、紧定、调整等,除主要总成发生故障必须解体时,不得对其进行解体。

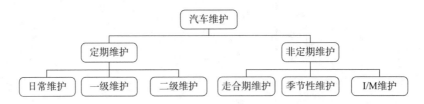

图4-5 汽车维护的分类

(1)日常维护。以清洁、补给和安全检视为中心内容,维持汽车的车容和车态,使车辆处于正常工作状况,保证正常运行,包括出车前检查、途中检查和场后维护,由驾驶人负责执行。

(2)一级维护。除执行日常维护作业外,以清洁、润滑、紧固为中心内容,消除车辆在行驶一定里程后出现的某些不正常现象,并检查有关制动、操纵等安全部件,使车辆保持正常运行状况,由道路运输经营者组织实施,由专业维修工负责执行。

(3)二级维护。除执行一级维护作业外,以检查、调整为中心,并拆检轮胎进行轮胎换位。对行驶一定里程的车辆进行一次较深入的技术状况检查和调整,以维持其使用性能,保证车辆的安全性、动力性和经济性达到使用要求。

实施二级维护之前,应对汽车进行检测诊断和技术鉴定,并据此确定附加作业或小修项目,结合二级维护一并进行,以消除发现的故障和隐患。由道路运输经营者组织实施,由专业维修工负责执行。

(4)走合和换季维护。对新车或大修后的汽车要进行走合维护,在春、秋季末,为适应季节变换,应进行季节性维护,可结合定期维护进行。

(5)I/M维护。I/M制度以国家排放法规为依据,对在用车排放(尾气排放和蒸发排放颗粒排放)进行控制,防止其排放净化系统被拆除损坏、性能失效或恶化,充分发挥在用车本身净化能力,保证排放达标的制度。加强在用车周期维护时,通过由管理部门认定的检测站,对本辖区在用车辆进行检测和监控。发现排放超标车辆,则在具备维修资质的维修企业,对该车进行I/M维护与修理。

2. 汽车维护周期

汽车维护周期是指汽车进行同级维护之间的间隔期,应根据汽车技术状变化规律和技术条件,综合考虑车辆结构性能、使用条件、故障规律、配件质量等因素合理确定。

1)汽车维护作业项目周期

(1)紧固作业的合理周期。车用螺栓联接件随着汽车行驶里程的增加而产生松动,为此进行试验,做出螺栓松动百分比与行驶里程的关系曲线,其松动百分比最大的行驶里程即可定为紧固作业的合理周期。行驶检查可在日常维护时进行;紧固作业周期通常在一级维护时进行。

(2)润滑作业的合理周期。取决于汽车各总成、机构、部件润滑油质量的变化规律及润滑技术要求,具体表现为添加和换润滑油的时间或里程。润滑油更换周期除考虑润滑油氧化变质外,还要考虑润滑油中含铁量的增长。更换润滑油,可改善发动机的磨损状况,同时增加了维护费用,其合理周期要经技术经济分析确定,通常安排在二级维护时进行。

(3)调整作业的合理周期。随着行驶里程的增加,汽车有关配合副的配合间隙由于零件自然磨损而逐渐加大,当间隙达到某一值后,磨损急剧加速,润滑条件变坏,冲击载荷加大,甚至出现故障,需通过试验确定其合理周期。

2)汽车维护周期的确定

(1)日常维护周期。在出车前、行驶中和收车后进行。

(2)二级维护周期。以汽车的行驶程为基本依据,道路运输经营者应当依据国家有关标准和车辆维修手册、使用说明书等结合车辆类别、车辆运行状况、行驶里程、道路条件、使用年限等因素,参考维护作业项目及其合理维护周期,合理确定车辆维护周期,确保车辆正常维护。

对于不便使用行驶里程统计考核的汽车,用行驶时间间隔确定一、二级维护周期。二级维护间隔里程通常为一级维护间隔里程的4~5倍。

(3)季节性维护。分夏季维护和冬季维护,夏季维护在春季末进行,冬季维护在秋季末进行。季节性维护通常结合周期维护进行。

根据《汽车维护、检测、诊断技术规范》(GB/T 18344—2016),汽车一级维护和二级维护的推荐周期见表4-22,汽车二级维护竣工要求见表4-23。

汽车一级维护和二级维护推荐周期 表4-22

适用车型		维护周期	
		一级维护行驶里程间隔上限值或行驶时间间隔上限值	二级维护行驶里程间隔上限值或行驶时间间隔上限值
客车	小型客车(含乘用车)(车长≤6mm)	10000km 或 30 日	40000km 或 120 日
	中型及以上客车(车长>6mm)	15000km 或 30 日	50000km 或 120 日
货车	轻型货车(最大设计总质量≤3500kg)	10000km 或 30 日	40000km 或 120 日
	轻型以上货车(最大设计总质量>3500kg)	15000km 或 30 日	50000km 或 120 日
挂车		15000km 或 30 日	50000km 或 120 日

注:对于以山区、沙漠、炎热、寒冷等特殊运行环境为主的道路运输车辆,可适当缩短维护周期。

汽车二级维护竣工要求 表4-23

序号	检测部位	检测项目	技术要求
1	整车	①清洁	汽车外部、各总成外部、三滤应清洁
		②面漆	车身面漆、腻子无脱落现象,补漆颜色应与原色基本一致
		③对称	车体应周正,左右对称
		④紧固	各总成外部螺栓、螺母按规定力矩拧紧,锁销齐全有效
		⑤润滑	发动机、变速器、转向器、减速器润滑符合规定,各通气孔畅通。各部润滑点润滑脂加注符合要求。润滑脂嘴齐全有效,安装位置正确
		⑥密封及电器	全车无油、水、气泄漏,密封良好,电器装置工作可靠,绝缘良好
		⑦前照灯、信号、仪表、刮水器、后视镜等装置	稳固、齐全有效,符合有关规定
2	发动机	①发动机工作状况	发动机能正常起动,低、中、高速运转均匀及稳定、冷却液温度正常,加速性能良好,无断裂、回火、放炮等现象,发动机运转稳定后应无异响
		②发动机功率	无负荷功率不小于额定值的80%
		③发动机装置	齐全有效
3	离合器	①踏板自由行程	符合原厂规定
		②离合情况	接合平稳,分离彻底,无打滑、抖动及异响

续上表

序号	检测部位	检测项目	技术要求
4	转向系统	①转向盘最大转动量	符合规定
		②横直拉杆装置	球头销不松旷，各部螺栓螺母紧固，锁止可靠
		③转向机构	操作轻便、转动灵活，无摆振、跑偏等现象。车轮转到极限位置时，不得与其他部件有碰擦现象
		④前束及最大转向角	符合规定
		⑤侧滑	符合 GB 7258—2017 中的有关规定
5	传动系统	变速器、传动轴、主减速器	变速器操纵灵活、不跳挡，不乱挡。变速器传动轴、主减速器各部无异响，传动轴装配正确
6	行驶系统	①轮胎	轮胎磨损应在规定范围内、同轴轮胎应为相同的规格和花纹，转向轮不得使用翻新轮胎，轮胎气压符合规定，后轮辋孔与制动鼓观察孔对齐
		②钢板弹簧	钢板弹簧无断裂、位移、缺片，U 形螺栓紧固，前、后钢板支架无裂纹及变形
		③减振器	稳固有效
		④车架	车架无变形，纵横梁无裂纹，铆钉无松动，拖车钩、备胎架齐全，无裂损变形，连接牢固
		⑤前、后轴	无变形及裂纹
7	制动系统	①制动性能	应符合 GB 7258—2017 中的有关规定
		②制动踏板自由行程	符合规定
		③驻车制动性能	应符合 GB 7258—2017 中的有关规定
8	滑行	滑行性能	符合规定
9	车身、车厢	车身	驾驶室装置紧固，门锁链灵活无松旷，限动装置齐全有效，驾驶室门关闭牢靠、无松动，风窗玻璃完好，窗框严密，门把、门锁、玻璃升降器齐全有效。发动机舱盖锁扣有效，暖风装置工作正常
10	排放	尾气排放测量	符合有关标准的规定

二、汽车电控系统的合理维护与节油

1. 汽车电控系统维护注意事项

（1）不论发动机是否处于运转状态，只要接通点火开关，就不能断开 12V 电气装置。因为在断开这类装置时，由于任何一个线圈的自感作用都会产生很高的瞬时电压（有可能超过 7000V），使 ECU 及传感器严重受损，不能断开的部分电气装置如下：蓄电池的任一电缆、混合气控制电磁阀、急速控制装置(步进电动机)、电磁喷油器、二次空气喷射电磁阀、点火装置的导线、ECU 的可编程只读存储器(PROM);任何 ECU 的导线、鼓风机导线连接器、空调离合器导线等。

(2)当需要将装有电控发动机的汽车与其他任何车辆进行电源跨接起动时,必须先关闭电控汽车上的点火开关,方可进行跨接线的拆装。

(3)拆下蓄电池负极搭铁线后,ECU 内储存的所有故障代码都会被清除掉。因此,如有必要,应在拆下蓄电池负极搭铁线前,读取 ECU 内的故障码。

(4)在靠近 ECU 或传感器的地方进行车身修理作业时,应特别小心,以免碰坏这些电子元件。

(5)在拆卸电控系统各电线接头时,先要关闭点火开关,并拆下蓄电池搭铁线。若仅检查电子控制系统,仅关闭点火开关即可。

(6)在对装有电控系统的汽车进行电弧焊时,应断开 ECU 供电电源线,避免电弧焊接时的电压超过 ECU 可承受电压,损坏 ECU。

(7)在对蓄电池进行拆装时,务必使点火开关和其他用电设备开关均置于关闭位置。

(8)在装上或取下 PROM 时,操作人员应先使自己搭铁(接触车身),否则,身体上的静电会损坏 ECU 电路。

(9)车上不宜装功率超过 8W 的无线电台,如必须装时,天线应尽量远离 ECU,否则会损坏 ECU 中的电路和部件。

(10)电控汽车上所采用的供电系统均为负极搭铁,安装蓄电池时,要特别注意正、负极不可接反。

(11)当人员进出车厢时,人体的静电放电可能产生很高的电压。因此,对 ECU 操作和对数字式仪表进行检修作业或靠近该类仪表时,一定要带上接铁金属带,将其一头缠在手腕上,另一头夹在车身上。

(12)拆开任何油路部分,应首先对燃油系统进行卸压。检修油路系统时,禁止吸烟,并要远离明火。

(13)对电控系统进行检修时,应避免电控系统由于过载而损坏。电控系统中,ECU 与传感器的工作电流通常都比较小,因此,与之相应的电路元器件的负载能力也比较小。在对其进行故障检查时,若使用输入阻抗较小的检测工具,则可能会因检测工具的使用,造成元器件超载而损坏,为此应注意以下几点:

①不可用试验灯对电控系统的传感器部分和 ECU 进行检查(包括对其接线端子的检查)。

②在装有电子控制系统的汽车上,绝对禁止用搭铁试火或拆线刮火的方法对电路进行检查。

③除了某些车辆的测试程序中有特殊说明外,一般不能用指针式万用表检查电控系统部分的电阻,而应该用高阻抗的数字式万用表(10MΩ 以上)或是电控系统专用检测仪表。

(14)不可用水冲洗发动机电控单元和其他电子装置,当刮水器出现泄漏时,应及时进行维修,并注意对电控系统的保护,避免其因受潮而引起 ECU 电路板、电子元器件、集成电路和传感器的工作失常。

(15)通常不要打开 ECU 盖板,因为电控发动机上的故障大部分属于外部设备故障,

ECU 故障一般比较少，即使是 ECU 有故障，在没有检测手段（检测 ECU 工作的示波器、信号发生器等设备）的情况下，打开 ECU 盖板也不可能解决任何问题，相反，很可能因为操作不当而导致新的故障。在确认是 ECU 故障时，应由专业人员对其进行测试和维修。

（16）在对发动机进行清洗或雨天检修时，应防止将水溅到 ECU 及其线路上。

（17）在拆下导线连接器时，要注意松开锁紧弹簧（卡环）或按下锁卡，如图4-6a）所示；在安装导线连接器时，应注意一定要插到底并锁好锁止器（锁卡），如图4-6b）所示。

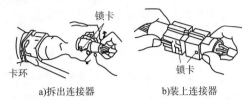

a) 拆出连接器　　b) 装上连接器

图 4-6　导线连接器的拆装

（18）电控系统故障主要是配线和连接器故障，一般为导线折断、连接器接触不良、连接器端子被拔出或没有插到底，或元件搭铁。

（19）不可在发动机运转时拔下任何传感器的导线连接器，以免使 ECU 中出现人为的故障码（假码），影响维修人员正确地判断和排除故障。

（20）不可在缺油的状态下强行运转发动机，因为电动汽油泵是依靠流过汽油泵的燃油进行冷却的，缺油运转会使电动汽油泵因过热而烧毁，因此在对汽油泵进行通电试验时，时间也不宜过长。

（21）ECU 根据空气流量传感器测得的空气量来控制喷油器的喷油量，因此进气系统不密封对电喷系统的不良影响要比对化油器式发动机影响更大。特别要注意发动机量油尺、润滑油加注口盖、乙烯塑料软管等的脱落会引起发动机运转不稳；当空气流量传感器与汽缸盖之间的进气系统零件脱开、松动或裂开时，均会吸入空气并导致发动机运转不稳。

（22）用万用表检查连接器时，应如图4-7 所示进行，对防水型导线连接器，应小心取下防水套；检查导通时，万用表测试笔插入时不可对端子用力过大；测试时，万用表测试笔的插入方向如图4-8 所示。

 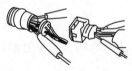 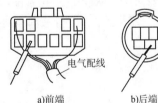

a) 取下防水套　　b) 检查导线连接器　　　　　a) 前端　　b) 后端

图 4-7　导线连接器的检查　　　　图 4-8　万用表测试笔插入的方向

（23）导线在中间折断是很罕见的，大都是在连接器处断开，因此尤其应仔细检查传感器和连接处的导线。

（24）接触不良可能由于连接器端子锈蚀、外界脏污物进入端子，或连接器插头与插座之间接触压力降低所致。把连接器分开再重新插上，可改变它的连接状况，可能会恢复正常接触。在故障诊断时，检查配线和连接器没有发生不正常情况，而检查以后故障消失，则可认为配线或连接器存在故障。

（25）在检查喷油器性能时，一定要清楚喷油器是高电阻型的还是低电阻型的。高电阻型的喷油器电阻一般为 12~14Ω，可以直接接蓄电池电压来进行喷油器喷油性能试验。但低电阻型的喷油器的电磁线圈的电阻一般只有 2~3Ω，直接接蓄电池会因电流过大而烧坏喷油器,须采用专用连接器与蓄电池连接。若用普通导线,则需串联一个 8～10Ω 的电阻。

2. 汽车电控系统维护方法

汽车电控系统故障诊断维护方法分直观诊断、利用故障自诊断系统诊断、简单仪表诊断和专用诊断仪器诊断等。

1)直观诊断

通过人的感觉器官对汽车故障现象进行看、问、听、试、嗅等,了解和掌握故障现象的特点,通过人的大脑进行分析、判断得出结论。要求故障诊断操作人员必须掌握被诊断系统的结构和工作原理,对其可能产生故障的现象、原因有一定的了解,并能掌握关键部件的检查方法。

2)利用故障自诊断系统诊断

利用故障自诊断系统读取汽车电控系统故障码,然后根据故障码提示,确定故障部位。随车自诊断系统通常只能提供与电控系统有关的电气装置或线路故障,只能作出初步诊断,具体故障原因还需要通过直接诊断和仪器进行深入诊断。

3)利用故障征兆表诊断

汽车的故障较为复杂,具有非确定性,其表现形式为某故障原因可能产生多个故障现象或某个故障现象可能是由多个故障引起。这一类故障多表现为既不能在故障码诊断中得到证实,也不能在基本检查中得到证实,通常可按照"故障诊断表"的编号顺序进行故障检查。此外,运用故障征兆表有助于对汽车故障,尤其是疑难故障进行诊断,有利于对故障群的故障模式进行识别。

4)故障征兆模拟试验

故障诊断中最难的是有故障,但没有明显的故障征兆。此时必须进行彻底的故障分析,然后模拟与车辆出现故障时相同或相似的条件和环境。故障征兆模拟试验,要验证故障征兆,而且必须找出故障部位或零件。因此,在试验之前,应参考故障诊断表把可能发生故障的电路范围缩小,然后进行故障征兆模拟试验,判断被测试的电路是否正常,同时也验证了故障征兆。

(1)振动法。当振动可能是引起故障的原因时,可采用振动法进行试验。试验内容如下:

a. 连接器。在垂直和水平方向轻轻摇动连接器,如图 4-9a)所示。

b. 配线。在垂直和水平方向轻轻地摆动配线,如图 4-9b)所示。连接器的接头、振动支架和穿过开口的连接器体都应仔细检查。

c. 零件和传感器。用手指轻拍装有传感器的零件,检查是否失灵,如图 4-9c)所示。不可用力拍打继电器,以免造成继电器断路。

图 4-9 用振动法模拟故障

(2)加热法。有些故障只在热车时出现,可能因为有关零件或传感器受热引起。可用电吹风或类似加热工具加热可能引起故障的零部件或传感器,检查是否出现故障。注意:加热温度不得高于60℃,不可直接加热ECU。

(3)水淋法。当有些故障是在雨天或高湿度的环境下产生时,可将水喷淋在车辆上,检查是否发生故障。注意:不可将水直接喷淋在ECU上,而应喷淋在散热器前面间接改变湿度和温度;不可将水直接喷在电子器件上;尤其应该防止水渗漏到ECU内部。

(4)电器全接通法。当怀疑故障可能是因用电负荷过大而引起时,可接通车上全部电气设备(包括加热器鼓风机、前照灯、后窗除霜器等)检查是否发生故障。

5)汽车电控系统电路故障诊断

(1)断路故障。检查配线是否断路时,可用"检查导通"或"检查电压"法确定断路的部位,如图4-10所示。

①检查导通法,如图4-11所示。脱开连接器A和C,测量A、C之间的电阻。

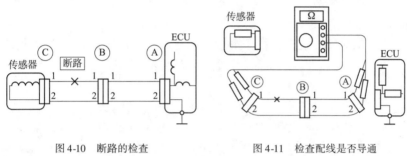

图4-10　断路的检查　　　　　　图4-11　检查配线是否导通
1、2-端子　　　　　　　　　　　1、2-端子

若连接器A端子1与连接器C端子1之间不导通,连接器A端子2与连接器C的端子2之间导通,则连接器A的端子1与连接器C的端子1之间断路。

脱开连接器B,测量连接器A与B、B与C之间的电阻。若连接器A的端子1与连接器B的端子1之间导通,连接器B的端子1与连接器C的端子1之间不导通,则连接器B的端子1与连接器C的端子1之间断路。

②检查电压法,如图4-12所示。在ECU连接器端子上加有电压的电路中,在各连接器接通的情况下依次测量ECU输出端子电压为5V时,连接器A的端子1、连接器B的端子1和连接器C的端子1与车身之间的电压都应为5V;若连接器C的端子1与车身之间为0V,则连接器B端子1与连接器C端子1之间配线断路。

(2)短路故障。如图4-13所示,若配线短路搭铁,可通过检查是否与车身或搭铁线的导通判断短路部位。

①检查与搭铁线的导通情况,脱开连接器C和A,测量连接器A的端子1和2与车身之间电阻,若连接器A的端子1与车身搭铁线之间导通;连接器A的端子2与车身搭铁线之间不导通,则可判断在连接器的端子1与车身之间短路搭铁。

②脱开连接器B,分别测量连接器A和B的端子1与车身搭铁之间的电阻,若连接器A的端子1与车身之间不导通;连接器B的端子1与车身之间导通,则可判断出连接器B的端子1与车身之间短路搭铁。

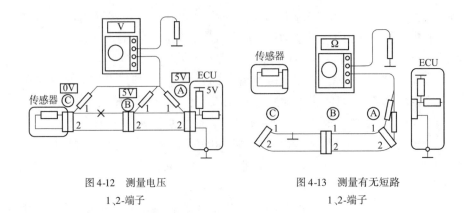

图 4-12　测量电压　　　　　　　图 4-13　测量有无短路
1、2-端子　　　　　　　　　　　　1、2-端子

三、汽车机械部分的合理维护与节油

1. 汽车滑行性能与节油

1) 汽车滑行性能

汽车底盘技术状况可通过检查汽车滑行性能来确定。汽车以某一速度下脱挡滑行,滑行距离越长,表明汽车底盘技术状况越好,即汽车越节油;反之,说明底盘技术状况差,即汽车费油。

2) 影响汽车滑行性能的因素

(1) 齿轮油。选择齿轮油,应根据车型、季节不同而有所区别。若齿轮油黏度过高,汽车在市区行驶时油耗增加 8%~12%,汽车在郊外公路上行驶时油耗增加 3%~6%;在冬季使用夏季用齿轮油,油耗增加 4%。当气温在 0℃时,使用了黏度较高而又没预热的齿轮油时,传动功率损失高达 50%。

(2) 制动系。制动器调整过紧(发咬),汽车行驶中会出现拖滞现象,消耗功率相应增加,使滑行距离大大缩短,油耗迅速增加。制动器调整稍微过紧时,油耗将增加 6.1%~6.4%;严重发咬时,油耗将增加 20%~27%。

(3) 传动系。汽车行驶过程中,若离合器严重打滑,油耗将增加 33.5%。另外,离合器分离不彻底、发抖、发热及产生异响,变速器自行脱挡、跳挡,传动轴发响,差速器发热、发响等,都会使传动机构传动效率下降,功率消耗增加,油耗上升。

(4) 行驶系。车轮定位不当、胎压过低、前后轴距不合规定、轮毂轴承调整过紧等都将增加汽车行驶阻力,使滑行距离减小,功率损失增大,油耗明显增加。轮毂轴承调整过紧,耗油将增加 27%;轮毂轴承过松,耗油也将增加 20%;小客车前束值由标准值 2mm 增至 6mm 时,油耗增加 15%;主销后倾角过大,会导致前轮摆头、转向沉重、费力;主销后倾角过小,车辆行驶稳定性差;胎压过低,则轮胎变形量更大,运转时滚动阻力增加,使汽车油耗上升。

2. 汽车主要部件的检查调整与节油

1) 制动系统的检查与调整

车轮制动器制动间隙不能过大,也不能过小,若制动间隙过大,会造成制动不灵;若制动间隙过小,就会出现拖滞现象,后桥左、右制动器拖滞一般可使油耗增加 6.1%~6.4%,严重拖滞时油耗更高。因此,必须严格按照规定的技术要求,调整好制动间隙。

2)转向系统的检查与调整

(1)前束。汽车前束可在侧滑台上边检查、边调整,也可将汽车停在平整的场地上,顶起前桥,使两前轮悬空且处于直线行驶位置,松开横拉杆上的卡箍螺母,用管钳转动横拉杆,改变横拉杆的长度进行调整。调整时,在左右轮胎胎冠中心线做一记号,将记号转到正前方测得 B 值,然后再将记号转到后方测得 A 值,A、B 值之差即为前束值。

(2)转向角。转向角的测量可在转向角测量仪上进行,也可将前桥顶起,使前轮处于直线行驶位置,在左右轮胎下各垫一块贴白纸的木板,将直尺紧靠轮胎外边缘,用铅笔在纸上画出与车轮直线行驶位置时的平行线,再把转向盘向左(向右)打到底,并以同样的方法画出第二条直线,然后用量角器测量两直线的夹角即为转向角。若转向角不合规定时,可旋出或旋入转向节上的转向角限定螺钉或转动转向节壳上的调整螺栓进行调整。

3)轮毂轴承松紧度的检查与调整

轮毂轴承松紧度适当,可防止轴承因调整过紧而发热烧坏,减少行驶阻力,提高整车滑行能力,节约燃油。轮毂轴承松紧度适当的汽车,夏季在平坦路上一个人可推动,此时汽车整车拉力可降低45%,初速度20km/h 的滑行距离可增加29%,油耗可降低14%。

3. 汽车主要部件的润滑与节油

1)润滑油的加注量和油品的选择

变速器和主减速器润滑油的加注量应按标准进行。加注量多,搅油损失功率增大;加注量少,润滑不良,摩擦损失功率增加。选择合适牌号的润滑油不仅可提高传动效率,延长机械寿命,节油效果明显。

2)轮毂轴承的润滑

若轮毂轴承腔装满润滑脂,则润滑脂浪费大,散热不良,车辆行驶阻力增加。正确做法:清洗轴承后,在滚动体圈涂足润滑脂,即可保证润滑。

3)传动轴的润滑

随着汽车行驶里程的增加,传动轴配合间隙逐渐加大,造成松旷,高速行车时引起传动轴振动,阻力增加,影响车辆的行驶稳定性和滑行性能,油耗增加,严重时还会造成事故。因此,必须对传动轴进行正确检查与润滑,确保其技术状态良好。

4)其他润滑点的润滑

汽车上有30多个润滑点,加注润滑脂时,大小润滑点都不应遗漏。如转向节销和转向横直拉杆等处,若长期不润滑,会使转向沉重,增加行驶阻力,加快轮胎磨损,使油耗增加。

第四节　互联网技术、大数据及人工智能技术与节能

互联网技术推动汽车技术进步,表现在汽车的生产环节、销售环节和使用环节,以及汽车售后服务与维修环节。互联网技术推动节能减排表现在两方面:一是车主通过卫星定位以及地图获取优化的交通路线图,以最短时间、最经济方式或最佳行驶路线到达目的地,避免或减少汽车在行驶过程中遇到堵点,从而提高汽车燃油经济性;二是城市通过互联网技术获得城市交通的整体数据情况,从而优化交通路线,实时调整整个城市的交通方案,具体体

现在道路交通的设计过程、管理管制过程和对突发事件的应急处理过程。

互联网及大数据已经应用于汽车路线图的规划中,从另一个层面推动汽车节能减排。人工智能技术也将成为推动汽车节能减排的第二个非常有效的方式。将人工智能技术与互联网及大数据相结合,产生的节能减排效应将远远超过传统的方式。人工智能技术是基于大数据及互联网,且要通过先进的运算方式寻求最佳的解决问题的方式,如选择最快的通行路线,或选择收费最低的通行路线,人工智能技术与传统的互联网技术相比,能主动地提供使用者所需要的一切、会提前思考使用者将遇到的问题、尽可能完成使用者想完成的未来工作,而且这种思考既基于现有条件的最优计算,其计算量、运算速度和控制策略通过人工思考无法完成。人工智能技术的逐渐成熟,将推动各种技术爆炸式的发展,解决人类难以完成的各类问题,并渗透到发动机控制、交通路线控制等各个领域和各个环节来推动节能减排。

复习思考题

一、简答题

1. 简述汽油的分类及选用方法。
2. 简述柴油的分类及选用方法。
3. 简述机油的分类及选用方法。
4. 简述齿轮油的类型及合理使用方法。
5. 简述发动机冷却液的规格及合理使用方法。
6. 简述汽车制动液的类型及合理使用方法。
7. 说明轮胎规格的表示方法。
8. 如何正确选用汽车轮胎。
9. 汽车维护有哪几种类型?
10. 介绍汽车 I/M 维护制度。

二、判断题

1. 同一道路条件与车速下,挡位越低,后备功率越大,发动机负荷率越低,油耗越高。( )
2. 不同排量的车型,经济车速不同,一般为 60~90km/h。( )
3. 发动机排量越大,经济车速相对越高。( )
4. 发动机耗油率随发动机负荷和转速变化而变化,发动机负荷为 80% 左右时最低。( )
5. 汽油牌号越大,辛烷值越高,抗爆性越好。( )
6. 经常在大负荷、低速下工作的汽油机,使用汽油的辛烷值应稍高。( )
7. 轻柴油适用于高速柴油机,重柴油适用于中、低速柴油机。( )
8. 天然气的主要成分是甲烷,一般为 85%~95%。( )
9. 乙醇汽油选用的主要依据为发动机压缩比,压缩比越高,乙醇汽油牌号应越高。( )
10. 采用定期换油时,准双曲面齿轮油换油周期为 $2 \times 10^4 \sim 2.5 \times 10^4$ km。( )

11. 根据环境温度、转速、负荷等因素选用,汽车多采用 2 号润滑脂。   (   )
12. 选择冷却液时,其冰点要比车辆运行地区的最低气温低 10℃ 左右。   (   )
13. 汽车制动液的更换期通常为两年。   (   )
14. 8 号液力传动油相当于 PTF-1 类油中的 Dexron Ⅱ 规格,主要用于轿车自动变速器。
                                                                    (   )
15. 液力传动油有使用期限,应定期更换,一般乘用车行驶 50000~80000km,商用车行驶 40000~80000km。   (   )
16. 制动器调整稍微过紧时,油耗将增加 6.1%~6.4%;严重发咬时,油耗将增加 20%~27%。   (   )
17. 胎压过低,轮胎变形量更大,运转时滚动阻力增加,汽车油耗上升。   (   )

三、论述题

1. 叙述轮胎的合理使用方法。
2. 如何合理确定汽车维护周期。
3. 叙述维护汽车电控系统 ECU 时应注意哪些事项。
4. 叙述汽车电控系统维护方法。
5. 如何进行汽车电控系统电路故障诊断。

第五章 汽车排放污染物及控制技术

汽车是能源消耗和污染物排放的主要根源,随着汽车保有量的急剧增加,环境排污问题日益严重。世界各国制定相应法规和出台相应政策,严格实施排放标准,对排污超标的汽车加以处罚,加大对汽车排放控制研究扶持力度,鼓励支持改进汽车设计,优化发动机结构,研发汽车排放控制技术。发展趋势是研发新能源汽车。

第一节 汽车排放污染物的危害与生成机理

一、汽车排放污染物及其危害

汽车排放污染物主要包括一氧化碳(CO)、总碳氢化排放(THC,包括甲烷)、氮氧化物(NO_x)、铅(Pb)、细微颗粒物及硫化物等,其污染环境,危害人体健康(表5-1)。上述污染物还会通过大气化学反应,生成光化学烟雾、酸沉降等二次污染物,另外汽车排放中的二氧化碳(CO_2)是引发"温室效应"的重要原因。全球大气污染的42%源于交通车辆,随着城市机动车数量的快速增长,机动车排放已成为城市大气污染的主要污染源。汽车排放控制,不仅是环保问题,其排放量也反映汽车使用过程中对能源的浪费情况。汽车绿色低碳转型已成为保障国家能源安全、推动区域环境治理和应对气候变化的综合战略要求。

主要汽车排放污染物的危害 表5-1

排放污染物	排放污染物危害
一氧化碳(CO)	CO是HC化合物不完全燃烧生成的气体,与血液中的血红蛋白结合的速度比氧快250倍,若一直接触人和动物的血细胞,就会替代氧附着于血红蛋白,快速减少器官的供氧量,并导致体力和智力下降,危害中枢神经系统,造成感觉、反应、理解、记忆力等机能障碍,严重时会危害血液循环系统,导致生命危险
碳氢化合物(THC)	未完全燃烧的HC化合物对生命体有害,部分有毒或致癌,如颗粒状物、苯、甲烷等;还会催生烟雾,日光中的紫外线与未完全燃烧的HC化合物及大气中的一氧化氮(NO)互相作用,生成臭氧等物质,臭氧无色,非常危险,当其侵入活细胞薄膜时,会加速生命体的老化或产生致死的毒物
氮氧化合物(NO_x)	氮为惰性气体,但发动机内的高温和高压环境易使其反应生成氮氧化合物,其中最易生成NO,NO排到空气中与氧反应生成二氧化氮(NO_2),在紫外线辐射下,NO_2又分解为NO,并生成攻击活细胞薄膜的、具有高度活性的氧原子。NO_2在一定情况下会形成具有刺激性的褐色烟雾,刺激人的眼睛和上呼吸道黏膜,NO_2与空气中的水反应生成硝酸(HNO_3),HNO_3在雨中稀释,形成酸雨,对人类生活造成巨大影响。酸雨会破坏森林,对由大理石建造的历史遗迹也会产生腐蚀作用

续上表

排放污染物	排放污染物危害
其他污染物质	燃料中的杂质会随尾气一起排放,主要为硫,存在于汽油和柴油等燃料中。硫或硫合物(如硫化氢等)与氧同时燃烧,生成硫化物(SO_x)。二氧化硫(SO_2)为主要生成物,当其与空气接触时,会产生三氧化硫(SO_3),若 SO_3 与水反应,会生成硫酸,即酸雨的主要成分

科学家预测:未来100年全球平均地表温度将上升1.4~5.8℃。CO_2 和其他温室气体引发温室效应,温室效应导致全球变暖。地球温度升高会破坏生态系统,引发影响人类的许多自然灾害,加剧气候变化风险。国际能源机构(EA)估计:城市机动车 CO_2 总排放量将从1990年的29亿吨增加到2020年的60亿吨。为减少机动车对全球气候变暖的影响,削减 CO_2 的排放量,机动车应尽量采用小排量发动机和稀薄燃烧发动机,最大限度地提高能源利用效率。目前,各国已开始制定并实施城市机动车 CO_2 排放法规。2008年,欧盟要求小型汽车 CO_2 排放量不高于140g/km,2012年不高于120g/km,2020年不高于100g/km。我国将大力推广新能源技术,包括电动汽车、天然气汽车和以天然气为燃料的内燃机技术,到2030年我国机动车的 CO_2 排放总量有望降低45%。

二、汽车排放污染物的生成机理及影响因素

1. 汽车排放污染物的生成机理

汽车排放中的有害气体成分和浓度取决于发动机混合气形成条件、燃烧室结构和排气系统的反应条件。CO、THC 和 NO_x 的生成条件不同,CO 和 THC 是燃油不完全燃烧的产物,NO_x 是在燃烧高温、富氧的条件下形成的。

(1) CO 的生成。CO 是燃烧过程中碳氢燃料的中间产物的不完全燃烧。对于汽油机,若空气量充足,理论上不会产生 CO;但实际工作过程中,排气中都存在 0.01%~0.5% 的 CO,原因是汽油机燃烧室内的部分区域存在空燃比小于 14.7 的过浓区,部分未燃碳氢化合物在排气过程中发生不完全燃烧;温度低或滞留时间短等,燃烧未能完全进行;若燃烧后的温度很高,会使正常燃烧情况下生成的 CO_2 分解为 CO 和 O_2。对于柴油机,在喷注贫火焰区,由于氧浓度和燃气温度合适,CO 只作为中间化合物而生成,在喷注核心和壁面附近,CO 的形成速率很高,其消失速率主要取决氧化的局部浓度、混合、燃烧局部温度以及有效的氧化时间,在贫油火焰外围区边界附近生成的 CO,取决于空燃比。小负荷时,CO 排放较高,因为燃气温度低而且氧化反应少;负荷或空燃比增加时,燃气温度增加,CO 排放较少;当空燃比超过一定界限时,不管燃气温度是否增加,由于氧化物浓度低和反应时间短,随负荷增加,CO 排放增加。

(2) THC 的生成。THC 是燃料没有完全燃烧的中间产物和部分被分解的产物的混合物。发动机在任何工况下运转时,排气中总含有一定量的 THC,且汽油机远大于柴油机。THC 的生成受发动机混合气过浓、过稀或雾化不良,点火能量低或点火过迟,火焰难以传播到低温缸壁等因素影响。

发动机缸内混合气通过火焰传播而燃烧,由于低温缸壁的冷却作用,火焰传播到紧靠缸壁的气体层,使该层混合气中的 THC 随废气排出。为提高发动机最大功率,通常使其在空燃比小于 14.7 的情况下工作,低负荷时缸内残余气体较多,为了不使燃烧速度过低,

需要供给浓混合气,这些情况都会因空气不足导致燃烧不完全;此外,缸内混合气过浓或过稀、燃料雾化不良或混入废气过多时,都可能产生灭火或半灭火状态,使部分未燃燃料(THC)排出。

燃料燃烧过程要经过完整的化学反应才能生成最终产物(CO_2和H_2O),在反应过程进行的不同阶段存在不同的中间产物,若这些中间产物进一步氧化的条件不适宜,会因氧化不彻底而使THC的排量增加。

(3)NO_x的生成。发动机排放中,NO约占99%,NO_2约占1%。NO排入大气后,进一步氧化成NO_2。

高温条件下,N_2和O_2发生化学反应生成NO_x。燃烧气体的温度和氧的浓度是影响NO_x浓度的重要因素,温度越高,氧气越足,则NO_x浓度越大。此外,燃烧气体停留在高温、高压下的时间越长,NO_x生成越多。

(4)微粒的形成。微粒通常由炭烟、可溶性有机成分和硫酸盐组成,其中炭烟是微粒的主要组成部分。

炭烟是碳氢化合物高温缺氧条件下燃烧的产物,由于热分解,碳氢化合物生成甲烷和乙烯等低分子碳氢化合物。当燃烧气体温度较高且富氧时,这些产物进行氧化反应;当氧气不足时,甲烷和乙烯进行脱氢反应,并聚合成直径为20~30μm的炭烟粒子,小粒子进一步聚合,长成直径为50~200μm的大粒子。

汽油机与柴油机排放的微粒不同,汽油机排放微粒主要是铅化物、硫酸盐和一些低分子物质,只有发动机技术状况变差,润滑油窜入燃烧室燃烧时,才有大量炭烟排出;柴油机排放微粒是类似石墨的含碳物质,并凝聚和吸附了大量的高分子可溶性有机物和SO_2等,这些有机物包括未燃的燃油、润滑油及其不同程度的氧化和裂解产物。柴油机排出的微粒浓度要比汽油机排出的微粒浓度高30~80倍。

2. 使用因素对汽车排放的影响

(1)燃油供给系统技术状况。发动机工作过程中,燃油供给系统所提供的混合气浓度是否适当,对排放污染物形成有重要影响,如图5-1所示。

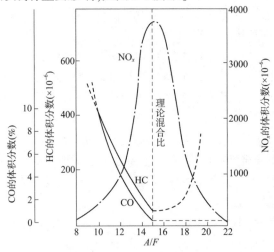

图5-1 空燃比与排放污染物之间的关系

空燃比大于理论空燃比($A/F=14.7$)时,随着空燃比增大,火焰传播中断现象严重,THC 排放增加。由于稀混合气燃烧温度低,抑制了 NO_x 的生成,因此 NO_x 排放下降。此时排气中含有少量由 CO_2 分解形成的 CO。

空燃比较理论空燃比大 10% 时,燃烧过程中氧充足,有利于降低 CO 和 THC,但此时 NO 排放最大。

空燃比小于理论空燃比时,混合气因空气量不足,燃料不能完全燃烧,随空燃比下降,CO 和 THC 排放增大,但混合气中氧浓度低,NO_x 排放降低。

(2) 点火(喷油)系统技术状况。点火提前角减小,汽缸内工作压力和温度降低,废气中 NO_x 排放随之减小;反之,NO_x 排放增大,如图 5-2 所示。

点火滞后时,补燃增多,排气系统温度升高,废气中的 CO 和 THC 排放减小;若点火过迟,则燃烧速度慢,CO 和 THC 排放又有所提高,如图 5-3 所示。点火滞后会使发动机功率下降,油耗增加。点火系统技术状况不良、点火能量不足时,由于燃烧缺火,会使 THC 排放增大。

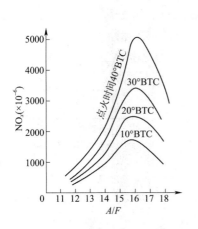

图 5-2 点火时刻和空燃比对 NO_x 排放的影响

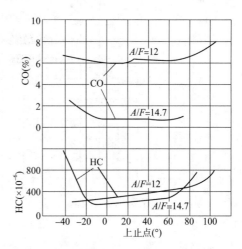

图 5-3 点火时刻对 CO、THC 排放的影响

柴油机供油系的喷油提前角是影响排气污染的重要因素,随着喷油提前角的减小,循环最高温度降低,废气中的 THC 排放增加,NO_x 排放下降,CO 排放基本不变。

(3) 配气相位。排气门早关,废气排放不完全,NO_x 排放减少;排气门晚关,没有排出的废气被回吸,THC 排放略有增大。

进气门早开,残余在缸内的废气增多,新鲜混合气被废气稀释,降低燃烧温度,NO_x 排放减少;进气门早开,废气流入进气管,THC 排放减少,但开得过早反而会使 THC 排放增加。

(4) 汽车技术状况。随着汽车行驶里程的增加,汽车技术状况逐渐变差,其动力性、经济性和可靠性下降,排气污染随之增大。CO 和 THC 排放与汽车行驶里程的关系,如图 5-4 所示。

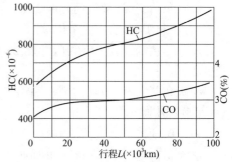

图 5-4 CO 和 THC 排放与汽车行驶里程的关系

(5)发动机运转工况。发动机转速、负荷、工作温度和工况稳定性对发动机排放影响很大。

①转速。发动机转速只是通过对进气过程、混合气形成及燃烧过程的作用,影响有害气体的形成及浓度。

混合气浓度一定,当汽油机转速提高时,燃烧室内混合气紊流加强、混合气质量和燃烧质量得到改善,排放废气中的 CO、THC 随之下降;当转速达到最高转速的 65% ~ 75% 时,NO_x 达到最大值。当柴油机转速提高时,排放中的 CO、THC 和 NO_x 均有所下降;在最高转速时,由于燃烧时间、短燃烧条件恶化以及发动机工作强度大,CO 浓度继续下降,而 THC 和 NO_x 浓度增大,如图 5-5 所示。

②负荷。不同负荷条件下,燃油供给系统提供的可燃混合气浓度不同,如图 5-6 所示,空燃比对发动机排放影响很大。

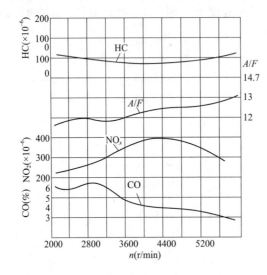

图 5-5 转速对发动机排放有害成分的影响

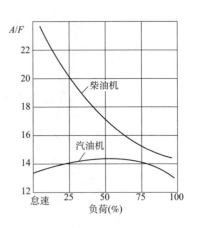

图 5-6 A/F 与负荷的关系

对于汽油机:

a. 怠速时,由于转速低,进气系统内空气流速低,汽油雾化不良,与空气混合不均匀,混合气在各缸内的分配也不均匀;同时缸内压力、温度低,汽油气化不良。为避免汽缸缺火,燃用浓混合气,使排放中的 CO、THC 大大增加。

b. 小负荷工况(节气门开度 25% 以下),进入汽缸的可燃混合气较少,缸内残余废气相对较多,不利于燃烧,因此采用较浓混合气,排放中的 CO、THC 较多。

c. 中等负荷工况(节气门开度 25% ~ 80%),燃用经济混合气,排放中的 CO 和 THC 较少。

d. 大负荷工况(节气门开度 80% 以上),燃用功率混合气,排放中的 CO 和 THC 增多,NO_x 排放有所减小。

对于柴油机:

a. 大负荷条件下工作时(如加速、爬坡或超载),CO 和 THC 排放增加不多,但生成的 NO 明显增大,并产生大量黑烟。

b. 柴油机随着负荷增大,喷油量增加,燃烧状况改善,CO 和 THC 的排放逐渐降低。接近全负荷时,混合气较浓,燃烧不完全,CO 的排放有所增多,满负荷条件下,柴油机的 CO 和 THC 排放增加不多,但 NO_x 显著增大,并产生大量炭烟。柴油机的炭烟排放量比汽油机大得多,原因是虽然空气量供给充足,但混合气形成时间短,混合不均匀。缸内某些有过量空气的区域,局部温度高,生成大量的 NO_x;局部混合气过浓的区域,因氧气不足,使烃分子发生分裂而形成炭烟。因此,柴油机的主要排气污染物是炭烟和 NO_x。

c. 柴油机通过控制喷油量调节负荷,怠速和小负荷工况下运转时,虽喷入燃烧室内的燃料较其他工况少,混合气较稀,但燃料分布不均匀,局部过浓,致使排放中的 CO 增多,同时因局部过稀区域的混合气不能着火,THC 排放较高。但与汽油机相比,CO 和 THC 的排放很少。

③工作温度。发动机工作温度提高时,缸壁温度随之升高,缸壁的微冷作用减弱,THC 排放下降;NO_x 排放与燃烧的最高温度有关,缸壁温度升高时,NO_x 排放增加;发动机供油系统过热时,发动机会产生气阻现象,因混合气过稀而熄火,THC 排放增加。THC 排放与发动机冷却液温度的关系如图 5-7 所示。

④不稳定工况影响。汽车行驶过程中,发动机的转速和负荷随时间不断变化。在怠速、低转速和减速工况下,混合气较浓且混合不均匀,废气中不完全燃烧的物质较多,CO、THC 排放量大。

发动机加速和高速时,NO_x 排放明显增大。加速时,由于混合气较浓,缸内燃气温度提高,产生大量的 NO_x,又会引起不完全燃烧,导致 CO 和 THC 排放增加。发动机运行工况与排放的关系如图 5-8 所示。

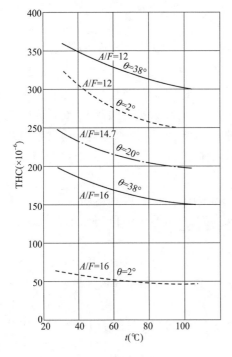

图 5-7 THC 排放与发动机冷却液温度的关系

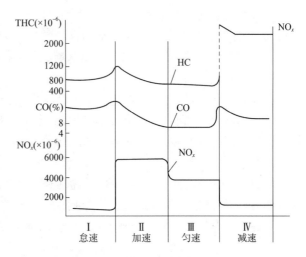

图 5-8 发动机运行工况与排放的关系

第二节　汽油机机内净化技术

汽油机机内净化技术是从有害排放物的生成机理和影响因素出发,以改进发动机燃烧过程为核心,实现减少和抑制污染物生成的各种技术,如电控汽油喷射技术、电控点火技术、氧传感器与三元催化转化器的闭环控制技术、废气再循环技术、多气门技术等。

一、汽油机燃烧过程分析

汽油机燃烧过程分着火延迟期、明显燃烧期和补燃期三个阶段,如图 5-9 所示。

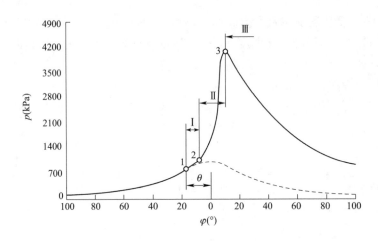

图 5-9　汽油机的燃烧过程

Ⅰ-着火延迟期；Ⅱ-明显燃烧期；Ⅲ-补燃期；1-火花塞跳火；2-形成火焰中心；3-最高压力点

(1) 着火延迟期(Ⅰ)。从火花塞开始跳火到缸内形成火焰中心,如图 5-9 中的 1~2 点,是燃烧的准备阶段,主要进行热量的积累,缸内压力线与纯压缩线基本重合。

从火花塞跳火瞬时到活塞运行至上至点的曲轴转角,称为点火提前角(θ)。最佳点火提前角($\theta_{佳}$)能使发动机获得最佳的动力性、经济性和排放性能,$\theta_{佳}$受转速、混合气燃烧速度、缸温、缸压、汽油辛烷值、空燃比等因素影响,只有采用微机控制点火系统,才能高速、精确、稳定地实现 $\theta_{佳}$。

着火温度和热稳定性越低,着火延迟期越短;空燃比为 12 时,着火延迟期最短;火花塞跳火时缸内压力和温度高,着火延迟期缩短;电火花强度大,点火延迟时间将减小;残余废气量、缸内混合气运动等对着火延迟期长短也有影响。

(2) 明显燃烧期(Ⅱ)。从火焰中心形成到缸内压力达到最高点,如图 5-9 中的 2~3 点。火焰传播至整个燃烧室,约 90% 的燃料被烧掉,该阶段中的压力升高率和最高燃烧压力对发动机动力性、经济性和排放产生重大影响。

明显燃烧期越短,越靠近上至点,发动机动力性、经济性越好,但压力升高率大,工作粗暴。

(3) 补燃期(Ⅲ)。从最高燃烧压力点 3 至燃料基本完全烧完为止。混合气燃烧速度已开始降低,活塞向下止点运动,缸内压力开始下降。继续燃烧的是火焰前锋面扫过后未完全燃烧的燃料以及壁面及其附近的未燃混合气。补燃期越短,能提高热量利用率,改善排放。

二、废气再循环技术

废气再循环(EGR)是指在发动机工作时,将一部分废气引入进气管,并与新鲜空气混合后吸入汽缸内再次进行燃烧的过程。废气再循环是降低 NO_x 的一种有效方法,通过降低燃烧室的燃烧温度,抑制 NO_x 的生成。通常,废气再循环程度用 EGR 率表示,其定义如下,

$$EGR \text{ 率} = \frac{EGR \text{ 流量}}{\text{吸入空气量} + EGR \text{ 流量}} \tag{5-1}$$

当 EGR 率达到15%时,NO_x 的排放量即可减少60%。但 EGR 率增加过多时,会使发动机动力性能下降,THC 含量上升。因此,ECU 精确控制 EGR 率,即能使 NO_x 有效降低,又可保证发动机的动力性。

1. 普通废气再循环电子控制系统

普通废气再循环电子控制系统主要由 EGR 电磁阀、节气门位置传感器、EGR 控制阀、曲轴位置传感器、ECU、冷却液温度传感器等组成,如图 5-10 所示。

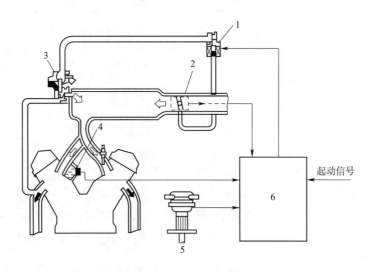

图 5-10　普通废气再循环电子控制系统
1-EGR 电磁阀;2-节气门位置传感器;3-EGR 控制阀;4-冷却液温度传感器;5-曲轴位置传感器;6-ECU

发动机工作时,ECU 根据点火开关、曲轴位置传感器、节气门位置传感器和冷却液温度传感器等信号,确定发动机运行工况,并同时输出指令,控制电磁阀电磁线圈的导通与截止。并利用进气管的真空来控制 EGR 控制阀开启或关闭,使废气再循环进行或停止。

废气再循环控制过程见表 5-2,当 ECU 向 EGR 电磁阀发出"接通"信号,电磁阀接通(ON),其阀门关闭,切断了控制 EGR 控制阀膜片室的真空通道,使 EGR 不起作用。反之,当电磁阀关闭(OFF)时,其阀门打开,通往控制废气再循环控制阀膜片室的真空通道打开,EGR 再次起作用。当 EGR 电磁阀工作时,EGR 率不可调节。

废气再循环控制过程　　　　　　　　　表5-2

工况	EGR电磁阀	废气再循环
发动机起动时 节气门位置传感器的怠速触点接通 发动机温度低时 发动机转速： 　低于900r/min 　高于3200r/min	ON(电磁阀接通,阀门关闭)	不起作用
除以上工况	OFF(电磁阀断开,阀门打开)	起作用

2. 可变EGR率的废气再循环控制系统

可变EGR率的废气再循环控制系统主要由EGR控制阀、VCM真空控制阀、ECU及各种传感器等组成，如图5-11所示。

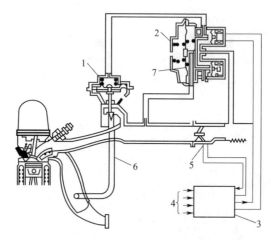

图5-11　可变EGR率的废气再循环控制系统
1-EGR控制阀；2-VCM真空控制阀；3-ECU；4-传感器输入信号；5-节气门位置传感器；6-EGR管路；7-定压室

EGR控制阀内有一膜片，膜片在弹簧及两侧气压的作用下可上下移动，膜片移动时可带动其下方的锥形阀同时移动，将阀门关闭或打开。当阀门打开时，EGR阀将排气管和进气管连通，有废气从排气管中流入。此外，EGR控制阀阀门的开启高度由VCM真空控制阀控制。

ECU通过控制VCM真空电磁阀相对通电时间，控制EGR阀膜片室的真空度，进而改变EGR阀的开启开度，以此调节EGR率。占空比越大，电磁线圈通电相对时间越长，膜片室的真空度越小，EGR阀开启高度越小，进入汽缸中的废气越少，EGR率越低。因此，ECU只要控制施加在VCM阀电磁线圈上脉冲电压的占空比，即可实现对EGR率的控制。

3. 闭环控制式废气再循环

上述两种型式的废气再循环控制系统均属开环控制，EGR率只能预先设定，不能检测发动机各种工况下实际的EGR率。目前，在更为先进的EGR控制系统中广泛采用了闭环反馈控制式废气再循环系统，控制系统以EGR率或EGR阀的开度作为反馈信号，进行闭环控制。

（1）用 EGR 阀开度作为反馈信号。与普通电子控制式 EGR 系统相比，其在 EGR 阀上增加了一个用于检测其开启高度的 EGR 位置传感器，如图 5-12 所示。电位计式的 EGR 位置传感器可将 EGR 阀开启高度转换为相应的电压信号，并反馈给 ECU。ECU 根据反馈信号控制真空电磁阀的动作，进而调节 EGR 阀膜片室的真空度，以此改变 EGR 率。

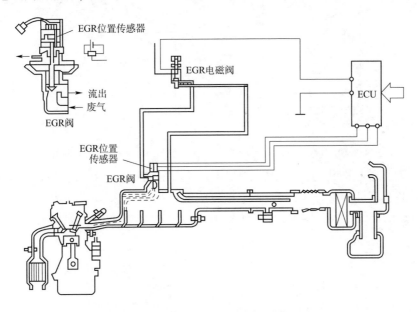

图 5-12　用 EGR 阀开度作为反馈信号的闭环控制系统

（2）用 EGR 率作为反馈信号。其直接用 EGR 率作为反馈信号的废气再循环闭环控制系统，如图 5-13 所示。EGR 率传感器安装于稳压箱（进气总管）上，可利用测量混合气中的氧气浓度来检测混合气的 EGR 率，并将其检测信号反馈给 ECU，ECU 依据此信号发出控制指令，不断调整 EGR 阀的开启高度，以此控制混合气中的 EGR 率，使其始终保持在最佳状态，从而有效地减少 NO_x 的排放量。

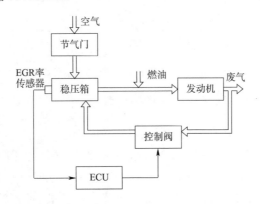

图 5-13　用 EGR 率作为反馈信号的闭环控制系统

4. EGR 率对汽油机净化与性能的影响

EGR 率对 NO_x 排放和发动机油耗的影响如图 5-14 和图 5-15 所示。随着 EGR 率的增大，有利于降低 NO_x 排放。但随着 EGR 率的增大，发动机油耗也将增加。

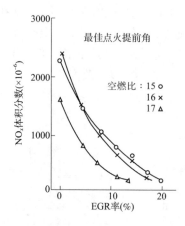
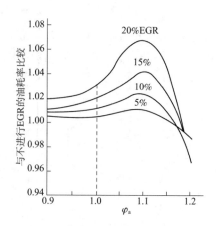

图 5-14　EGR 率对 NO_x 排放的影响　　图 5-15　EGR 率对发动机油耗的影响

EGR 率对汽油机净化与性能的影响如图 5-16 所示,当 EGR 率超过 15%~20% 时,发动机的动力性和经济性开始恶化,未燃烃类排放浓度也因 EGR 率加大而上升,此时对进一步降低 NO_x 排放的作用不大。因此,通常将 EGR 率控制在 10%~20% 范围内。

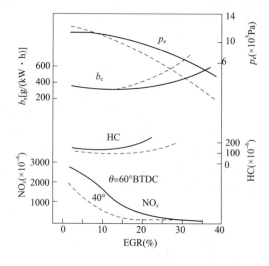

图 5-16　EGR 率对汽油机净化与性能的影响

三、氧传感器与三元催化转化器的闭环控制

三元催化转化器安装在发动机排气总管后面,当催化转化器达到起燃温度后,排放气体通过三元催化转化器时,在贵金属催化剂的作用下,发生氧化和还原反应,将排放中的有害气体转化为无害气体,可同时降低排放中未燃的 CO、THC 和 NO_x,如图 5-17 所示。当汽油机空燃比接近理论空燃比时,三元催化转化器的转化效率最高。汽油机电控燃油喷射系统采用氧传感器进行闭环控制,实现发动机各种工况下空燃比的精确控制。

冷起动及暖机阶段,油气混合不良,需要适当过量供油,将产生大量未燃烃类化合物进入排气管中的催化转化器。此时发动机未能工作在理论空燃比附近,催化剂正处于低温状态,远未达到起燃温度(250~300℃),为减小汽油喷射发动机冷起动和暖机阶段排放,要对空燃比进行精确标定,不要过量供给燃油。

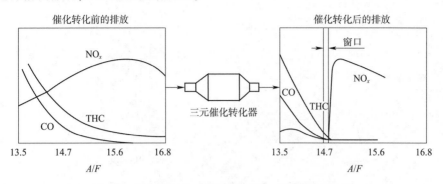

图 5-17 氧传感器与三元催化转化器闭环控制的净化效果

冷起动阶段,以能顺利起动为原则,对不同温度下的起动初始空燃比进行合理标定;暖机阶段,不要提供太浓的混合气,因为起燃温度偏高的催化转化器尚未工作;另外,稀混合气使排气湿度较高,配合推迟点火,有利于催化转化器迅速升温,尽快达到起燃温度。由于稀混合气使暖机怠速不稳定,需要适当提高暖机转速。如图 5-18 所示,当空燃比标定较浓时,从发动机起动到冷却液温度达到 65℃需要 11min,且 CO 排放高;当空燃比标定较稀时,暖机时间缩短为 7min,CO 排放迅速减少。

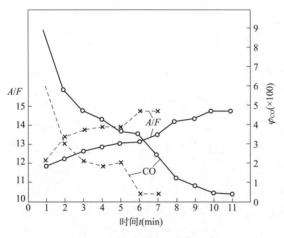

图 5-18 CO 排放与 A/F 标定的关系
○—○ 浓暖机;×--× 稀暖机

四、多气门技术

发动机多气门即每个汽缸的气门数目超过两个。其构成包括两进和一排的三气门式、两进和两排的四气门式、三进和两排的五气门式,其中四气门式最普遍,如图 5-19 所示,欧宝 V6、奔驰 320E、富士 EJ20 等发动机采用四气门技术。发动机多气门技术,能保证有较大的换气流通面积,减少泵气损失,提高充气效率,且火花塞可布置在燃烧室中央或接近该位置,保证有高质量的燃烧速率。发动机低速运行时,可通过电控系统关闭一个进气道,使汽缸内进气涡流加强,改善燃烧。因此,发动机采用多气门技术,有利于降低排放,提高发动机功率和降低噪声等。

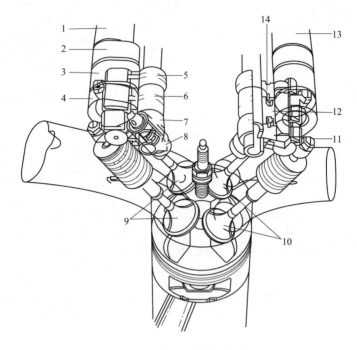

图 5-19 四气门配气定时机构

1-进气凸轮轴;2-第一低速凸轮;3-高速凸轮;4-第二低速凸轮;5-第一摇臂;6-中间摇臂;7-第二摇臂;8-空动弹簧;9-进气门;10-排气门;11-液压活塞 A;12-液压活塞 B;13-排气凸轮;14-限位活塞

五、高压缩比燃烧系统

在燃料辛烷值允许的前提下,发动机尽可能采用较高的压缩比,以获得较好的功率和油耗,但压缩比过高对排气净化不利。压缩比提高,使燃烧室更扁平,面容比 S/V 增大,导致未燃烃类化合物增加;压缩比提高,使排气温度下降,未燃烃类化合物的后氧化减弱,使排放变差;高压缩比发动机最高燃烧温度较高,使得 NO_x 增加,热分解产生的 CO 也增多。

现代汽油机采用更高的压缩比,在大部分工况下能正常燃烧,而少数工况发生爆震时,通过爆燃传感器反馈给发动机电控单元,通过适当推迟点火,精确控制点火正时,消除爆燃。英国里卡多公司生产的 HR-CC 型燃烧系统的燃烧室有较大的挤气面积,能产生较强的紊流,火花塞电极伸到燃烧室中,使火焰传播距离缩短,压缩比由 9 提高到 13,很大程度地减少了缸内废气,CO 和 NO_x 排放可分别降低 50% 和 80%。

第三节 汽油机机外净化技术

机内净化技术以改善发动机燃烧过程为主,但其效果有限,且不同的净化程度对汽车动力性和经济性产生负面影响。随着排放要求的日趋严格,改善发动机工作过程的难度越来越大,为此世界各国都先后开发各种机外净化技术,如排气后处理技术,在几乎不影响发动机其他性能的同时,在排气系统中安装净化装置,主要有三元催化转化器、热反应器和二次空气喷射系统等;采用非排气污染物处理技术,主要指燃油蒸发控制装置和曲轴箱强制通风装置。

一、三元催化技术

发动机排放中的 CO、THC 和 NO_x 在温度高于 1000℃ 时,可以很容易地变成无害气体,但排气系统很难维持如此高的温度。三元催化转化器采用铂(Pt)、钯(Pd)或铑(Rh)等贵金属的催化剂,可在不改变自身的情况下加快排气中的化学反应速率,在较低的温度(30~900℃)下将上述排放物转化为无害物质。当汽油机空燃比接近理论空燃比时,三元催化转化器的转化效率最高。汽油机电控燃油喷射系统采用氧传感器进行闭环控制,实现发动机各种工况下空燃比的精确控制。

1. 三元催化转化器的类型

(1) 氧化型转化器。氧化型转化器中的贵金属是 Pt 和 Pd,可将 CO 和 THC 氧化成 CO_2 和 H_2O。对于仅有氧化型转化器的车辆,为了降低 NO_x 排放,需要用 EGR 阀。为使氧化型转化器很好工作,需要提供空燃比为 16 左右的稀混合气。某些车型,采用二次空气泵将空气泵入氧化型转化器,确保其良好工作。

(2) 三元催化转化器。三元催化转化器中的贵金属是 Pt 和 Rh,Pd 也用于某些三元催化转化器。为使三元催化转化器正常工作,空燃比必须保持理论空燃比(14.7)。三元催化转化器能氧化 THC 和 CO,且还原 NO_x。

(3) 双床式转化器。在双床式转化器中第一床含有还原型催化剂,可将 NO_x 还原成 N_2,THC 和 N_2 合成氨(NH_3)。氧化床位于转化器的后面,二次空气泵将空气泵入转化器两床之间,CO 和 THC 被氧化,同时 NH_3 被烧掉。在某些卡车中,二次空气泵将空气泵入转化器之前,双床式转化器需要稍浓的混合气。

2. 三元催化转化器的结构原理

三元催化转化器通过发动机的改进或 EGR 还没有清除掉的有害成分(THC、CO、NO_x),在发动机排气系统中进行氧化还原反应,生成 H_2O、CO_2 和 N_2,实现对废气的净化。三元催化转化器的结构及原理如图 5-20 所示。

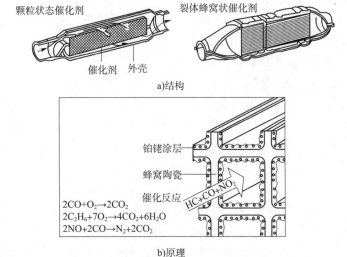

图 5-20 三元催化转化器的结构及原理

稀混合气燃烧后的排气中未参加燃烧反应的氧气量较多,在氧化催化作用下,THC 和 CO 生成 CO_2 和 H_2O,而 NO_x 并不被还原而随之排出;浓混合气燃烧后的排气中几乎没有氧气,THC 和 CO 处于过剩状态。NO_x 在还原催化作用下,与过剩的 THC、CO 还原生成 H_2O 和 N_2,剩余的 THC、CO 被排出。

在理论空燃比范围内,三元催化和还原的能力很强,能高效率地进行 THC、CO 的氧化和 NO_x 的还原,使三种排放污染物被同时净化。因此,有必要使可燃混合气的空燃比控制在非常狭小的高效净化区域内,并在燃烧后再把排气引到催化器中进行净化。

三元催化转化器加装在发动机排气总管后面,如图 5-21 所示。其中的三元催化剂是 Pt 和 Ph 的混合物,Pt 能促使排气中的有害成分 CO、THC 氧化成 CO_2 和 H_2O,Ph 能加速有害气体 NO_x 还原成 N_2 和 O_2,从而起到净化排气的作用,催化剂的表面活性作用是利用排气本身的热量激发的,其使用温度范围以活化开始温度为下限,以过热引起催化转换器故障的极限温度为上限。一般排气中有害成分开始转化温度需超过 250℃,发动机起动预热 5min 后,才能达到此下限温度。一旦活化开始,催化床便因反应放热而自动地保持高温。保持催化转换器高净化率、高使用寿命的理想运行条件的使用温度为 400~800℃,使用温度的上限为 1000℃。当超过此温度后,催化剂过热会加速老化,以至于完全丧失催化功能。另外,催化转换器也经常因排气中铅化物、碳烟、焦油等导致损坏。

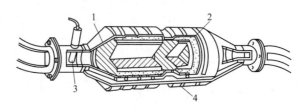

图 5-21 三元催化转化器
1-载体(含催化剂);2-垫层;3-氧传感器;4-壳体

3. 三元催化转化器的匹配

三元催化转化器与发动机以及汽车应实现优化匹配,即为三元催化转化器提供合适的工作条件。匹配主要包括与发动机特性的匹配、与电控燃油喷射系统的匹配、与排气系统的匹配、与燃料及润滑油的匹配、与整车设计的匹配。

(1) 三元催化转化器与电控燃油喷射系统的匹配。

①冷起动工况。保证发动机运转平稳为前提,采用较小的空燃比、较小的点火提前角和较高的暖机转速,以产生较高的排气温度,使三元催化转化器尽快起燃。

②怠速工况。确保三元催化转化器转化效率,将空燃比控制在理论空燃比附近,采用较小的点火提前角和较高的怠速转速,保证排气温度高于催化器的起燃温度。

③中小负荷工况。为实现空燃比波动控制,要进行氧传感器电压修正和空燃比波动频率、幅值调节。

④大负荷工况。加浓空燃比,降低排气温度,防止催化转化器过热。

⑤加减速等过渡工况。对加速变浓、减速变稀和减速断油等工况进行标定,兼顾良好的过渡性能和排放性能。尤其在减速过程中,要严格控制失火现象,以免未燃混合气在催化器中的燃烧引起催化器过热。

（2）三元催化转化器与排气系统的匹配。排气系统通过压力波对排气干扰而影响发动机性能，其影响程度随排气管长度而变化。催化转化器的安装位置会显著影响排气系统的波动效应，采用催化转化器时必须对发动机排气系统进行重新设计，合理确定排气总管、排气歧管的尺寸和配气相位。

如图 5-22 所示，排气总管长度发生变化，不同转速时的最大转矩有明显变化，如转速为 3000r/min 时，最大转矩在 140~160N·m 范围内变化，有 13% 的影响。另外，安装位置对发动机的燃油经济性和排气噪声也会产生影响。

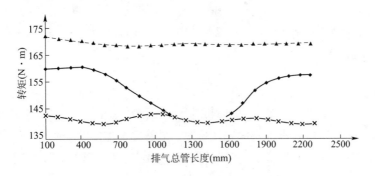

图 5-22　催化转化器安装位置对发动机转矩的影响
—◆—3000r/min；—▲—3500r/min；—×—5500r/min

（3）催化转化器与燃料和润滑油的匹配。对于油品有害成分含量（铅、硫、磷等）尚未实行控制的地区，应选用抗中毒劣化性好的催化剂。另外，催化转化器与排放法规之间也应有合理的对应关系，以仅满足 CO 和 THC 为控制目标的排放法规，可选用氧化型催化器；为满足带有城郊高速行驶工况的排放测试程序，应选用变速特性好的催化器。催化转化器性能越好，催化剂贵金属含量越高，成本越高。催化转化器性能的优化应以恰好满足当时的排放法规为准。

二、二次空气喷射系统

二次空气喷射系统又称为空气管理系统，采用此系统可进一步降低排放，提高催化剂的转化率。二次空气喷射系统将一定量的空气引入排气管中，使废气中的 CO 和 THC 进一步燃烧，以减少 CO 和 THC 的排放。

二次空气又分为上游气流及下游气流。上游气流进入排气总管，下游气流流入转换器中的空气室中，如图 5-23 所示。ECU 控制空气进入排气总管及转换器中的时间。

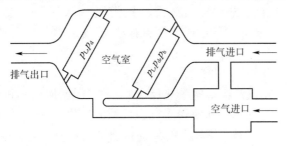

图 5-23　空气管理系统

二次空气供给有两种方法,即有空气泵的空气喷射系统(称空气泵系统)和利用排气压力将空气导入的装置(称脉冲空气系统)。

脉冲空气系统与空气泵系统相比,不需动力源注入空气,成本低及功耗小,其工作原理如图5-24所示。空气来自空气滤清器,由ECU控制电磁阀的开、闭。电磁阀与检查阀相连,检查阀为止回阀。由于排气中压力是正负交替的脉冲压力波,当排气压力为负时,空气进入排气口,压力为正时,检查阀关闭,空气不能返回。其上、下游空气道各有1个电磁阀和1个单向阀,其中电磁阀由ECU控制。

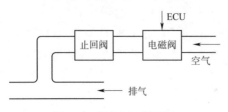

图 5-24 脉冲空气系统原理

三、热反应器

1. 热反应器的功能

热反应器直接连接在汽缸盖上,促使排气中的 CO 和 THC 进一步氧化,如图 5-25 所示。除具有促进热的排气和喷入排气口的二次空气(在浓混气工况时)的混合外,还具有消除排气在成分和温度上的不均匀性,使气体保持高温,并增加 CO、THC 在高温中的滞留时间。

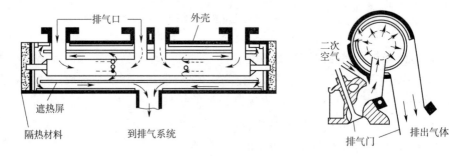

图 5-25 热反应器结构

2. CO 和 THC 的氧化条件

当无催化剂时,氧化 THC 时需要的温度约 600℃,需要的反应停留时间约 50ms;氧化 CO 时需要的温度高达 700℃。汽油机排气温度:急速时为 300~400℃,全负荷时为 900℃,中等负荷时为 400~600℃。发动机大部分工况下的排气温度,很难达到 THC 和 CO 氧化时所要求的 600~700℃ 高温。

3. 热反应器的结构特点

热反应器主要由保温装置、混合装置和二次空气装置组成。热反应器两端采用隔热材料保温,径向采用多层壁面和防热辐射材料。采用防辐射壁面防止辐射放热和采用绝热材料(如石棉等)隔热等,利用排气管内排气压力脉动及压差(利用气泵或压缩空气)供给二次空气。

4. 热反应器的净化效果

三菱汽车的缸内直喷汽油机采用了热反应器式排气管,以增加排气在排气管中的滞留时间,使其与空气发生氧化反应,并使膨胀行程后期的二段燃烧在排气管中继续进行,缩短催化剂启燃时间。无热反应器式排气管的发动机启动后达到催化剂工作温度(250℃)需要100s 以上,采用二段燃烧后,达到该温度的时间缩短了 50%,如图 5-26 所示。

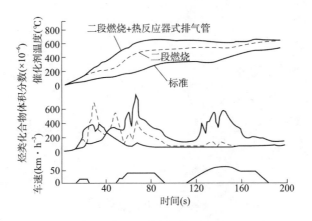

图 5-26　热反应器在降低 THC 排放中的效果

四、燃油蒸发排放控制技术

为防止油箱向大气中排放汽油蒸气而产生污染,现代汽车普遍采用了由 ECU 控制的燃油蒸发排放控制系统(EVAP),如图 5-27 所示。

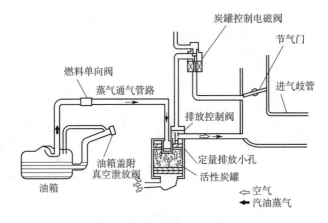

图 5-27　燃油蒸发排放控制系统

油箱中的汽油蒸气通过单向阀进入炭罐上部,空气从炭罐下部进入清洗活性炭。发动机工作时,ECU 根据发动机的转速、空气流量、温度等信号,控制活性炭罐电磁阀的动作来控制排放控制阀上部的真空度,从而控制排放阀的开闭动作。当排放控制阀打开时,汽油蒸气通过阀中的定量排放小孔吸入进气歧管,然后进入汽缸被烧掉。

某些车型中的 EVAP 有利于发动机抑制爆燃,当 ECU 判断出发动机产生爆燃时,即刻使炭罐电磁阀关闭,切断真空,关闭排放控制阀,直至爆燃消失后且超过 150ms 时,ECU 才使炭罐电磁阀恢复工作。

五、曲轴箱污染物净化技术

曲轴箱污染物净化装置利用进气系统的真空,将从燃烧室漏入曲轴箱的未燃烃类化合物吸出曲轴箱,使其重新进入燃烧室燃烧。曲轴箱污染物净化装置通常称为曲轴箱通风系统,如图 5-28 所示,系统采用密封式加油口盖,加注机油口盖不通大气。

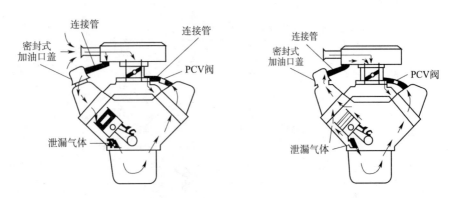

图 5-28 曲轴箱通风系统

如图 5-29 所示,PCV 阀由壳体、阀体和回位弹簧组成,进入进气歧管气体流量的多少由阀体的位移控制,发动机工况不同,PCV 阀的阀体所处位置不同。发动机部分负荷正常工况时,曲轴箱内的所有窜缸气体通过 PCV 阀进入进气歧管。在急速或低速时,进气歧管中相对真空度较高,阀体移动使气体流量较小,即真空吸力与弹簧力平衡,阀体处的位置只允许少量曲轴箱混合气通过。当发动机转速或负荷加大时,节气门开度增大,进气管真空度下降,吸力减小,阀体在弹簧作用下移到新的平衡位置,允许较多的气体通过。当发动机全负荷工作时,PCV 阀的弹簧使阀门开启到最大流量状态。当窜缸气体量大于阀门的流通动力时,曲轴箱中过量的窜气量将通过空气滤清器连接管进入空气滤清器,进入汽缸再次燃烧。

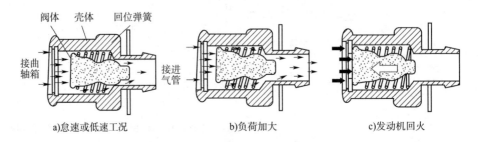

a) 急速或低速工况　　　　b) 负荷加大　　　　c) 发动机回火

图 5-29　PVC 阀工作原理

当发动机回火时,PCV 阀还可起保护作用。回火时进气歧管中的压力骤增,迫使 PCV 阀中的阀体移动顶住进气口,关闭全部通道,避免回火火焰通过 PCV 阀和连接软管进入曲轴箱,点燃窜缸气体。

第四节　柴油机机内净化技术

一、柴油机机内净化措施

1. 柴油机的燃烧过程

柴油机燃烧过程分着火延迟期(滞燃期)、速燃期、缓燃期和后燃期 4 阶段,如图 5-30 所示。

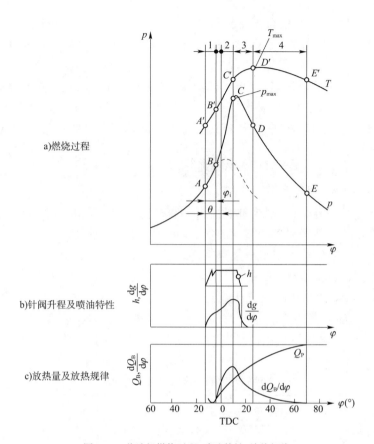

图 5-30　柴油机燃烧过程、喷油特性、放热规律

(1) 着火延迟期。从燃油开始喷入燃烧室内（A 点），至由于开始燃烧而引起压力升高，使压力线明显脱离压缩线开始急剧上升的点（B 点）。包括燃油的雾化、加热、蒸发、扩散与空气混合等物理变化，以及重分子的裂化、燃油的低温氧化等化学变化，到混合气浓度和温度比较合适、氧化充分的一处或几处同时着火。

着火延迟期越短，柴油机的动力性、经济性和排放性越好。温度越高或压力越高，则着火延迟期越短。柴油的自燃性较好（十六烷值高），着火延迟期也较短。其他影响着火延迟期长短的因素还有燃烧室的形式和缸壁温度等。

(2) 速燃期。从压力脱离压缩线开始急剧上升（B 点）至达到最高压力（C 点），由于在着火延迟期内做好燃前准备的可燃混合气多点大面积同时着火，且活塞靠近上止点时，汽缸容积较小的情况下发生，因此气体的温度、压力急剧升高，燃烧放热速率很快达到最高值。压力升高过急，会导致温度明显升高，使 NO_x 生成量明显增加。为控制压力升高率，应减少在着火延迟期内的可燃混合气的量。可燃混合气的生成量，受着火延迟期内喷射燃料量的多少、着火延迟期的长短、燃料的蒸发混合速度、空气运动、燃烧室形状和燃料物化特性等多种因素影响。

(3) 缓燃期。从最大压力点（C 点）至最高温度点（D 点）。缓燃期开始时，虽然汽缸内已形成燃烧产物，但仍有大量混合气正在燃烧。在缓燃期的初期，喷油过程可能仍未结束，缓燃期中燃烧过程仍以相当高的速度进行，并放出大量热量，使气体温度升高到最大值。但由于是在汽缸容积加速增大的情况下进行的,因此汽缸内气体压力迅速下降。缓燃期不宜过长,否则会使放热时间加长,循环热效率下降。即缓燃期不要缓燃,应越快越好。加快缓燃期燃烧速度的关键是加快混合气形成速率。

(4)后燃期。从最高温度点(D点)至燃油基本燃烧完(E点),当放热量达到循环总放热量的95%~99%时,就可认为补燃期结束,即整个燃烧过程结束。

由于燃烧时间短促,混合气又不均匀,总有少量燃油拖延到膨胀过程中继续燃烧,尤其是在高速、高负荷工况下,因空燃比小,混合气形成和燃烧的时间更短,补燃现象更严重。补燃期过长,缸内压力不断下降,燃烧放出的热量得不到有效利用,还使排气温度升高,导致散热损失增大,柴油机经济性变差。

因此,应尽量缩短补燃期,减少补燃所占的百分比。柴油在缸内燃烧时,总体空气是过量的,只是混合不均匀造成局部缺氧。加强缸内气体运动,可加速后燃期的混合气形成和燃烧速度,会使炭烟及不完全燃烧成分加速氧化。

2. 柴油机与汽油机排放物比较

柴油机通过将柴油高压喷入已压缩到温度很高的空气中迅速混合、自燃,混合气形成不如汽油机均匀,部分燃料不能完全燃烧,分解为以炭为主体的微粒;燃烧过程中局部温度高,并有过量空气,导致氮氧化物(NO_x)的大量生成。柴油机与汽油机排放污染物的比较见表5-3。

柴油机与汽油机排放污染物的比较　　表5-3

排放物	汽油机	柴油机
CO(%)	0.10~6.00	0.05~0.50
THC($\times 10^{-6}$)	2000	200~1000
NO_x($\times 10^{-6}$)	2000~4000	700~2000
微粒(g/m³)	0.005	0.15~0.30

3. 柴油机机内净化措施

柴油机燃烧过程较汽油机复杂得多,降低柴油机NO_x排放和微粒排放之间存在矛盾,有利于降低柴油机NO_x的技术,都会使微粒排放增加,而减少微粒排放的措施,又可能将使NO_x排放升高。降低柴油机NO_x和微粒排放的技术措施,见表5-4和图5-31。

降低柴油机NO_x和微粒排放的技术措施　　表5-4

技术措施	主要控制方法	控制目标
燃烧室改进	结构参数优化、新型燃烧方式	NO_x、微粒
喷油规律优化	预喷射、多段喷射	NO_x
废气再循环	EGR、中冷EGR	NO_x
进排气系统	可变进气涡轮、多气门	微粒
增压技术	增压、中冷增压、可变几何参数增压	微粒
高压共轨电控喷射技术	电控高压泵、共轨系统、泵喷嘴	微粒

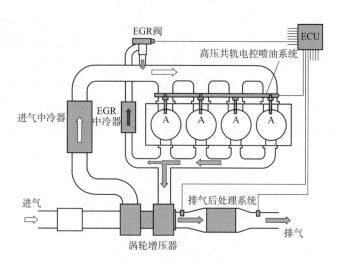

图 5-31 柴油机排放机内净化技术

二、低排放柴油喷射系统

柴油机低排放燃油喷射系统应满足以下要求：各种工况下都应有较高的喷油压力，以得到足够高的燃油流出的初速度，使燃油粒度细化，提高雾化质量，并加快燃烧速度，从而改善排放性能；优化喷油规律，实现每循环多次喷油；每循环的喷油量能适应各种工况的实际需要；各种不同工况有合理的喷油正时，实现柴油机的动力性、经济性和排放性综合最优。

1. 喷油压力

柴油机喷油压力越高，则喷油能量越高、喷雾越细、混合气形成和燃烧越完全，柴油机的排放性能和动力性、经济性都得以改善。喷射压力高，混合气形成质量好，从而降低烟度和颗粒的排放，同时又可大大缩短着火延迟期，使柴油机工作柔和。为适应日益严格的排放法规要求，喷射压力几十兆帕提高到 100MPa、120MPa、180MPa。目前采用的高压共轨燃油喷射系统的喷射压力最高可达到 200MPa。高压喷射可降低炭烟，当喷油压力从 80MPa 提高到 160MPa 时，大负荷时的烟度从 1.7 降到 0.5 以下，中等负荷时接近 0。

泵喷嘴将柱塞式喷油泵和喷油器做成一体，取消了高压油管，因此可提供更高的喷油压力，而且不会由于压力波动造成二次喷射。此外，喷油持续期缩短，使怠速和小负荷时喷油特性的稳定性得到改善。

2. 喷油规律

(1) 滞燃期内的初期喷油量控制了初期放热率，从而影响最高燃烧压力和最大压力升高率。这些都直接与柴油机噪声、工作粗暴性和 NO_x 排放等相关。

(2) 为提高循环热效率，应尽量减小喷油持续角，并使放热中心接近上止点。喷油持续角过大，即平均喷油率较小，会延长燃烧时间，减小喷油压力，降低整机动力性和经济性，使燃烧过迟，导致 THC、CO 排放增多和烟度上升。

(3) 喷油后期，喷油率应快速下降，以避免燃烧拖延，造成烟度及耗油量加大。喷油后期不应出现二次喷射及滴油等不正常情况。

为降低柴油机排放,必须有较理想的燃烧过程,如抑制预混合燃烧以降低 NO_x,促进扩散燃烧以降低微粒和提高热效率。为实现理想的燃烧过程,必须有合理的喷油规律,即初期缓慢,中期急速,后期快断,如图 5-32 所示。初期喷油速率不能太高,以减少滞燃期内形成的可燃混合气量,或采用预喷射方式,降低初期燃烧速率,降低最高燃烧温度和压力升高率,从而抑制 NO_x 生成及降低燃烧噪声;喷油中期采用高喷油压力和高喷油速率以加速扩散燃烧速度,防止生成大量微粒和降低热效率;喷油后期要迅速结束喷射,以避免在低的喷油压力和喷油速率下燃油雾化变差,导致燃烧不完全,而使烃类化合物和微粒排放增加。

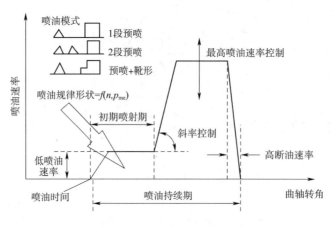

图 5-32 理想的喷油规律

3. 喷油正时

喷油正时通过燃烧过程的滞燃期影响发动机性能。喷油提前角过大,燃料在柴油机压缩行程中燃烧的数量多,增加压缩耗功,使油耗率上升,功率下降,且因滞燃期较长,压力升高率、最高燃烧温度和压力迅速升高,导致柴油机工作粗暴、NO_x 排放增加;喷油提前角过小,燃料不能在上止点附近迅速燃烧,导致后燃增加,虽然最高燃烧温度和压力降低,但油耗率和排气温度增高,发动机易过热。柴油机每一工况都对应一最佳喷油提前角,可使柴油机功率大、油耗率低、排放也最低。

喷油提前,燃油在较低的空气温度和压力下喷入汽缸,使滞燃期延长,NO_x 排放增加;喷油过迟,初始放热率降低,燃烧室中最高温度降低,NO_x 排放降低。喷油延迟是减少 NO_x 排放的有效措施,但喷油延迟使燃烧过程推迟,最高燃烧压力降低,功率下降,燃油经济性变坏,并产生后燃现象,同时排温增高,烟度增加。因此,喷油延迟必须适度。

喷油提前,滞燃期增加,使较多的燃油蒸汽和小油粒被旋转气流带走,形成一个较宽的过稀不着火区,同时燃油与壁面的碰撞增加,使 THC 排放增加;喷油过迟,则较多的燃油没有足够的燃烧时间,THC 排放增加。

大负荷时,喷油延迟,烟度增加,即颗粒中固相碳的比例增加;小负荷、怠速情况下推迟喷油,由于燃烧温度低,燃烧不完善,从而导致烃类排量即颗粒中可溶性物质比例增加。可见,喷油延迟,颗粒的排放量在各种工况下都会增加。但喷油过于提前,燃油在较低温度下喷入而得不到完全燃烧,也会导致烟度及烃类排放增加,还会导致 NO_x 排放增加。

三、低排放燃烧系统

1. 直喷式燃烧系统

燃烧室只在活塞顶上设置一个单独的凹坑,燃油直接喷入其内,凹坑与汽缸盖和活塞顶间的容积共同组成燃烧室,如图 5-33 所示。浅盆形燃烧室中的活塞凹坑较浅且开口较大,与凹坑以外的燃烧室空间连通面积大,形成了一个相对统一的燃烧室空间,称为开式燃烧室或统一式燃烧室;深坑形和球形燃烧室由于坑深、开口相对较小,被称为半开式燃烧室。

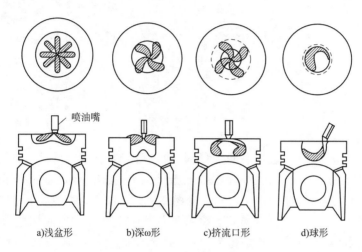

图 5-33 典型的直喷式燃烧室结构

(1) 浅盆形燃烧室。结构简单,在活塞顶部设有开口大、深度浅的燃烧室凹坑,凹坑口径与活塞直径之比为 0.72～0.88,凹坑口径与凹坑深度之比为 5～7。燃烧室中一般不组织或只组织很弱的进气涡流,混合气形成主要靠燃油喷注的运动和雾化。因此,均采用小孔径 (0.2～0.4mm)、多孔 (6～12 孔) 喷油器,喷油起喷压力较高,最高可达 100MPa 以上,使燃油尽可能分布到整个燃烧室空间。

浅盆形燃烧室内的油气混合属于较均匀的空间混合方式,在燃烧过程的滞燃期内,形成较多的可燃混合气,因而燃烧初期压力升高率和最高燃烧压力均较高,工作粗暴,燃烧温度高、NO_x 和排气烟度高。

(2) 深坑形燃烧室。采用燃油和空气相互运动的混合气形成方式,以满足高速柴油机混合气形成和燃烧速度更高的要求,如图 5-32 中所示的 ω 形和挤流口形。深坑形燃烧室一般适用于缸径为 80～140mm 的柴油机,其特点为燃油消耗率较低、转速高、起动性好。为获得理想的综合性能指标,必须对涡流强度、流场、喷油速率、喷孔数、喷孔直径、喷射角度、燃烧室等进行大量的优化匹配。

① ω 形燃烧室。在活塞顶部设有比较深的凹坑,底部呈 ω 形,有助于形成涡流以及排除气流运动很弱的中心区域的空气。燃烧室内的空气运动以进气涡流为主,挤流为辅。

② 挤流口形燃烧室。混合气形成原理与 ω 形燃烧室基本相同,采用缩口形的燃烧室凹坑,使挤流和逆挤流运动更强烈,涡流和湍流能保持较长的时间,燃烧过程较柔和,挤流口抑

制了较浓的混合气过早地流出燃烧室凹坑,使初期燃烧减慢,压力升高率较低,NO_x 排放较 ω 形燃烧室低。

③球形燃烧室。以油膜蒸发混合方式为主,如图 5-34 所示。活塞顶部的燃烧室凹坑为球形,喷油嘴布置在一侧,油束与活塞上球形表而呈很小的角度,利用强进气涡流,顺着空气运动的方向将燃油喷涂到活塞顶的球形凹坑表面上,形成油膜。球形燃烧室壁温控制在 200 ~ 350℃,使喷到壁面上的燃料在比较低的温度下蒸发,以控制燃料的裂解。匹配良好的球形燃烧室工作柔和,NO_x 和炭烟排放都较低,动力性和燃油经济性也较好。

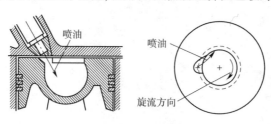

图 5-34 球形燃烧室

2. 非直喷式燃烧系统

非直喷式燃烧室有主、副燃烧室两部分,燃油先喷入副燃烧室内进行混合燃烧,再进入主燃烧室进行二次混合燃烧。其有涡流室式燃烧室和预燃室式燃烧室两种形式。

(1)涡流室式燃烧室,如图 5-35 所示。副燃烧室的涡流室设置在汽缸盖上,其容积占整个燃烧室容积的 50% ~70% ,主燃烧室由活塞顶与汽缸盖之间的空间构成,主、副燃烧室之间有一通道,其截面积与活塞面积之比为 1% ~3.5% ,通道方向与涡流室壁面相切。

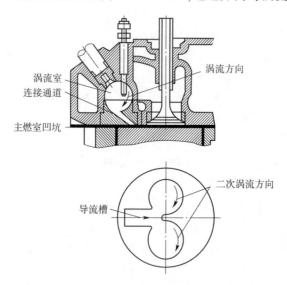

图 5-35 涡流室式燃烧室结构

混合气形成对喷雾质量要求不高,对喷油系统要求较低,采用的轴针式喷油器起喷压力远低于直喷式燃烧室采用的孔式喷油器。涡流室式燃烧室的燃烧过程采用浓、稀两段混合燃烧方式,前段的浓混合气抑制了 NO_x 的生成和燃烧温度,后段的稀混合气和二次涡流加速了燃烧,促使炭烟的快速氧化,NO_x 和微粒排放都比较低。

(2)预燃室式燃烧室,如图 5-36 所示。燃烧室由位于汽缸盖内的预燃室和活塞上方的主燃室组成,两者之间由一个或数个孔道相连。预燃室与整个燃烧室的容积之比 V_k/V_c = 35%~45%,连接孔道截面积与活塞面积之比 F_k/F = 0.3%~0.6%,均小于涡流室燃烧室。

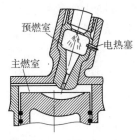
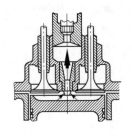
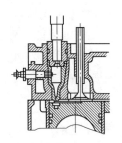

a)预燃室倾斜偏置,单孔道　　b)预燃室中央正置,多孔道　　c)预燃室侧面正置,单孔道

图 5-36　预燃式燃烧室

预燃室式燃烧室的工作原理与涡流室式燃烧室相似,都是采用浓、稀两段混合燃烧。预燃室式燃烧室的通孔方向不与预燃室相切,在压缩行程期间预燃室内形成紊流运动。轴针式喷油器安装在预燃室中心线附近,低压喷出的燃油在强烈的空气湍流下扩散混合。着火燃烧后,随着预燃室内的压力和温度升高,燃烧气体经狭小的连通孔高速喷入主燃烧室,产生强烈的燃烧祸流或湍流,与汽缸内的空气进行第二次混合燃烧。

四、增压技术

增压技术是提高柴油机功率密度和改善其排放的重要措施。涡轮增压技术在车用柴油机上得到广泛应用,最大的推动力来自排放控制法规的日趋严格。现在,重型车用柴油机都采用增压技术,且中型、轻型车,甚至轿车用柴油机也都采用增压技术,而且增压度越来越高,增压中冷技术的应用也越来越多。

(1)增压技术对 CO 的影响。柴油机中,CO 是在局部缺氧或低温下形成的。柴油机燃烧过程通常在空燃比大于 14.7 的条件下进行,因此 CO 排放比汽油机要低。采用涡轮增压技术后,空燃比还要增大,燃料的雾化和混合进步得到改善,发动机缸内温度能保证燃料更充分燃烧,CO 排放可进一步降低。

(2)增压技术对 THC 的影响。柴油机排放中的 THC 主要是由原始燃料分子、分解的燃料分子以及燃烧反应中的中间化合物组成,小部分由窜入汽缸的润滑油生成。增压后进气密度增加、空燃比增大,可提高燃油雾化质量,减少沉积于燃烧室壁面上的燃油,使 THC 排放减少。

(3)增压技术对 NO_x 的影响。减少 NO_x 排放的措施是降低最高燃烧温度、氧的浓度以及减少高温持续时间。在柴油机增压的同时,减小压缩比,可降低压缩终了的介质温度,从而降低燃烧火焰温度;推迟喷油,可缩短滞燃期,减少油束稀薄区的燃料蒸发与混合,降低最高燃烧温度;废气再循环可抑制着火反应速度,以控制最高温度。为解决因喷油推迟和废气再循环导致的后燃期增加等问题,需增大供油速率,缩短喷油时间和燃烧时间。采用进气中冷技术,可降低增压柴油机进气温度,有效控制燃烧温度,减少 NO_x 的生成。

(4)增压技术对颗粒排放物的影响。增压柴油机,尤其是采用高增压比和中冷技术后,可显著增大进气密度,增加缸内可用的空气量。若同时采用电控共轨喷射、高压燃油喷射、低排放燃烧系统和中心喷嘴四气门技术等改善燃烧过程,则可有效地控制颗粒物排放。柴油机采用增压中冷技术,可降低颗粒物排放约45%。

(5)增压技术对CO_2排放及燃油经济性的影响。低油耗可减少污染物的排放量和CO_2的生成量。增压柴油机能有效利用废气能量、提高燃烧效率,从而提高燃油经济性;增压柴油机的平均有效压力增加,机械摩擦损失相对较小,且没有换气损失,因而机械效率提高;增压柴油机的比质量低,同样功率的柴油机可做得更小、更轻,整车质量减小,有利于改善燃油经济性。

五、多气门技术

车用柴油机转速通常可达到5500r/min以上,完成一个工作冲程需要的时间非常短,高速柴油机需要燃烧更多的燃料,因此需要更多的新鲜空气,传统的两气门很难在短时间内完成换气工作,为此多气门技术应运而生。

多气门发动机有两进一排的三气门发动机、两进两排的四气门发动机、三进两排的五气门发动机。目前四气门发动机最常见,气门排列有进气门和排气门混合排、进气门和排气门各自排成一列等两种方式,前者所有气门由一根凸轮轴通过T形杆驱动,后者需配备两根凸轮轴,即顶置式双凸轮轴(DOHC),这两根凸轮轴分别控制排列在汽缸中心线两侧的进、排气门。

柴油机采用多气门技术的主要特点:

(1)喷油器可垂直布置在汽缸轴线附近,有利于油气混合,改善了喷油器的冷却和活塞的热应力,有利于燃油在燃烧室空间的均匀分布,改善燃烧过程。

(2)扩大进排气门的总流通截面积,增大柴油机的进排气,降低泵气损失,使柴油机燃烧彻底。

(3)气门增多,则气门变小变轻,从而允许气门以更快的速度开启和关闭,增大了气门开启的时间断面值。

(4)可关闭部分通道,形成与柴油机转速相适应的进气滚流强度,拓宽柴油机的高效工作转速范围。柴油机低速运转时,可使进气滚流强度比高速时增加1倍,从而提高低速时的混合气质量。

六、电控柴油喷射技术

汽油机采用电控技术、增压技术和三元催化转化器后,动力性、经济性提高,排放性能可满足目前排放法规要求。柴油机却面临日趋严格的排放法规对NO_x和微粒排放量限制的挑战,未做机内净化处理时,CO和THC的排放量较汽油机少很多,NO_x排放量约为汽油机的50%,但对人类健康极有害的微粒排放则是汽油机的30~80倍。

柴油机采用电控燃油喷射技术,配合增压技术、多气门技术和高压喷射技术,实现对循环喷油量、喷油正时、喷油速率、喷油压力、配气正时等全面的柔性控制,保证系统在结构参数、初始条件变化或目标函数极值点漂移时,能够自动维持在最优运行状态。

柴油机ECD-U2型高压共轨喷射系统如图5-37所示,主要由传感器、ECU、直列式多山凸轮式高压输油泵、共轨、与三向电磁阀一体的喷油器等组成。发动机工作时,高压输油泵输送的高压燃料,不断地储存在共轨(蓄压室)中。共轨(图5-38)上安装的压力传感器检测共轨中的燃油压力,并将压力信号送至ECU,ECU根据发动机工况,通过由试验确定的目标控制量脉谱图,控制喷油器上三向电磁阀的开关时刻,由此控制液压活塞顶上的油压,以控制喷油量和喷油时间。ECU通过高压输油泵的PCV控制阀对共轨压力进行反馈控制,保证共轨中的压力稳定。共轨将高压输油泵提供的高压燃油进行蓄压后分配到各缸喷油器,其容积应削减高压泵的供油压力波动和每个喷油器由喷油过程引起的压力震荡,使高压共轨中的压力波动控制在5MPa以下。

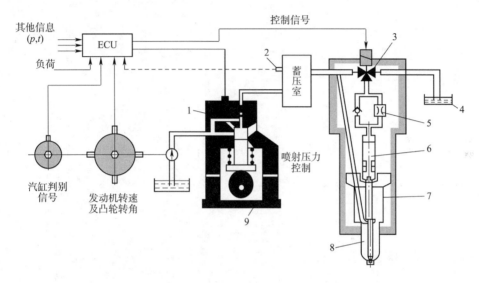

图5-37 柴油机ECD-U2型高压共轨喷射系统
1-压力控制器;2-压力传感器;3-三向电磁阀;4-油箱;5-小孔节流阀;6-液压活塞;7-针阀体;8-喷油器;9-高压输油泵

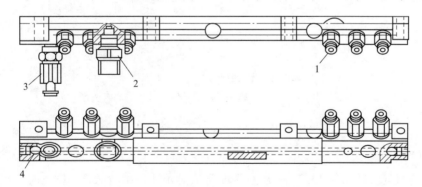

图5-38 ECD-U2型高压共轨喷射系统的共轨
1-液流缓冲器;2-压力传感器;3-压力限制器;4-衬套

七、废气再循环技术

废气再循环(EGR)技术首先应用于汽油机,同样适用于柴油机,并能有效地降低柴油机的NO_x排放量。柴油机燃烧时温度高、持续时间长、燃烧时富氧是生成NO_x的三要素,必须采取有效措施降低燃烧峰值温度、缩短高温持续时间,同时采用适当的空燃比,以降低 NO_x 排放,柴油机采用 EGR 降低 NO_x 排放的基本原理与汽油机大致相同。

1. 柴油机 EGR 的特点

自然吸气柴油机采用的 EGR 与汽油机类似,由于进、排气之间有足够的压力差,EGR 容易控制;增压柴油机,再循环的废气通常直接引入增压器后的进气管中,低压回路连接是用外管将废气涡轮增压器的涡轮机出口和压气机入口连接,并在同路上加装一个 EGR 阀,用于控制 EGR 流量,其容易获得适当的压力差,在柴油机较大转速范围内均易实现;高压回路连接是将涡轮机的入口和压气机的出口用外管连接,排出的废气不经过压气机和中冷器。

为增加 EGR 工作范围,一些新的方法得到应用,如用节流阀对进气节流,使排气压高于进气压力;进气系统中设置文丘里管,以保证大负荷时需要的压力差;采用 EGR 泵强制进行。增压中冷柴油机 EGR 系统如图 5-39 所示。

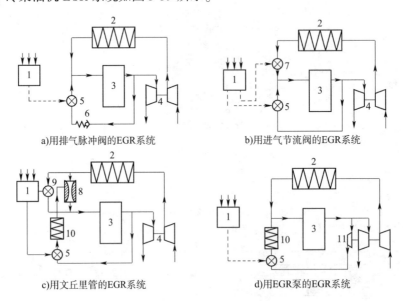

a) 用排气脉冲阀的EGR系统　　b) 用进气节流阀的EGR系统

c) 用文丘里管的EGR系统　　d) 用EGR泵的EGR系统

图 5-39　增压中冷柴油机的 EGR 系统

1-电控器;2-中冷器;3-柴油机;4-涡轮增压器;5-EGR 阀;6-排气脉冲阀;7-进气节流阀;8-文丘里管;9-文丘里管旁通阀;10-EGR 冷却器;11-EGR 泵

2. 柴油机 EGR 与汽油机 EGR 的主要差别

(1) 不同工况要求的 EGR 率不同。汽油机在大负荷、起动、暖机、怠速、小负荷时,不宜采用 EGR 或只允许较小的 EGR 率;在中等负荷工况允许采用较大的 EGR 率。柴油机在高速大负荷、高速小负荷时,燃烧阶段需要的氧气浓度相对减少,炭烟排放增加,应适当限制 EGR 率;部分负荷时,采用较小的 EGR 率可降低 NO_x,改善燃油经济性;低速小负荷时,空燃比大,废气中含氧量较高,可采用较大的 EGR 率。

(2) EGR 率不同。柴油机总以稀燃方式运行,排放中的 CO_2 和 H_2O 的比例比汽油机低,需要采用比汽油机高很多的 EGR 率。通常,汽油机 EGR 率最大不超过 20%,而直喷式柴油机的 EGR 率允许超过 40%,非直喷柴油机允许超过 25%。

(3)柴油机需在进气管或排气管上安装节流装置,用于改变进气压力或排气压力,柴油机的废气再循环系统比汽油机复杂。

3. EGR率对柴油机性能的影响

柴油机在怠速、小负荷及常用工况下,A/F均很大,EGR对混合气的稀释作用不大,允许采用较大的EGR率,但在小负荷时会影响发动机的着火稳定性;在大负荷时,A/F约为25,过大的EGR率会降低燃烧速度,燃烧波动增加,降低燃烧热效率,功率和燃油经济性恶化,CO、THC和烟度大幅增加。

柴油机排放中60%~70%的NO_x是在大、中负荷工况下产生的,EGR率增加能使NO_x迅速减少。EGR率为15%时,NO_x排放可减少50%以上;EGR率为25%时,NO_x排放可减少80%以上。

第五节 柴油机后处理净化技术

机内净化方法很难使柴油机的微粒排放满足新的排放法规,必须采用微粒后处理技术;开发适用于柴油机的催化转化器,降低微粒中的可溶性有机物(SOF)以及净化柴油机排放的CO和THC;结合机内净化措施,使柴油机排放的微粒和NO_x同时减少;推广低硫燃油的使用,从根本上减少微粒的生成。

一、微粒捕捉器

微粒捕集器(DPF)采用过滤材料对排气进行过滤捕集,其关键技术是过滤材料的选择与过滤体的再生。发达国家安装微粒捕集器的柴油车逐渐增多,如奥迪、帕萨特和奔驰等部分乘用车都安装了微粒捕集器。

1. 过滤机理

微粒捕集器采用多孔介质或纤维过滤材料,如壁流式蜂窝陶瓷对排气进行过滤。表面过滤型用比较密实的过滤表面阻挡微粒,体积过滤型用比较疏松的过滤体积容纳微粒。

采用不同过滤材料的微粒捕集器结构可能各不相同,但过滤机理基本一致。用由细孔或纤维构成的过滤体来捕集柴油机排气中的微粒时,存在以下四种过滤机理:扩散机理、拦截机理、惯性碰撞机理和重力沉积机理,微粒沉积的三种原理如图5-40所示。由于柴油机排气微粒质量小,流速快,通常可以忽略重力的影响,所以一般可不考虑重力沉积机理对微粒捕集效率的影响。

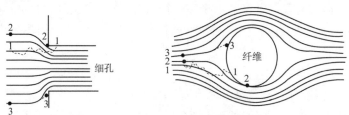

图5-40 微粒沉积的三种原理
1-扩散机理微粒;2-拦截机理微粒;3-惯性碰撞机理微粒

(1)扩散机理。流场中捕集物对微粒的运动起到汇集作用,造成排气中微粒分布的浓度梯度,引起微粒的扩散输运,使微粒脱离原运动轨迹向捕集物运动而被捕集。在壁流陶瓷的壁面和微孔内的空间,细小微粒扩散至壁面和微孔的内表面。微粒的尺寸越小,排气温度越高,扩散沉积作用越明显。

不同直径微粒的扩散捕集效率如图 5-41 所示,当微粒直径小于 $1\mu m$ 时,需要考虑微粒的扩散作用;当微粒的直径小于 $0.1\mu m$ 时,扩散作用已经十分显著。排气流速决定了微粒在过滤体内的滞留时间,对扩散捕集效率影响显著,排气流速越低,扩散捕集效率越高。降低流速是提高扩散沉积效率的有效方法,柴油机的排气流量随工况在一定范围内变化,可通过增大总的过滤表面积和壁面孔隙率来降低微孔内的平均流速。

(2)拦截机理。当微粒接近过滤表面,一旦微粒半径大于或等于过滤孔直径时,微粒就被拦截捕集。90%以上的柴油机微粒直径在 $1\mu m$ 以下,显然不满足拦截条件。但由于各沉积机理的综合作用,微粒会在过滤体表面形成堆积,其效果等同于减小过滤体微孔孔径,使拦截作用加强,微粒的拦截过滤如图 5-42 所示。

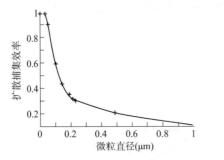

图 5-41　不同直径微粒的扩散捕集效率

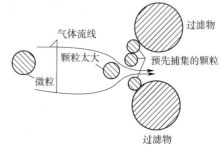

图 5-42　微粒的拦截过滤

(3)惯性碰撞机理。当气流流入微孔内时,气流收缩导致流线弯曲,由于微粒的质量是气体微团的几十倍甚至上百倍,当气流转折时,微粒仍有足够的动量按原运动方向继续对着捕集物前进而偏离流线,使一些微粒碰撞到捕集物而被捕集分离。由于柴油机微粒质量太小,其扩散作用要强于惯性作用,所以过滤体对柴油机微粒的惯性捕集效率较扩散捕集效率低。

(4)综合过滤机理。在微粒的过滤过程中,扩散、拦截和惯性碰撞通常是组合在一起同时起作用的,但这三种机理并不是完全独立的。若扩散、拦截和惯性碰撞同时作用,理论上存在透过性最大的微粒直径。若微粒小于该直径,扩散作用占主导,总的捕集效率随直径的减小而增加;若微粒大于该直径,拦截和惯性碰撞作用占主导,总的捕集效率随直径的增大而增加。

2.过滤体材料及其结构

过滤材料主要有金属基、陶瓷基和复合基三大类。

(1)金属基过滤材料。主要有泡沫合金、金属纤维毡及金属丝网等形式。

①泡沫合金具有三维网络骨架,热导率高,可兼作热再生装置的辐射加热器,热度分布均匀,再生时过滤体不会开裂与熔化。泡沫合金具有大孔径和薄骨架结构;表面易被熔融铝

液浸透并覆盖,退火处理后得到保护层;可改善过滤材料的抗振性能;应用粉末冶金技术制造泡沫合金,可降低生产成本。

②金属纤维毡使用寿命长、容尘量大,与金属丝网相比具有过滤精度高、透气性好、比表面大和毛细管功能等特点,尤其适用于高温、有腐蚀介质等恶劣条件下的过滤,是一种很有前途的柴油机微粒过滤材料。

③金属丝网成本较低,且孔隙大小可沿气流方向任意组合,使捕获的微粒在过滤体中沿过滤厚度方向分布均匀,提高过滤效率并延长过滤时间。

(2)陶瓷基过滤材料。陶瓷基过滤材料应用最多,由氧化物或碳化物组成,具有多孔结构,在700℃以上能保持热稳定,主要结构包括蜂窝陶瓷、泡沫陶瓷及陶瓷纤维毡。

①蜂窝陶瓷有壁流式、泡沫式等结构,壁流式蜂窝陶瓷具有多孔结构,相邻两个孔道中,一个孔道入口被堵住,另一个孔道出口被堵住,如图5-43所示。该结构迫使排气从入口敞开的进气孔道进入,穿过多孔的陶瓷壁面进入相邻的出口敞开的排气孔道,而微粒就被过滤在进气孔道的壁面上,其对微粒的过滤效率可达90%以上。

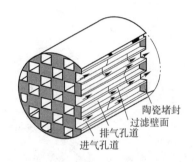
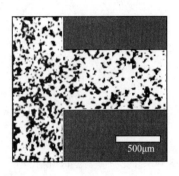

图5-43 壁流式蜂窝陶瓷

②泡沫陶瓷孔隙率大、孔洞曲折,有利于表面反应,具有更好的热稳定性。泡沫陶瓷为深床过滤,部分颗粒物渗入多孔结构中,有利于颗粒物与催化剂的接触。

③陶瓷纤维毡过滤体内纤维表面全是有效过滤面积,过滤效率可高达95%,如图5-44所示。陶瓷纤维耐高温,生产工艺较复杂且易损坏。

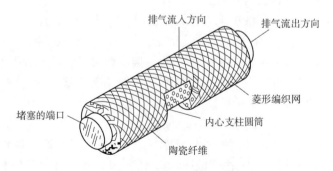

图5-44 陶瓷纤维毡过滤体结构

(3)复合基过滤材料。纤维毡用于解决再生过程中燃烧引起的局部过热,使过滤材料熔融破裂或残留烟灰黏附在过滤材料上,进而导致微粒捕集器失效,由叠层金属纤维毡和氧化铝纤维毡组成。从排气入口到出口,叠层纤维毡密度越来越大,保证了微粒的均匀捕获,过滤效率可达到80%～90%,同时还能起到消声器的作用。

3. 再生技术

微粒捕集器在过滤过程中,微粒会积存在过滤器内,导致柴油机排气背压增加,某壁流式蜂窝陶瓷的压力损失与微粒沉积量关系,如图5-45所示。当压力损失达到20kPa时,柴油机工作明显恶化,动力性、经济性等降低,必须及时除去沉积的微粒,才能使微粒捕集器正常工作。除去微粒捕集器内沉积的微粒的过程称为再生,是微粒捕集器能否在柴油机上正常使用的关键技术。再生系统分被动再生系统和主动再生系统两类,根据柴油机的使用特点及工况合理选择再生技术,对于微粒捕集器的安全有效再生具有重要意义。

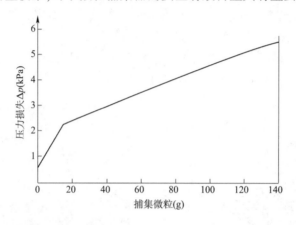

图5-45 壁流式蜂窝陶瓷的压力损失与微粒沉积量的关系

(1) 被动再生系统。利用柴油机排气能量使微粒燃烧,可通过改变柴油机运行工况提高排气温度,达到微粒的起燃温度,也可利用化学催化法降低微粒的反应活化能,使微粒在正常排气温度下燃烧。利用化学催化法,采用贵金属、金属盐、金属氧化物及稀土复合金属氧化物等催化剂,进行催化再生,过滤体受到的热负荷较小,过滤体寿命提高、工作可靠。可在燃油中加入催化剂或在过滤体表面浸渍催化剂。

① 大负荷再生。柴油机高速大负荷运行时,排气温度可达到500℃以上,沉积在过滤器内的微粒可自行燃烧,实现过滤器再生。

② 燃油添加剂再生。在燃油中加入金属催化剂,并与燃油一起在缸内参与燃烧,生成的金属氧化物对微粒起催化作用,降低微粒起燃温度,过滤体在较低的排气温度下能自行再生。当排气温度低于300℃时,微粒物开始燃烧的温度取决于微粒上吸附的高沸点烃类化合物的含量,该温度区域炭烟的催化氧化速度极低,微粒物要靠烃类化合物的催化燃烧点燃。当排气温度在300～400℃时,发动机排气中的烃类化合物含量较低,再生较困难。当排气温度高于400℃时,再生速度随温度的升高而加快。

③ 催化再生。在过滤体的表面浸渍催化剂,微粒捕集器对微粒的捕集与过滤体的再生同时进行。常用铂作为催化剂,当排气温度达到400℃左右时,微粒开始氧化。有的催化系统能先将排气中的NO氧化成NO_2,再由NO_2氧化微粒物,NO_2作为反应的中间介质,实现了催化剂与颗粒物的非直接接触,提高了反应速度和效率,同时还能净化排气中的NO_x。采用催化再生的微粒捕集系统(CRT)如图5-46所示,排气先经过氧化催化器,在CO和THC被

净化的同时，NO 被氧化成 NO_2，NO_2 是活性很强的氧化剂，在微粒捕集器中与微粒进行氧化反应，在 250℃ 左右即可进行。

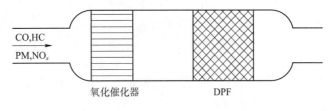

图 5-46　CRT 系统示意

催化再生过程无需人为干预，微粒物能及时被氧化掉，再生过程容易实现，发动机运行过程中背压低，再生耗能少，发动机油耗低，催化再生有望成为柴油机微粒净化的实用技术。

④排气节流再生。通过排气节流提高排气温度，使过滤体中的微粒着火燃烧。提高排气压差，会增加泵功损失；排气节流还会降低柴油机的容积效率，使混合气中燃油浓度增大，排气温度提高。节流技术拓宽了过滤体利用排气进行再生的工况范围，也可对再生时机进行控制。但由于泵功的增加以及容积效率的降低，使得柴油机在再生过程中动力性和经济性下降。由于节流，使得汽缸盖、活塞、气门等零部件的热负荷增加，缩短了柴油机的使用寿命。

稳态节流再生技术是柴油机以最大转速空转运行时，对过滤体进行节流再生的技术，其能对整个再生过程进行控制，对柴油机零部件产生的热负荷很小；旁通节流再生技术可通过改变参与再生过程的废气数量，提高预加热过程的过滤体温度响应，也可通过旁通装置使过滤体与废气隔绝。

（2）主动再生系统。通过外加能量，将气流温度提高到微粒的起燃温度，使捕集的微粒燃烧。系统通过传感器监视微粒在过滤器内的沉积量和产生的背压，当排气背压超过限值时则启动再生系统。系统主要有喷油助燃再生系统、电加热再生系统、微波加热再生系统、红外加热再生系统和反吹再生系统。

①电加热再生系统。在微粒捕集器工作一段时间后，采用电热丝或其他电加热方法，周期性地对微粒捕集器加热，使微粒燃烧。电加热再生系统由车载蓄电池供电，为节省电力消耗，系统通常采用增加旁通排气管方案或应用两套捕集器方案。电加热再生系统结构简单，使用方便、安全可靠，但再生时热量利用率和再生速率低，消耗能量较多。

②喷油助燃再生系统。用丙烷或柴油做燃料、用电点火的燃烧器引发微粒捕集器再生。已沉积在过滤体中的微粒，其燃烧必须迅速、完全，但不能使陶瓷过滤体过热而碎裂或熔融，要求在燃料流量、助燃气流流量和氧浓度、燃烧器工作时间与已沉积的微粒质量之间进行优化匹配。

燃烧器喷出的火焰温度应尽可能均匀，平均温度为 700～800℃，以可靠点燃微粒。再生周期取决于微粒沉积速度。再生时若过滤体中的微粒量太少，则燃烧过程缓慢且燃烧不彻底；若微粒量过多，则微粒燃烧的峰值温度上升过高，会损坏过滤体。过滤体中的微粒沉积量，取决于柴油机所处的工况和对应的排气背压。

如图5-47所示,带再生燃烧器的微粒捕集器串联在排气管中,柴油机排气一直流经过滤器,当排气流量很大时,要将其全部加热到再生的起燃温度需要燃烧器消耗大量的燃料,为此在过滤体前设置一旁通排气管,当排气背压达到限值时,排气转换阀关闭捕集器的排气进口,柴油机排气经旁通排气管,而不经过滤直接排入大气,可减少再生燃烧器的燃料消耗。微粒捕集器的再生燃烧器除了通过燃烧器燃料供给系供给燃料、通过电子点火器点火外,还要通过空气供给系供给空气,使燃烧器稳定产生预定的含氧燃气,高效、可靠地引发捕集器中的微粒燃烧。若柴油机排气系统安装两套微粒捕集器,则由排气转换阀使其轮流工作,排气可不经过过滤,且延长微粒捕集器寿命。

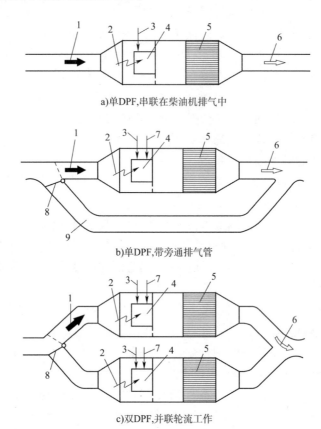

图5-47 DPF在排气系统中的布置

1-柴油机排出的未过滤排气;2-电子点火器;3-燃烧器燃料供给系;4-再生燃烧器;5-陶瓷过滤体;6-已过滤排气;7-燃空气供给系;8-排气转换阀;9-旁通排气管

③红外加热再生系统。金属材料辐射能力较强,在红外再生过程中,先由加热器加热具有较强辐射能力的红外涂层,再由红外涂层通过辐射加热过滤器中捕捉到的微粒物,如图5-48所示。红外再生提高了加热速率和热量利用率,使被加热物体迅速升温而被快速加热,减少了再生过程中的能量消耗。

④微波加热再生系统。微粒以60%~70%的能

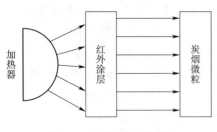

图5-48 红外加热再生原理

量效率吸收频率为 2~10GHz 的微波,微波不会加热陶瓷过滤体,微粒捕集器的金属壳体会约束微波,防止微波外逸,并将其反射回过滤体。再生时把排气流部分旁通,磁控管提供 1kW 功率,在过滤体内部形成空间分布的热源,对过滤体上沉积的微粒进行加热,历时 10min 左右,将炭烟微粒加热到起燃温度,再将排气流恢复原状以助微粒燃烧。微波加热再生效率高,不产生二次污染,是热再生技术的发展趋势。

⑤反吹再生系统。将过滤体与微粒燃烧分开,避免过滤体与微粒燃烧而产生破裂和烧熔、不燃物质在过滤器内累积等问题。当过滤体需要再生时,排气从旁通管流出或流经另一套微粒捕集器,高压气流从需要再生的微粒捕集器的排气出口端高速喷入,逆向流动的气流将微粒从过滤体表面清除并使之落入微粒漏斗,由漏斗内的电加热器加热燃烧。

二、NO_x 机外净化技术

柴油机机内净化技术不能完全净化 NO_x 排放,需采用催化转化技术对 NO_x 进行机外净化,主要方法有吸附催化还原、选择性非催化还原、选择性催化还原和等离子辅助催化还原。

1. NO_x 选择性催化还原

选择性催化还原(SCR)的催化作用有很强的选择性,NO_x 还原反应被加速,还原剂的氧化反应受到抑制,可用各种氨类物质或各种烃类化合物作为还原剂,系统工作温度为 250~500℃:

$$4NO + 4NH_3 + O_2 \rightarrow 4N_2 + 6H_2O \tag{5-2}$$

$$6NO + 4NH_3 \rightarrow 5N_2 + 6H_2O \tag{5-3}$$

$$2NO_2 + 4NH_3 + O_2 \rightarrow 3N_2 + 6H_2O \tag{5-4}$$

$$6NO_2 + 8NH_3 \rightarrow 7N_2 + 12H_2O \tag{5-5}$$

温度过低时,NO_x 还原反应不能有效进行;温度过高时,会造成催化转化器过热损坏,使还原剂直接氧化,消耗较多的还原剂,并生成 NO_x。使用 SCR 降低 NO_x,要求柴油含硫量越低越好。硫通过 $S \rightarrow SO_2 \rightarrow SO_3 \rightarrow NH_4HSO_4$ 或 $(NH_4)_2SO_4$ 生成硫酸氢铵或硫酸铵,沉积在催化剂表面,使其失去活性。

以氨水作为还原剂,可降低高达 95% 的 NO_x 排放,但氨的气味会使人感到难受,以尿素作为还原剂比直接用氨水方便。尿素的水溶液在高于 200℃ 时产生 NH_3,即:

$$(NH_2)_2CO + H_2O \rightarrow 2NH_3 + CO_2 \tag{5-6}$$

结合燃油共轨喷射系统,按照不同工况,后喷适当数量的燃油可以实现。研究表明,只有烯烃对 NO_x 有较好的选择还原活性。不同的烃类化合物在 $Ag-Al_2O_3$ 系催化剂上的 NO_x 转化率如图 5-49 所示,在 Pt-Zeolite 系催化剂上的 NO_x 转化率如图 5-50 所示,由此可见,NO_x 转化率随加入烃类化合物的种类不同而显著不同,其中,C_3H_6 的还原特性最好,贵金属 Pt 催化剂在 200℃ 左右转化率最高。

2. NO_x 选择性非催化还原

选择性非催化还原(SNCR)是在高温排气中加入 NH_3 作为还原剂,与 NO_x 反应生成 N_2 和 H_2O 的过程:

$$4NO + 4NH_3 + O_2 \rightarrow 4N_2 + 6H_2O \tag{5-7}$$

$$NO + 2NH_3 + NO_2 \rightarrow 2N_2 + 3H_2O \tag{5-8}$$

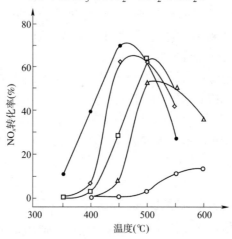

图 5-49　不同烃类化合物在 Ag-Al$_2$O$_3$ 系催化剂上的还原特性
○-CH$_4$；△-C$_2$H$_6$；-C$_4$H$_{10}$；◇-C$_2$H$_4$；●-C$_3$H$_6$

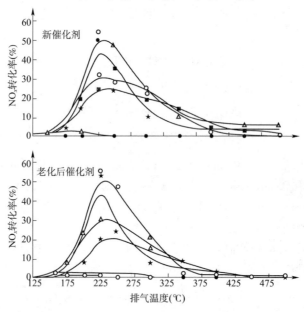

图 5-50　不同烃类化合物在 Pt-Zeolite 系催化剂上的还原特性
-□-CH$_4$；-■-C$_2$H$_6$；-★-C$_2$H$_4$；-●-C$_3$H$_8$；-○-C$_3$H$_6$；-◇-C$_4$H$_{10}$；-△-C$_4$H$_8$；-+-CH$_7$(885vppm)

SNCR 可省去昂贵的催化剂。如图 5-51 所示，还原反应在 NH$_2$ 与 NO 之间进行，在温度 1100～1400K 范围内，由 NH$_3$ 产生大量 NH$_2$。温度低时，NH$_2$ 生成量少；温度过高时，通过 NH$_3$→NH$_2$→NH→NO 过程，由 NH$_3$ 生成 NO，温度高于 1400K 时 NO 反而增多。

3. NO$_x$ 吸附催化还原

吸附器临时存储 NO$_x$，具有 NO$_x$ 吸附能力的物质为贵金属和碱金属（或碱土金属）的混合物。当发动机正常运转时，燃烧处于稀燃阶段，排气处于富氧状态，NO$_x$ 被吸附剂以硝酸盐

(MNO₃，M 表示碱金属)的形式存储起来。

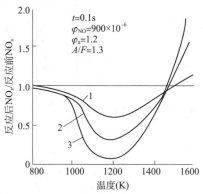

注：NO体积分数φ_{NO}=0.09%，空燃比A/F=13，反应时间t=0.1s。

图 5-51 用 NH_3 还原 NO

1-φ_{NH_3} = 0.045% ；2-φ_{NH_3} = 0.09% ；3-φ_{NH_3} = 0.18%

$$2NO + O_2 \rightarrow 2NO_2 \tag{5-9}$$

$$NO_2 + MO \rightarrow MNO_3 \tag{5-10}$$

吸附饱和时，还需要再生吸附器使其继续工作。吸附器的再生时，可通过柴油机周期性的稀燃和富燃工况，或调整发动机工况，使其产生富氧燃烧条件，使硝酸盐分解释放出 NO_x，在 THC 和 CO 在催化剂作用下被还原为 N_2（c、h 分别表示碳和氢的原子数）。

$$2MNO_3 \rightarrow 2NO + O_2 + 2MO \tag{5-11}$$

$$2NO + 2CO \rightarrow N_2 + 2CO_2 \tag{5-12}$$

$$(8c+2h)NO + 4C_cH_h \rightarrow (4c+h)N_2 + 2hH_2O + 4cCO_2 \tag{5-13}$$

以含碱金属钡(Ba)作为吸附剂为例，富氧状况下，Pt 催化剂使 NO 氧化成 NO_2，NO_2 与吸附剂中的 Ba 生成硝酸钡而被捕集；在富燃状况下，硝酸钡又分解并释放出 NO_x，NO_x 再与烃类化合物和 CO 反应被还原成 N_2。在贫燃或富燃交替过程中，碱金属 Ba 分别以硝酸钡、氧化钡或碳酸 Ba 的形态存在，起吸附及释放 NO_x 的作用，再生时的温度主要取决于使用的催化剂。

发动机管理系统能及时改变发动机工况而产生富燃条件，富燃时间过长，燃油消耗太多；过短，NO_x 净化率不高。吸附器具有较大的吸附容量时，可减少产生富燃的频率，降低成本，提高燃油经济性。吸附剂对硫有很强的亲和力，SO_2 与吸附催化剂发生类似 NO_x 的反应而生成硫酸盐，硫酸盐分解需要富燃气氛，且温度要超过 600℃。可见，硫对 NO_x 吸附器的性能有较大影响。

4. 用等离子辅助催化还原

目前，利用低温等离子辅助烃类化合物的选择性催化还原系统降低 NO_x 排放是研究的另一热点。根据等离子的特点，较多采用二级系统，如图 5-52 所示。等离子技术由电子、离子、自由基和中性粒子等组成的导电性流体，整体保持电中性。离子、激发态分子、原子和自由基等化学活性极强，用其将 NO 和烃类化合物氧化为 NO_2，NO_2 和部分氧化的高选择性含氧烃类化合物类还原剂，在催化剂作用下，促使新产生的高选择性活性物还原 NO_2，生成 N_2。

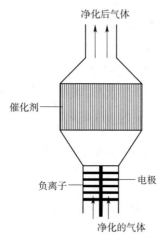

图 5-52　等离子辅助催化还原 NO_x 二级系统

催化剂主要有贵金属、分子筛催化剂和金属氧化物等体系。等离子体氧化过程为部分氧化，NO 氧化为 NO_2，但不能将 NO_2 氧化为酸；烃类化合物部分氧化，不将烃类化合物完全氧化为 H_2O 和 CO_2，含氧烃类化合物在催化剂作用下能更有效地还原 NO_x；等离子体氧化有选择性，将 NO 氧化为 NO_2，而不将 SO_2 氧化为 SO_3，对燃料硫含量的要求低；等离子体可改变 NO_x 的组成，先将 N 氧化为 NO_2，再用新型催化剂将 NO_2 还原为 N_2。

三、氧化催化转化器

柴油机排放含氧量较高，可用氧化催化转化器(OCC)消耗微粒(PM)中的可溶性有机成分(SOF)，来降低 PM 排放，同时降低 THC 和 CO 排放。

氧化催化转化器采用沉积在载体表面上的催化剂作为触媒元件，降低化学反应的活化能，当发动机排出的废气通过时，THC 和 CO 与排气中残留的 O_2 在较低的温度下快速反应，生成 CO_2 和 H_2O。

常用的催化剂由铂(Pt)系、钯(Pd)系等贵金属和稀土金属构成。柴油机排放温度低，微粒中的炭烟难以氧化，但氧化催化剂可氧化微粒中大部分的 SOF(40%～90%)，CO 排放降低 30% 左右，THC 排放降低 50% 左右。

氧化催化转化器对微粒的净化效果远不如微粒捕集器，但烃类化合物的起燃温度较低(170℃以下即可再生)，氧化催化转化器不需要昂贵的再生系统，投资费用较低。

催化转化器工作效率取决于柴油中的硫含量和排气温度。普通柴油中硫含量较高，硫燃烧后生成 SO_2，对排放影响如图 5-53 所示，空燃比不变，排气中 SO_2 浓度与柴油含硫量成正比。SO_2 经氧化催化转化器氧化后生成 SO_3，然后生成硫酸盐成为微粒的一部分。氧化催化效果越好，硫酸盐生成越多，甚至达到无氧化催化转化器时的 10 倍。可见，当柴油机采用普通高硫柴油时，大负荷时由于排气温度高，催化氧化强烈，硫酸盐的增加不但抵消了 SOF 的减小，反而使总微粒上升。因此，只有使用低硫柴油，才能保证氧化催化效果，如图 5-54 所示。

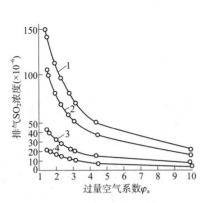

图 5-53 柴油含硫量对柴油机 SO_2 排放量的影响

燃料中硫的质量分数：1-0.35%；2-0.25%；3-0.1%；4-0.05%

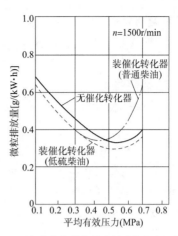

图 5-54 氧化催化转化器降低微粒排放的效果

催化剂利用排气热量激发表面活性作用，如图 5-55 所示，排气温度低于 150℃ 时，催化剂几乎不起作用。随着负荷增加，排气温度升高，CO 和 THC 净化率也增加，由于 SOF 被氧化，微粒排放下降。为保证催化剂有足够的温度，应尽量使氧化催化转化器安装在靠近排气歧管处，但随温度升高，当排气温度高于 350℃ 后，由于硫酸盐大量生成，反而使微粒排放增加。柴油机氧化催化器的最佳工作温度范围是 200～350℃，仅靠调整发动机工况很难控制，因此减少柴油中的硫含量非常重要。

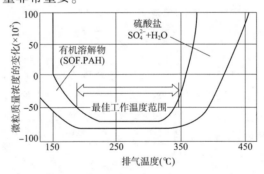

图 5-55 柴油机使用氧化催化转化器时，排气温度对微粒排放量的影响

复习思考题

一、简答题

1. 汽车主要排放污染物及其危害是什么？
2. 点火提前角对发动机排放性能有何影响？
3. 闭环控制式 EGR 如何工作的？
4. 柴油机与汽油机排放物有何不同？
5. 氧传感器与三元催化转化器如何实现闭环控制的？
6. 三元催化转化器有哪几种类型？
7. 介绍三元催化转化器的结构原理。
8. 分析曲轴箱污染物净化技术。

9. 柴油机低排放燃油喷射系统有何特点？
10. 增压技术对发动机性能有何影响？
11. 柴油机多气门技术有何特点？

二、判断题

1. 我国将大力推广新能源技术，到2030年我国机动车的CO_2排放总量降低45%。（　　）
2. CO和THC是燃油不完全燃烧的产物。（　　）
3. NO_x是在燃烧高温、富氧的条件下形成的。（　　）
4. 小负荷时，CO排放较高，因为燃气温度低而且氧化反应少。（　　）
5. 发动机在任何工况下运转时，排气中总含有一定量的THC，且汽油机远大于柴油机。（　　）
6. 炭烟是微粒的主要组成部分，是碳氢化合物高温缺氧条件下燃烧的产物。（　　）
7. 柴油机排出的微粒浓度要比汽油机排出的微粒浓度高30~80倍。（　　）
8. 空燃比较理论空燃比大10%时，有利于降低CO和THC，但此时NO排放最大。（　　）
9. 混合气浓度一定，当汽油机转速达到最高转速的65%~75%时，NO_x达到最大值。（　　）
10. 汽油机机内净化技术是从有害排放物的生成机理和影响因素出发，以改进发动机燃烧过程为核心，实现减少和抑制污染物生成的各种技术。（　　）
11. 废气再循环是降低NO_x的一种有效方法，通过降低燃烧室的燃烧温度抑制NO_x的生成。（　　）
12. 当EGR率达到15%时，NO_x的排放量即可减少60%。（　　）
13. 当汽油机空燃比接近理论空燃比时，三元催化转化器的转化效率最高。（　　）
14. 发动机采用多气门技术，有利于降低排放，提高发动机功率和降低噪声等。（　　）
15. 二次空气喷射系统将一定量的空气引入排气管中，使废气中的CO和THC进一步燃烧。（　　）
16. 高压喷射降低炭烟，当喷油压力从80MPa提高到160MPa时，大负荷时的烟度从1.7降到0.5以下，中等负荷时接近0。（　　）
17. 匹配良好的球形燃烧室工作柔和，NO_x和炭烟排放都较低，动力性和燃油经济性也较好。（　　）
18. 柴油机机内净化技术不能完全净化NO_x排放，需采用催化转化技术对NO_x进行机外净化。（　　）

三、论述题

1. 分析发动机转速、负荷对发动机排放性能的影响。
2. 如何降低柴油机NO_x和微粒排放？
3. 分析柴油机去微粒捕集器再生技术。

第六章　新能源汽车节能减排技术

全球石油资源加速递减、大气污染和温室效应引发全球变暖,已成为亟待解决的世界性难题。新能源汽车依靠科技创新,能有效地降低能源消耗,减少对环境的污染。加快新能源汽车研发与应用是全球汽车产业转型升级的重要方向,也是应对能源危机、缓解环境污染的重要措施,新能源汽车有逐渐替代传统燃油汽车的趋势。

目前,全球汽车产业加快向电动化、网联化、智能化和共享化方向转型。新能源汽车融合新能源、新材料和互联网大数据、人工智能等多种变革性技术,推动汽车从单纯交通工具向移动智能终端、储能单元和数字空间转变,带动能源、交通、信息通信基础设施改造跃升,促进能源消费结构优化,以及交通体系和城市运行智能化水平提升,对建设清洁美丽世界具有重要意义,已经成为世界主要汽车大国产业竞争的焦点。

我国《"十三五"国家战略性新兴产业发展规划》提出,发展新能源汽车、汽车轻量化和智能驾驶等,突出实现新能源汽车规模应用;我国《新能源汽车产业发展规划(2021—2035年)》(征求意见稿)指出,到2025年,新能源汽车市场竞争力明显提高,销量占当年汽车总销量的20%,有条件自动驾驶智能网联汽车销量占比30%,高度自动驾驶智能网联汽车实现限定区域内的商业化应用,乘用车新车平均油耗降至4.0L/100km,新能源乘用车新车平均电耗降至11.0kW·h/100km;到2030年,新能源汽车形成市场竞争优势,销量占当年汽车总销量的40%,有条件自动驾驶智能网联汽车销量占比70%,高度自动驾驶智能网联汽车在高速公路广泛应用,在部分城市道路规模化应用,汽车新车能耗达到世界先进水平。经过多年持续努力,我国新能源汽车产业技术水平显著提升、产业体系日趋完善、企业竞争力大幅增强,但也面临着市场竞争日益加剧、发展动力亟待转换、核心技术供给不足、产业生态尚不健全等新形势、新问题,必须充分发挥基础设施、信息通信等领域优势,不断提升产业核心竞争力,推动新能源汽车产业高质量可持续发展。

由于新能源汽车的发展仍有许多技术瓶颈需要突破,由传统燃油汽车技术发展到新能源汽车技术的过渡阶段,节能技术与新能源技术相互结合,能大幅提升整车的能源使用效率,燃油汽车节能技术与新能源技术的结合是实现汽车产业稳步转型的重要措施。以混合动力电动汽车为例,其内燃机常采用缸内直喷技术、分层燃烧技术、可变气门正时技术和增压技术等节能技术,能够在满足整车输出功率的条件下,有效提高内燃机燃烧效率,减小内燃机排量和体积,降低内燃机油耗,实现节能的目标;在此基础上结合电力驱动技术,实现混合动力驱动,利用电力驱动零排放的特点,在内燃机的低效工作区间内,使用电力部分或完全取代内燃机的动力输出,能够在满足整车输出功率相同的前提下,进一步减小整车对内燃机的依赖,实现节能减排的目标。在未来较长一段时间内,燃油汽车以其较高的技术成熟度、可靠性及耐久性,将会长期占有一席之地。而纯电动汽车由于目前依然具备动力性能较差、续航里程较短的技术劣势,尚无法取代燃油汽车;燃料电池电动汽车目前仍面临着成本高昂,氢燃料制取储备困难等技术问题,在短期内不会作为主流车型;混合动力电动汽车可视作燃油汽车过渡至纯电动汽车及燃料电池电动汽车的替代车型,今后数年内将会长期处于该过渡阶段。

第一节　新能源汽车类型

节能、低排放的新能源汽车,又称为清洁能源汽车,可分为电动汽车、气体燃料汽车、生物燃料汽车、氢燃料汽车和太阳能汽车等。新能源汽车具有燃料利用率高、低排放或零排放等特点。

一、新能源汽车分类

1. 电动汽车

(1) 纯电动汽车(BEV)。驱动能量完全由电能提供的、由电机驱动的汽车。

(2) 混合动力电动汽车(HEV)。能够至少从可消耗的燃料和可再充电能/能量储存装置两类车载储存的能量中获得动力的汽车。

(3) 燃料电池电动汽车(FCEV)。以燃料电池系统作为单一动力源或者是以燃料电池系统与可充电储能系统作为混合动力源的电动汽车。

2. 气体燃料汽车

以可燃气体作为能源的汽车,可燃气体形态有以下3种:

(1) 压缩天然气(CNG),主要成分为甲烷。

(2) 液化天然气(LNG),甲烷经深度冷却液化。

(3) 液化石油气(LPG),主要成分是丙烷和丁烷的混合物。

气体燃料汽车分3种:

(1) 专用气体燃料汽车。以液化石油气、天然气或煤气等气体为燃料,如天然气汽车、液化石油气汽车等,是最清洁的汽车。

(2) 两用燃料汽车。具有两套独立的供给系统,一套供给天然气或液化石油气,另一套除此之外的燃料,两套系统分别但不可同时向汽缸供给燃料,如汽油/压缩天然气两用燃料汽车、汽油/液化石油气两用燃料汽车等。

(3) 双燃料汽车。具有两套燃料供给系统,一套供给天然气或液化石油气,另一套供除此之外的燃料,两套系统按预定的配比向汽缸供给燃料,在汽缸混合燃烧,如柴油-压缩天然气双燃料汽车、柴油-液化石油气双燃料汽车等。

3. 生物燃料汽车

使用燃用生物燃料或燃用掺有生物燃料的汽车。结构与传统汽车相比无重大改动,但排放低,如乙醇燃料汽车和生物柴油汽车等。

4. 氢燃料汽车

以氢为主要能量的汽车,有3种方式:纯氢内燃机、氢/汽油两用燃料内燃机、氢-汽油双燃料内燃机。

5. 太阳能汽车

利用太阳能电池,将太阳能转换为电能驱动行驶的汽车。

二、国内主要汽车企业的新能源汽车生产状况

国内主要汽车企业的新能源汽车生产状况见表6-1。

国内主要汽车企业的新能源汽车生产状况　　　　表6-1

汽车企业	技术路线	技术能力	主要产品
比亚迪	BEV、PHEV、HEV	具备电池单体、总成生产能力、电池技术、生产能力强	F3DM、E6、唐、宋、秦、元
上汽	HEV、BEV、FCEV	具备整车控制、电动机控制及变速器控制能力	荣威950、荣威750、荣威ERX5、荣威550混动、荣威E50
一汽	HEV、PHEV、BEV	具备混动、纯电动汽车开发能力	091FEV、奔腾B70HEV、奔腾FCV、奔腾B50EV
奇瑞	HEV、BEV	控制系统开发能力	瑞麒G3、X1-EV、M1-REEV
长安	HEV、BEV	中度混合动力、纯电动的研发技术	杰勋、志翔、CX30、E30
广汽	HEV、PHEV	整车控制器、电动机控制器开发能力	传祺PHEV
江淮	BEV、PHEV	电控、电池、电动机及"六小电"设计能力	iEV1-3
华晨	BEV	电动机、控制器、电池单体与供应商合作,具备电动车整车开发、生产、测试,电池成组化生产、动力系统平台生产能力	H230、H530
北汽	BEV、HEV	整车控制器、电池和电动机控制器开发能力	E150EV

第二节　纯电动汽车

纯电动汽车以高效率充电蓄电池为动力源,无需内燃机,与传统汽车相比,省去了发动机、变速器、冷却系统、换气系统和油箱等,成本低,能量转换效率高,行驶1km所需费用较传统汽车少80%~90%,且基本无排放,是未来最具有商业价值的汽车发展方向之一。

一、纯电动汽车的类型及特点

纯电动汽车分用纯蓄电池作为动力源的纯电动汽车(图6-1)、装有辅助动力源的纯电动汽车两类。用纯蓄电池作为动力源,电池的比能量和比功率较低,蓄电池组的质量和体积较大,为此可增加辅助动力源,如超级电容、发电机组、太阳能装置等,以改善纯电动汽车的起

动性能，并增加续驶里程，如图6-2所示。

图6-1　用纯蓄电池作动力源的纯电动汽车动力传输

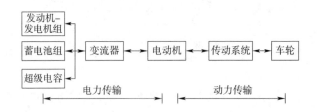

图6-2　装有辅助动力源的纯电动汽车动力传输

纯电动汽车与燃油汽车相比，具有以下特点：

（1）无污染，噪声低。纯电动汽车无燃油汽车工作时产生的废气，不产生排气污染，对空气洁净和环境保护十分有益；无内燃机产生的噪声，电机噪声较内燃机也小。

（2）能源效率高，多样化。纯电动汽车能源效率已超过燃油汽车，在城市运行、行驶速度不高时，其优势更加明显。纯电动汽车停车时不消耗电能，在制动过程中，电机可自动转化为发电机，实现制动减速时能量再利用；纯电动汽车的应用可有效地减少对石油资源的依赖，向蓄电池充电的电力可由煤炭、天然气、水力、核能、太阳能、风力、潮汐等能源转化，若夜间向蓄电池充电，还可避开用电高峰，有利于电网均衡负荷，减少费用。

（3）结构简单、使用与维修方便。纯电动汽车较燃油汽车结构简单，运转、传动部件少，维修工作量小。当采用交流感应电动机时，电动机基本上不用维护，纯电动汽车操纵容易。

（4）动力电源使用成本高、续驶里程短。目前，纯电动汽车尚存在动力电池寿命短、使用成本高等不足。动力电池的存储能量小，一次充电后续驶里程不理想，且纯电动汽车的价格较贵。

二、纯电动汽车节能减排关键技术

1. 动力蓄电池技术

动力蓄电池是纯电动汽车最核心的技术之一，也是目前制约纯电动汽车发展的关键因素。电池组性能直接影响整车的加速性能、续驶里程及制动能量回收效率等，电池组成本和循环寿命直接影响车辆的成本和可靠性，必须对影响电池组性能的参数进行优化。

制约纯电动汽车发展的主要问题集中于动力蓄电池成本较高、充电时间长，整车续驶里程较短。目前，镍氢电池和锂电池应用较广。镍氢电池可快速充电，循环寿命长，不存在重金属污染，但比能量没有锂电池高。锂电池具有较高的能量密度，且比功率大、比能量高。近年来，锂电池的寿命和稳定性都有很大提升，将逐渐成为纯电动汽车的主力电池类型。

2. 电动机驱动及控制技术

（1）驱动电机。属于特种电机，向大功率、高转速、高效率和小型化方向发展。随着电动机及驱动系统的发展，控制系统趋于智能化和数字化。变结构控制、模糊控制、神经网络、自适应控制、专家控制以及遗传算法等非线性智能控制技术，都将独自或组合应用于电动汽车的电动机控制系统，可大大地提高整个系统的综合性能。

（2）电力驱动控制系统。将电动机、动力电池和其他辅助系统连接起来并加以控制。新型纯电动汽车控制系统由两条总线的网络结构组成，即驱动系统的高速CAN总线和车身系统的低速总线。高速CAN总线每个节点为各子系统的ECU，低速总线按物理位置设节点。实现网络化通信和资源共享，为x-by-wire技术提供有力支撑。

3. 整车轻量化技术

（1）通过结构优化和集成化、模块化优化设计，减轻动力总成、车载能源系统的质量，即对电动机及驱动器、传动系统、冷却系统、空调和制动真空系统的集成和模块化设计，使系统得到优化；通过蓄电池、蓄电池箱、蓄电池管理系统、车载充电机组成的车载能源系统的合理集成和分散，实现系统优化。

（2）通过分析整车使用工况及要求，对蓄电池电压及容量、驱动电动机功率和转速及转矩、整车性能等参数进行整体优化，合理选择蓄电池和电动机参数。

（3）基于CAD技术，对车身承载结构件进行有限元分析，通过计算与试验相结合，实现结构最优化。

（4）采用轻质材料，如蓄电池箱的结构框架、箱体封皮、轮毂等采用轻质合金材料。

4. 能量管理与利用

纯电动汽车能量管理系统在汽车行驶中进行能量分配，协调各功能部分工作的能量管理，最大限度地利用有限的能量；从各子系统采集运行数据、控制完成蓄电池充电、显示蓄电池荷电状态、预测剩余行驶里程、监控蓄电池状态、调节车内温度、调节车灯亮度，以及回收再生制动能量为蓄电池充电等，如图6-3所示。

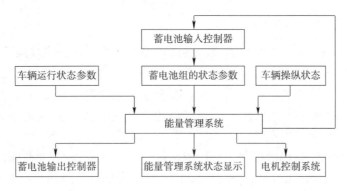

图6-3　纯电动汽车能量管理系统

纯电动汽车的再生制动/液压制动系统如图6-4所示，驾驶员踩下制动踏板后，电泵使制动液增压产生所需的制动力，制动控制与电动机控制协同工作，确定纯电动汽车上的再生制动力矩和前后轮上的液压制动力。再生制动时，再生制动控制回收再生制动能量，储存在动力电池（或飞轮、液压储能器）中。当汽车再次起动或加速时，再生系统将储存在动力电池

(或飞轮、液压储能器)中的能量转换为汽车行驶的驱动力。

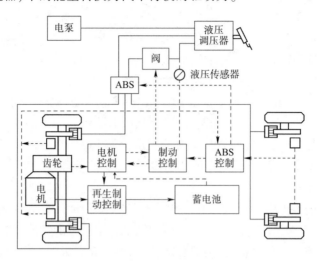

图6-4　纯电动汽车再生制动/液压制动系统

第三节　混合动力电动汽车

混合动力电动汽车(HEV)将传统内燃机技术与电驱动技术相结合,其混合动力系统的性能直接影响到整车性能。混合动力汽车燃油经济性好,可按平均需用的功率确定内燃机的最大功率,使内燃机在油耗低、污染少的最优工况下工作,较传统燃料汽车节油30%～50%,可显著降低排放,能方便地回收制动回馈能量。混合动力驱动技术的出现比纯电动驱动技术晚,是传统燃油驱动技术转变为纯电动驱动技术的过渡技术。混合动力驱动技术既包含了传统燃油驱动的优势,又包含了电力驱动的优势,是一项综合要求很高的技术。目前,常见车型有丰田普锐斯、丰田卡罗拉双擎和比亚迪秦等。

一、混合动力电动汽车的类型

混合动力电动汽车装备两种动力源,即热动力源(传统的汽油机或柴油机)与电动力源(蓄电池与电动机)车。使用电动机将动力系统可按整车的实际运行工况要求灵活调控,使发动机保持在综合性能最佳的区域内工作。混合动力电动汽车主要由发动机、驱动电动机和辅助电源组成,发动机是主要动力源,驱动电动机是辅助动力源,同时装备各种不同的蓄电池和超级电容等作为辅助电源。

混合动力电动汽车将内燃机、电动机、能量存储装置等组合在一起,通过参数匹配和优化控制,充分发挥内燃机汽车和电动汽车的优点,是当今最具实际开发意义的低排放和低油耗汽车。

(1)对比传统的内燃机汽车,混合动力电动汽车可使内燃机在最佳的工况区域稳定运行,避免或减少了内燃机变工况下的不良运行,使内燃机的排放和油耗大为降低;在人口密集的商业区、居民区等地可用纯电动方式驱动汽车,实现零排放;可通过电动机提供动力,因此可配备功率较小的内燃机,并可通过电动机回收汽车减速和制动时的能量,进一步降低汽车的能量消耗和排放。

（2）对比纯电动汽车，混合动力电动汽车由于有内燃机作辅助动力，蓄电池的数量和质量均可减少，汽车自重可减小；由于采用辅助动力驱动，混合动力电动汽车的续驶里程和动力性可达到内燃机汽车的水平；借助内燃机的动力，可驱动空调、真空助力器、转向助力器及其他辅助电器，不用消耗蓄电池组有限的电能，从而保证了驾驶和乘坐的舒适性。

混合动力电动汽车的类型见表6-2。

混合动力电动汽车的分类　　　　　　　　　　　　表6-2

分类方式	种类	说明
按照动力系统结构形式（混合动力汽车零部件的种类、数量和连接关系）划分	串联式混合动力汽车（SHEV）	指车辆行驶系统的驱动力只源于电动机的混合动力汽车。 其结构特点是发动机带动发电机发电，电能通过电动机控制器输送给电动机，由电动机驱动汽车行驶。另外，动力电池也可单独向电动机提供电能驱动汽车行驶
	并联式混合动力汽车（PHEV）	指车辆行驶系统的驱动力由电动机及发动机同时或单独供给的混合动力汽车。 其结构特点是可单独以发动机或电动机作为动力源，也可同时以电动机和发动机作为动力源驱动汽车行驶
	混联式混合动力汽车（CHEV）	指具备串联式和并联式两种混合动力系统结构的混合动力汽车。 其结构特点是可在串联混合模式下工作，也可在并联混合模式下工作，兼具串联式和并联式的特点
按照混合度划分（按照电动机相对于燃油发动机的功率比）	重度混合（强混合）型混合动力汽车	指以发动机和/或电动机作动力源，且电动机可独立驱动车辆行驶的混合动力汽车。 一般情况下，电动机的峰值功率和发动机的额定功率比>40%
	中度混合型混合动力汽车	指以发动机和/或电动机作动力源的混合动力汽车。一般情况下，电动机的峰值功率和发动机的额定功率比为15%~40%
	轻度混合（弱混合）型混合动力汽车	指以发动机为主要动力源，电动机作为辅助动力源，在车辆加速和爬坡时，电动机可向车辆行驶系统提供辅助驱动力矩，但不能单独驱动车辆行驶的混合动力汽车。 一般情况下，电动机的峰值功率和发动机的额定功率比为5%~15%
	微混合型混合动力汽车	指以发动机为主要动力源，不具备纯电动行驶模式的混合动力汽车。 只具备停车怠速停机功能的汽车是一种典型的微混合型混合动力汽车。 一般情况下，电动机的峰值功率和发动机的额定功率比≤5%

续上表

分类方式	种类	说明
按照外接充电能力划分（按照是否能外接充电）	可外接充电型混合动力汽车	一种被设计成可在正常使用情况下从非车载装置中获取能量的混合动力汽车
	不可外接充电型混合动力汽车	一种被设计成在正常使用情况下从车载燃料中获取全部能量的混合动力汽车
按照行驶模式的选择方式划分	有手动选择功能的混合动力汽车	指具备行驶模式手动选择功能的混合动力汽车，车辆可选择的行驶模式包括热机模式、纯电动模式和混合动力模式三种
	无手动选择功能的混合动力汽车	指不具备行驶模式手动选择功能的混合动力汽车，车辆的行驶模式根据不同工况自动切换

不同类型混合动力电动汽车在燃油经济性、尾气排放和控制难易程度等方面对比，见表6-3。

不同类型混合动力电动汽车对比（一） 表6-3

项目	串联式	并联式	混联式
公路行驶燃油经济性	较优	优	优
城市行驶燃油经济性	优	较优	优
无路行驶燃油经济性	较优	优	优
低排放性能	优	较优	较优
成本	低	较低	较低
复杂程度	简单	较复杂	复杂
控制难易程度	简单	较复杂	复杂

不同类型混合动力电动汽车在驱动模式、传动效率、整车布置、适用条件等方面对比，见表6-4。

不同类型混合动力电动汽车对比（二） 表6-4

结构模型	串联式	并联式	混联式
动力总成	发动机、发电机、驱动电动机等三大动力总成	发动机、电动/发电机或电动机两大动力总成	发动机、电动/发电机、电动机等三大动力总成
驱动模式	电动机是唯一的驱动装置	发动机驱动模式、电动机驱动模式、发动机-电动机混合驱动模式	发动机驱动模式、电动机驱动模式、发动机-电动机混合驱动模式、电机-电动机混合驱动模式
传动效率	能量转换效率较低	传动效率较高	传动效率较高
制动能量回收	能够回收制动能量	能够回收制动能量	能够回收制动能量

续上表

结构模型	串联式	并联式	混联式
整车总布置	三大动力总成之间没有机械式连接装置，结构布置的自由度较大，但三大动力总成的质量、尺寸较大，一般在大型车辆上采用	发动机驱动系统保持机械式传动系统，发动机与电动机之间由不同的机械装置连接，结构复杂，使布置受到一定限制	三大动力总成之间采用机械装置连接，三大动力总成的质量、尺寸都较小，能够在小型车辆上布置，结构紧凑
适用条件	适用于大型客车或货车，适合在路况较复杂的城市道路和普通公路上行驶，性能更接近纯电动汽车	适用于中小型汽车，适合在城市道路和高速公路上行驶，性能接近普通内燃机汽车	适用于各种类型的汽车，适合在各种道路上行驶，性能更加接近普通内燃机汽车

插电式混合动力电动汽车又称可外接充电式混合动力电动汽车(PHEV)，是在混合动力电动汽车上增加了纯电动行驶工况，并且加大了动力电池容量，纯电动工况可行驶50~90km，超过该里程则必须起动内燃机，采用混合驱动模式。PHEV是介于混合动力电动汽车与纯电动汽车之间的一种过渡性产品，与传统内燃机汽车和一般混合动力电动汽车对比(表6-5)，其经济性进一步提高，排放降低。

内燃机汽车改为 HEV 和 PHEV 后的性能变化　　　　表6-5

车辆类别	HEV	PHEV
燃料经济性提高	21%	56%
二氧化碳排放减少	21%	40%
氮氧化物排放减少	10%	32%

二、混合动力电动汽车节能减排技术

1. 串联式混合动力电动汽车(SHEV)

SHEV有两个能源向电动机供电，主要由发动机、发电机、电动机和蓄电池等组成，如图6-5所示。

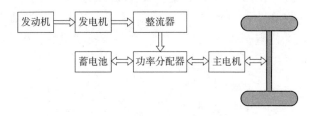

图6-5　串联式混合动力系统结构

发动机、发电机和主电动机采用串联方式，发动机仅用于发电，发电机输出的电能通过功率分配器送至电动机，由电动机驱动汽车行驶。发电机输出的部分电能向蓄电池充电，可延长汽车行驶里程。蓄电池可单独向电动机提供电能驱动汽车，使混合动力电动汽车在零污染状态下行驶。

SHEV的动力流程如图6-6所示，发动机与发电机直接连接产生电能，以驱动电动机或给蓄电池充电,电动机与驱动桥直接相连,驱动汽车行驶,将存储在蓄电池中的电能转化为车轮转动的机械能。SHEV 的发动机能经常保持在稳定、高效、低污染的运转状态,将有害排放气体控制在最低范围。SHEV 的能量转换效率比内燃机汽车低,主要适用于大型客车。

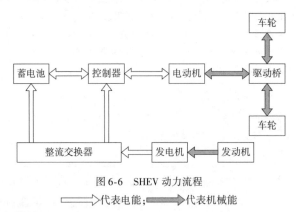

图 6-6　SHEV 动力流程

⟹代表电能；⟹代表机械能

SHEV 有以下运行模式：

(1) 电模式。发动机关闭,车辆仅由蓄电池组供电、驱动。

(2) 发动机模式。车辆驱动功率仅来源于发动机-发电机组,蓄电池既不供电,也不从驱动系统中获取任何功率。

(3) 混合模式。驱动功率由发动机-发电机组和蓄电池两者提供。

(4) 发动机驱动和蓄电池组充电模式。发动机-发电机组为蓄电池充电和驱动车辆提供所需的功率。

(5) 再生制动模式。发动机-发电机组关闭,而驱动电动机以发电机模式运转所产生的电功率用于向蓄电池充电。

(6) 蓄电池充电模式。驱动电动机不接收功率,发动机-发电机组向蓄电池充电。

(7) 混合式蓄电池充电模式。发动机-发电机组和运行在发电机状态下的驱动电动机,都向蓄电池充电。

2. 并联式混合动力电动汽车(PHEV)

PHEV 采用发动机和电动机两套独立驱动系统、并联方式驱动车轮,如图 6-7 所示,主要由发动机、电动/发电机(以下称电动机)和蓄电池等部件组成。有发动机单独驱动、电动机单独驱动、发动机和电动机混合驱动三种工作模式。当发动机提供的功率大于车辆所需功率时,电动机给蓄电池充电。

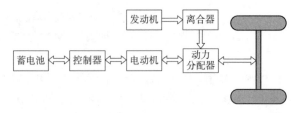

图 6-7　并联式混合动力系统结构

PHEV 动力流程如图 6-8 所示,发动机和电动机通过某种变速装置同时与驱动桥直接连接。电动机用于平衡发动机承受的载荷,使其在高效率区工作。通常发动机工作在满负荷

(中等转速)下燃油经济性最好,在较小载荷下工作时燃油经济性较差,PHEV 的发动机此时可关闭,只用电动机驱动,或增加发动机负荷,使电动机作为发电机对蓄电池充电(边驱动汽车,边充电)。

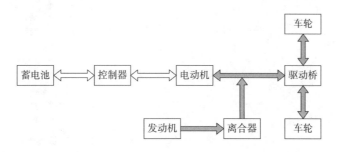

图 6-8　PHEV 动力流程
⇒代表电能；→代表机械能

PHEV 驱动系统有两条能量传输路线,可同时使用电动机和发动机作为动力源驱动汽车行驶,使其以纯电动或低排放状态运行,但此时不能提供全部动力。

3. 混联式混合动力电动汽车(CHEV)

CHEV 驱动系统是串联式与并联式的综合系统,系统结构如图 6-9 所示,主要由发动机、发电机、电动机、行星齿轮机构和蓄电池组等部件组成。发动机发出的功率一部分通过机械传动装置输送给驱动桥,另一部分则驱动发电机发电。发电机输出的电能输送给电动机或蓄电池,电动机产生的驱动力通过动力复合装置传送给驱动桥。

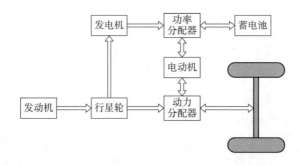

图 6-9　混联式混合动力系统结构

汽车低速行驶时,驱动系统主要以串联方式工作；汽车高速稳定行驶时,驱动系统主要以并联方式工作。转矩和转速耦合从驱动轮处解脱了发动机,使瞬时的发动机转矩和转速不受车辆负载转矩和车速制约,发动机能以类似于串联式电耦合混合动力驱动系统的方式运行在高效率区。此外,部分发动机功率未经多形式转换而直接传递到驱动轮,与并联式(转矩或转速耦合)混合动力驱动系统相似。

发动机、发电机和电动机通过行星齿轮装置连接,动力从发动机输出到与其相连的行星架,行星架将一部分转矩传送到发电机,另一部分传送到传动轴,同时发电机也可通过向电动机供电驱动传动轴。该机构有两个自由度,可自由地控制两个不同的速度。此时车辆并不是串联式或并联式,而是两种驱动形式同时存在,充分利用两种驱动形式的优点,其动力流程如图 6-10 所示。

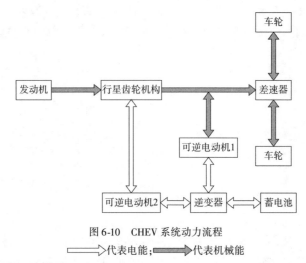

图 6-10　CHEV 系统动力流程

⇒代表电能；➡代表机械能

4. HEV 制动能量回收技术

HEV 装备再生制动系统，能将车辆制动、下坡滑行、减速运行等状态下的部分动能和势能转化为电能存储在蓄电池等储能装置中，有效地利用车辆制动时的动能，显著改善车辆的燃油经济性及制动性能，增加 HEV 的行驶里程。HEV 再生制动系统，如图 6-11 所示。

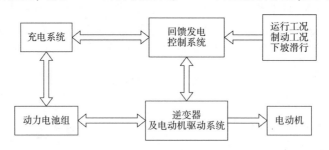

图 6-11　HEV 再生制动系统

HEV 再生制动系统电动机的减速和停止都通过逐渐减小运行频率实现，在变频减小的瞬间，电动机的同步转速随之下降，由于机械惯性原因，电动机转速变化有一定时间滞后，大于给定转速，电动机反电动势高于变频器直流端电压，此时电动机转为发电机模式，非但不消耗电能，反而可通过变频器专用型能量回馈单元向电源充电，既有良好的制动效果，又能转化为电能，向电源充电，实现能量回收。

第四节　燃料电池电动汽车

燃料电池是一种将存在于燃料与氧化剂中的化学能直接转化为电能的能量转化装置，能使用石油燃料、有机燃料、氢燃料等。燃料电池电动汽车（FCEV）采用车载燃料电池装置产生的电力作为汽车动力源，能量转化效率比内燃机要高 2～3 倍。由于燃料电池具备效率高、噪声低、无污染等优势，而使燃料电池电动汽车成为高效、清洁汽车。

近年来，燃料电池在研发与应用方面取得了巨大突破，燃料电池技术将成为 21 世纪汽车工业竞争的焦点。目前，2MW、4.5MW、11MW 成套燃料电池发电设备已进入商业化生产阶段,燃料电池发电技术有望成为继火电、水电、核电后的第四代发电技术。

一、燃料电池电动汽车的类型

1. 按燃料特点分类

(1)直接燃料电池电动汽车。其燃料主要是氢气,排放无污染,是最理想的汽车,但氢的制取和存储困难。

(2)重整燃料电池电动汽车。其燃料主要有汽油、天然气、甲醇、甲烷、液化石油气等,其结构比直接燃料电池汽车复杂。

2. 按燃料氢的存储方式分类

(1)压缩氢燃料电池电动汽车。

(2)液氢燃料电池电动汽车。

(3)合金(碳纳米管)吸附氢燃料电池电动汽车。

3. 按"多电源"的配置不同分类

(1)纯燃料电池电动汽车(pure FCV)。只有燃料电池一个动力源,燃料电池承担汽车所有功率负荷,其动力系统如图6-12所示。燃料电池系统将氢气与氧气反应产生的电能通过总线传给驱动电动机,驱动电动机将电能转化为机械能传给传动系统,驱动汽车行驶。

图6-12　纯燃料电池驱动动力系统

该系统结构简单,易于系统控制和整体布置;系统部件少,有利于整车的轻量化;能量传递效率高,有利于提高整车燃料经济性;但燃料电池功率小、成本高,对燃料电池系统的动态性能和可靠性要求很高,且不能进行制动能量回收。为此,必须以辅助能量存储系统作为燃料电池系统的辅助动力,组成混合驱动系统。

(2)燃料电池与辅助蓄电池联合驱动(FC + B)的燃料电池电动汽车。动力系统为串联式混合动力结构,如图6-13所示,燃料电池和蓄电池联合为驱动电动机提供能量,驱动电动机将电能转化为机械能传给传动系统,驱动汽车行驶。

图6-13　燃料电池与辅助蓄电池联合驱动系统

汽车制动时,驱动电动机进入发电机模式,蓄电池将储存回馈的能量。燃料电池和蓄电池联合供能时,燃料电池的能量输出变化较平缓,随时间变化波动较小,而能量需求变化的高频部分由蓄电池分担。

该系统增加了蓄电池组,对燃料电池的功率要求降低,可降低整车成本;燃料电池在较好的设定条件下工作,效率较高;系统对燃料电池的动态响应性能要求较低;汽车冷起动性能较好;制动能量回馈系统可回收汽车制动时的部分动能,提高整车能量效率。但由于蓄电池的使用,使整车质量增加,动力性能和经济性受到影响;蓄电池充放电过程会有能量损耗;系统控制和整体布置难度增加。

(3)燃料电池与超级电容联合驱动(FC+C)的燃料电池电动汽车。与燃料电池+蓄电池的结构相似,只是将蓄电池换成超级电容,如图6-14所示。超级电容充放电效率高、能量损失小、功率密度大,在能量回收制动方面具有优势,循环寿命长,但其能量密度较小。

图6-14　燃料电池+超级电容形式动力系统

(4)燃料电池、辅助蓄电池和超级电容联合驱动(FC+B+C)的燃料电池电动汽车。如图6-15所示,该结构为串联式混合动力结构,燃料电池、蓄电池和超级电容联合为驱动电动机提供能量,驱动电动机将电能转化成机械能传输给传动系统,驱动汽车行驶。汽车制动时,驱动电动机进入发电机模式,蓄电池和超级电容储存回馈的能量。

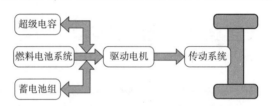

图6-15　燃料电池、辅助蓄电池和超级电容联合驱动系统

在燃料电池、蓄电池和超级电容联合供能时,燃料电池的能量输出较平缓,随时间变化波动较小,而能量需求变化的低频部分由蓄电池承担,能量需求变化的高频部分由超级电容承担。该系统在部件效率、动态特性、制动能量回馈等方面性能更为优越,但由于增加了超级电容,整车质量增加的同时,系统更加复杂,系统控制和整体布置难度加大。

二、燃料电池的优缺点

燃料电池的优缺点见表6-6。

燃料电池的优缺点　　　　　　　　　　　　　表6-6

优点	洁净	对于内燃机,燃料在汽缸内燃烧会释放各种污染物;燃料电池以氢气和氧气作燃料,唯一生成物为水,实现零排放
	节能,转换效率高	燃料电池通过电化学反应直接将燃料的化学能转化为电能,中间无燃烧过程,电效率可达40%~50%,比内燃机效率高10%
	温度低、噪声低	燃料电池系统中配备有空压机、水泵、散热器等有限的运动部件,与内燃机相似;但电堆本身无运动部件,比内燃机的振动和噪声低。同时,电堆反应温度低,系统红外特征小

续上表

缺点	寿命较短	燃料电池内部的材料性能衰减,导致电堆输出性能逐渐变差,寿命不足以满足使用需求。目前,车用燃料电池使用寿命可达15000h,按有轨电车运行服役期30年考虑,还需进一步完善电堆和系统,以延长服役寿命; 燃料电池辅机系统(包含空压机、水泵、过滤器等关键部件)寿命比电堆还要低,属于定期更换产品
	成本较高	燃料电池系统的电堆及其辅助部件的生产费用较高,导致燃料电池系统的单位功率成本是内燃机的数十倍; 通常,燃料电池电堆使用到1.5万h左右时,可对电堆进行一次翻新;成本约为采购新电堆的1/2左右,然后电堆即可视为报废; 氢能供应方面,氢的生产、储存、运输、加注等氢能网络设施建设还远未形成像柴、汽油一样的、从油井到加油站的便捷网络,氢能使用成本高
	安全性要求很高	对于液态氢和气态氢,其生产、储存、保管、运输、灌装或重整都比较复杂,对其安全性要求很高

三、氢燃料汽车的特点

1. 环保成绝佳优势

纯电动汽车所需能源取自火力发电、水力发电、核能发电、风能发电等,电池是极难处理的污染物。若纯电动汽车数量占比超出汽车总保有量的10%以上,按照目前未完善的电池回收制度,电池污染问题将可能出现不可控的局面,汽车电池污染将比目前燃油车污染更为严重。

与电动汽车相比,氢燃料汽车转换效率至少高达50%。不同于锂电池电动汽车通过数百千克的电池组增大续航里程,燃料电池电动汽车加注10kg氢气可续驶400km。氢燃料电池车加注氢气时间只相当于传统充电时间的1/18,而且氢燃料电池的使用寿命可长达2万h,在汽车使用周期内无需更换,将较大程度缓解制造和处理废旧锂电池的环境压力。加氢站所需场地面积仅为充电站的10%。

在低温起动、电池循环寿命与回收等技术层面,氢燃料汽车接近内燃机车辆水平,即氢燃料电池电动汽车同时具备与纯电动汽车相当的节能减排效益和与传统燃油汽车相近的车辆性能,是未来极具竞争力的新能源汽车技术路线。尤其在货运及重型交通领域,发展氢燃料电池电动汽车被认为是取代传统燃油汽车的根本途径。

氢气是一种永远不会耗竭的资源,与纯电动汽车相比,氢燃料电池电动汽车在整个燃料生产、供应环节,总体上排放的二氧化碳要少得多,环保效果显著。

燃料电池电动汽车可通过车载电脑直接微调车辆运行轨迹,无人驾驶技术主要基于电动机驱动车型展开研发与示范,可见氢燃料电池技术同样具有互联网基因,完全适应未来道路交通智能化转型趋势,其与新一代智能网联汽车技术也具有先天融合优势。

2. 机遇与挑战并存

氢燃料汽车没有"里程焦虑""充电焦虑"等,氢燃料具有热值高、能量密度大、可储存、可再生、零污染等优势,但氢燃料成本高、加氢基础设施不完善、技术有待突破、安全标准需制定等。

我国 2019 年《政府工作报告》首次涉及氢能源,要求推动充电、加氢等基础设施建设。国家氢能标委会发布的《中国氢能产业基础设施发展蓝皮书(2016)》明确指出,2030 年国内将建成加氢站 1000 座,氢燃料电池车辆保有量达到 200 万辆。中国氢能联盟发布的《中国氢能源及燃料电池产业白皮书》预测,2020—2025 年,我国氢能产业产值将达到 1 万亿元,氢能源车数量达到 5 万辆,加氢站数量 200 座;2026 至 2035 年产值达到 5 万亿元,加氢站数量 1500 座,实现燃料电池车 1500 万辆。

无论是从零污染零排放,还是从能量利用率看,燃料电池都具有优势。燃料电池适用于大功率、长距离运输,在公交车和货车等大中型车辆上有明显优势。氢燃料电池电动汽车可能是未来商用车领域的最佳替代方案,伴随着氢燃料电池电动汽车技术的进步,以及生产成本的下降,氢燃料电池电动汽车未来的综合优势将会越发明显,尤其是氢燃料电池商用车的发展未来可期。

几种较成熟的氢燃料电池电动汽车参数见表 6-7。

几种较成熟的氢燃料电池电动汽车参数　　　　　　　表 6-7

车 辆 类 型	燃料电池大型客车	燃料电池物流车	燃料电池小型客车	备　注
车辆参数	12m	7.5t	丰田 Mirai	—
储氢量(kg)	24	9.3	5.6	—
百公里耗氢(kg)	7.5	2.7	1	—
百公里成本(元)	300	108	40	按当前加氢站 40 元/kg 标准
续驶里程(km)	300	350	550	—
动力蓄电池容量(kW·h)	36	20	12	—

第五节　燃 气 汽 车

燃气汽车主要包括压缩天然气汽车(CNGV)和液化石油气汽车(LPGV)。天然气主要成分为甲烷,极难液化,通常将天然气压缩至 20MPa,充入车用气瓶中储存,供汽车使用;石油气主要成分为丙烷、丁烷和少量的乙烷和戊烷,在常温下加压到 1.6MPa 即可液化成液化石油气,适于用作车用燃料。燃气汽车排放中的 HC 排放量可减少 90%,CO 可减少约 80%,CO_2 可减少约 15%,NO_x 可下降 40%。

一、汽油/CNG 两用燃料发动机

将汽油机改装为汽油/CNG 两用燃料发动机后,燃用天然气时,发动机的功率和转矩都明显下降。但适当提高改装机的压缩比,可减小功率损失,还能改善发动机的燃油经济性。

混合器式闭环控制 CNG 供给系统采用步进电动机伺服阀和比例调节式混合器进行闭环控制,如图 6-16 所示。

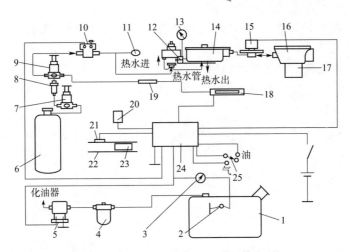

图 6-16 混合器式闭环控制 CNG 燃料供给系统

1-汽油箱;2-油位传感器;3-汽油表;4-汽油滤清器;5-电动汽油泵;6-车用气瓶;7-充气阀;8-过滤器;9-手动截止阀;10-CNG 电磁阀;11-高压表;12-安全阀;13-低压表;14-减压调节器;15-步进电动机;16-混合器;17-化油器;18-压力显示器;19-压力传感器;20-发动机转速传感器;21-氧传感器;22-排气管;23-三元催化转换器;24-电控单元;25-汽油/CNG 转换开关

利用步进电动机伺服阀和比例调节式混合器的电控 CNG 环控制系统能改善空燃比的控制精度,但小负荷工况的空燃比仍难以准确、稳定控制。为此,CNG 和汽油的供给都采用电控喷射方式,如图 6-17 所示。

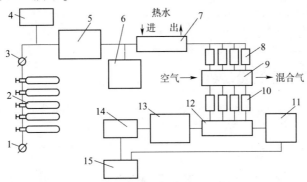

图 6-17 电控汽油/CNG 两用燃料发动机燃料供给系统

1-充装阀;2-车用气瓶;3-输出阀;4-压力表;5-CNG 电磁阀;6-气量显示器;7-两级减压调节器;8-天然气喷射器;9-进气管;10-喷油器;11-油压调节器;12-燃烧分配管;13-汽油电磁阀;14-汽油泵;15-油箱

电控单元根据传感器和开关信号,进行运算、判断和处理,向天然气喷射器发出适时启闭指令。喷气量与喷射器开启的持续时间成正比,电控 CNG 喷射系统要求减压调节器出口压力保持在 0.6MPa 左右,其变化范围不能超过平均值的 ±3%,通常采用两级减压调节器。

二、汽油/LPG 两用燃料发动机

目前,车用 LPG 燃料供给装置与 CNG 燃料供给装置的基本部件都可通用,但对车用气瓶及其附件、管阀件有特殊要求。混合器式闭环控制 LPG 给系统如图 6-18 所示,当汽油/LPG 转换开关置于 LPG 位置时,LPG 电磁阀开启,LPG 从车用气瓶流入蒸发调压器,并在其中蒸发减压,然后进入混合器,在混合器中与空气混合后进入汽缸,电控单元根据氧传感器和发动机转速传感器的信号,通过改变通向真空电磁阀的脉冲信号占空比,调节蒸发调压器膜片室的压力,以控制蒸发调压器的输出压力和供气量,实现供气量闭环控制。

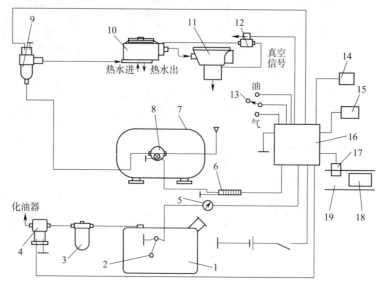

图 6-18 混合器式闭环控制 LPG 供给系统

1-汽油箱;2-油位传感器;3-汽油滤清器;4-电动汽油泵;5-汽油表;6-辅助液面显示器;7-车用气瓶;8-集成阀;9-LPG 电磁阀;10-蒸发调压器;11-混合器;12-真空电磁阀;13-汽油/LPG 转换开关;14-节气门位置传感器;15-发动机转速传感器;16-电控单元;17-氧传感器;18-三元催化转换器;19-发动机排气管

三、柴油/CNG 双燃料发动机

柴油/CNG 双燃料发动机在原柴油机燃油系统之外增加了一套 CNG 供给装置,如图 6-19 所示。

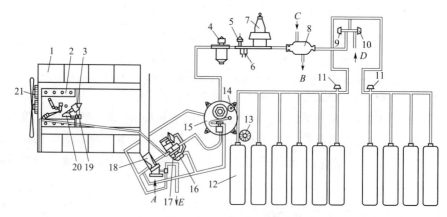

图 6-19 柴油/CNG 双燃料发动机燃料供给系统

1-柴油机;2-喷油泵;3-喷油泵供油量调节齿杆限位器;4-电磁阀;5-气体压力异常信号发生器;6-安全阀;7-高压减压器;8-预热器;9-供气阀;10-充气阀;11-总阀;12-车用气瓶;13-压力表;14-气体压力传感器;15-低压减压器;16-通阀;17-计量器;18-混合器;19-联锁传感器;20-活动挡铁;21-曲轴转速传感器;A-来自空气滤清器;B-通向柴油机冷却系统;C-自柴油机冷却系统;D-充气;E-通向堵塞显示

第六节　醇类燃料汽车

醇类燃料汽车是我国新能源汽车战略中的重要组成部分,甲醇原料来源广泛,可利用天然气、劣质煤、焦炭、重油和木柴等原料制取,技术完善,在油价高时竞争力较强;可在汽油中以不同比例掺用,加油比充天然气更方便;辛烷值高,可作为抗爆添加剂,因此甲醇汽车的动力性能与燃油汽车相差不多;运行中尾气排放少,PM 和 NO_x 较汽油机和柴油机均大幅下降。汽车使用车用乙醇汽油,油耗变化不大,动力性能也基本不变,但排放有较大改善,CO 排放下降 30% 以上,HC 排放下降 10% 以上。

一、醇类燃料汽车分类

1. 按组成成分和性质分类

醇类燃料汽车指以甲醇汽油、乙醇汽油、甲醇、乙醇为燃料的汽车,以甲醇为燃料的汽车称为甲醇汽车,以乙醇为燃料的汽车称为乙醇汽车。醇类燃料可以与汽油或柴油按一定比例配制成混合燃料,也可直接采用醇类燃料作为发动机燃料。

2. 按在汽车上的应用分类

(1) 掺烧类型。该类型是醇类燃料在汽车上的主要应用方式,醇类燃料(甲醇或乙醇)以不同的体积比掺入汽油或柴油中,实现混合燃料性质调整。有混合燃料法、熏蒸法和双供油系统法三种方法,前两种方法既可用柴油机,也可用于汽油机;双供油系统法仅用于柴油机。

(2) 纯烧类型。纯烧指纯燃烧甲醇或乙醇燃料,主要方式有裂解法、蒸气法、火花塞法、电热塞法、炽热表面法、加入着火改善剂法。其中,后三种方法用于柴油机,其他方法既可用于柴油机,也可用于汽油机。

(3) 改质类型。该类型是对醇类燃料改质。甲醇利用发动机的余热将甲醇生成 H_2 和 CO,然后输送到发动机内燃烧。

二、甲醇燃料汽车

上海通用别克 M85 甲醇燃料汽车如图 6-20 所示。

1. 燃料系统及汽车底盘

发动机采用博世公司的多点燃油喷射系统,向 6 个喷油器提供燃油;调节喷油器压力,使喷油器能安装到进气管上。油轨用不锈钢制造,直径由原汽油机采用的 19mm 加大到 25.4mm,油箱用不锈钢制造,容积为 106L。油箱内有隔板,以减少燃料晃动。

2. 发动机

采用排量为 3.8L 的 6 缸发动机,原汽油机压缩比为 8,通过改变活塞结构将压缩比提高到 10.6,将原来使用的 ACR4T 型火花塞改为 AC436TS 冷型火花塞,防止甲醇燃料早燃。

3. 汽车性能

(1) 动力性。与原车相比,发动机功率和转矩增加,分别如图 6-21 和图 6-22 所示。发动机转速为4000r/min时,甲醇发动机的最大功率为182kW,比汽油机增加22%;转速为3000r/min时,最大转矩为350N·m,比汽油机增加了11%。

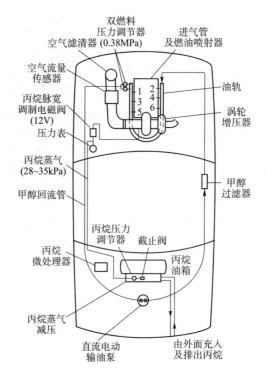

图6-20 上海通用别克M85甲醇燃料汽车

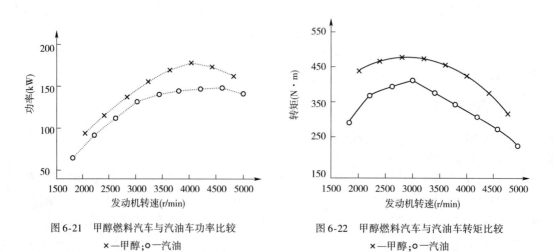

图6-21 甲醇燃料汽车与汽油车功率比较
×—甲醇;○—汽油

图6-22 甲醇燃料汽车与汽油车转矩比较
×—甲醇;○—汽油

(2)燃油经济性。按每单位热值汽车行驶的里程数计算,根据市区燃油经济性(FTP)及高速公路燃油经济性(HWFET)试验程序,甲醇燃料汽车比汽油车的行驶里程分别增加11%和13%。

(3)汽车加速性能和驾驶驱动性能。对比试验,由0加速到96.6km/h,甲醇燃料汽车比汽油车快1.8s。

三、双燃料喷射系统的醇类燃料汽车发动机

双燃料喷射是指柴油机具有两套分开的喷油泵-喷油器系统或一套喷油泵-喷油器系统，能向汽缸内喷射两种不同的燃料，能用大比例的醇与柴油的混合燃料或用少量的柴油引燃大量的醇类燃料。

1. 两套喷油泵-喷油器系统

一套喷射醇类燃料，另一套喷射引燃柴油。全负荷时，甲醇喷射量（体积比）达到90%，引燃柴油为10%。影响双燃料喷射系统柴油机性能的主要因素有：引燃油束的喷射角度、喷射定时和引燃油量。

2. 供油管及喷油器

将喷油器前面的高压管稍加改装，利用喷油泵出油阀回位时，在出油阀上部至喷油器之间的高压油管内产生负压，醇类燃料或其他替代燃料在此负压作用下，通过单向阀被吸入喷油器，在高压柴油紊流作用下形成乳化液后喷入燃烧室。

3. 双燃料汽车用新型供油系统

该系统为在柴油机原有的喷油泵、喷油器的基础上开发的单一喷油泵、喷油器供应双燃料系统。

四、替代能源的节能减排成效

常规燃料与替代燃料发动机技术的CO_2排放对比见表6-8；各种汽车燃料常规排放对比见表6-9；替代能源与常规能源的相对价格对比见表6-10。

常规燃料与替代燃料发动机技术的CO_2排放对比　　　　表6-8

能源类别	来源	发动机	$CO_2[g/(kW·h)]$	车辆效率	$CO_2[g/(kW·h)]$	CO_2相对(g/km)
柴油	石油	柴油机	308	0.54	166	1.00
柴油	石油	Hy-DI	308	0.46	142	0.85
FT柴油	天然气	柴油机	376	0.54	203	1.22
生物柴油	植物油	柴油机	201	0.54	108	0.60
汽油	石油	SI	327	0.66	216	1.30
汽油	石油	Hy-SI	327	0.53	173	1.04
乙醇	生物质	SI	169	0.66	111	0.70
天然气	天然气	SI	224	0.66	148	0.89
LPG	石油和天然气	SI	276	0.66	182	1.10
压缩氢	电解，核能	FC	130	0.4	52	0.31
压缩氢	天然气+电力	FC	388	0.4	155	0.93
液化氢	天然气+电力	FC	627	0.4	251	1.51
电力	电力	EPT	472	0.2	94	0.57

注：FT柴油为费托法合成柴油；SI为点燃式发动机；FC为燃料电池；Hy-DI为柴油-电动混合动力车；Hy-SI为汽油-电动混合动力车；EPT为电力火车。

各种汽车燃料常规排放对比(单位:g/km)　　　　　　　　　　　　　　表6-9

项目	氢	甲醇	天然气	石油气	柴油	汽油
欧洲标准	微	Ⅱ	Ⅱ	Ⅰ	Ⅰ	Ⅰ
CO	0	0.93	1.07	0.46	0.40	12.6
HC	0	0.06	0.14	0.61	0.14	10.46
NO_x	0.037	0.15	0.21	0.19	0.94	3.35

替代能源与常规能源的相对价格对比　　　　　　　　　　　　　　　表6-10

能源类别	发动机	生产成本		分销成本	税前能源成本	
		最低	最高	平均	最低	最高
欧洲柴油	柴油	平均	0.16	0.08	平均	0.24
欧洲汽油	SI	平均	0.19	0.08	平均	0.27
FT柴油	柴油	0.28	0.42	0.10	0.38	0.52
LPG	SI	0.17	0.25	0.20	0.37	0.15
天然气	SI	0.10	0.18	0.14	0.25	0.50
生物柴油	柴油	0.39	0.57	0.10	0.49	0.67
巴西乙醇	SI	0.36	0.49	0.15	0.51	0.64
法国乙醇	SI	0.65	0.85	0.15	0.80	1.00
压缩氢	FC	0.26	0.36	0.72	0.98	1.08
压缩氢(电解制氢)	FC	0.84	1.12	0.72	1.56	1.84

复习思考题

一、简答题

1. 新能源汽车是如何分类的?
2. 为什么说混合动力电动汽车是当今最具实际开发意义的低排放和低油耗汽车?
3. 结合SHEV的组成,分析其是如何工作的?
4. 结合PHEV的组成,分析其是如何工作的?
5. 结合CHEV的组成,分析其是如何工作的?
6. 分析纯电动汽车的组成原理。
7. 简述电动机驱动及控制技术。
8. 简述能量管理技术。
9. 简介燃料电池电动汽车的类型。
10. 分析燃料电池电动汽车的组成和工作原理。
11. 汽油/CNG两用燃料发动机是如何工作的?
12. 汽油/LPG两用燃料发动机有何特点?

二、判断题

1. BEV以动力电池为储能单元,以电动机为驱动系统。　　　　　　　　　　　　(　　)

第六章 新能源汽车节能减排技术

2. HEV同时装备两种动力源-热动力源(由传统的汽油机或柴油机产生)与电动力源(动力电池与电动机)。（   ）

3. 专用气体燃料汽车以液化石油气、天然气或煤气等气体为燃料,是最清洁的汽车。（   ）

4. 两用燃料汽车具有两套独立的供给系统,一套供给天然气或液化石油气,另一套除此之外的燃料,两套系统分别但不可同时向汽缸供给燃料。（   ）

5. 双燃料汽车两套燃料供给系统按预定的配比向汽缸供给燃料,在汽缸混合燃烧。（   ）

6. HEV将传统内燃机技术与电驱动技术相结合,其混合动力系统的性能直接影响到整车性能。（   ）

7. 混合动力电动汽车较传统燃料汽车节油30%～50%,可显著降低排放,能方便地回收制动回馈能量。（   ）

8. 混合动力电动汽车的发动机是主要动力源,驱动电动机是辅助动力源,同时装备各种不同的蓄电池和超级电容等作为辅助电源。（   ）

9. 混合动力电动汽车通过参数匹配和优化控制,充分发挥内燃机汽车和电动汽车的优点,是当今最具实际开发意义的低排放和低油耗汽车。（   ）

10. 插电式混合动力电动汽车,纯电动工况可行驶50～90km,超过该里程则必须起动内燃机采用混合驱动模式。（   ）

11. PHEV是介于混合动力电动汽车与纯电动汽车之间的一种过渡性产品,与传统内燃机汽车和一般混合动力电动汽车对比,其经济性进一步提高,排放降低。（   ）

12. SHEV的发动机仅用于发电,发电机输出的电能通过功率分配器送至电动机,由电动机驱动汽车行驶。（   ）

13. SHEV的能量转换效率比内燃机汽车低,主要适用于大型客车。（   ）

14. PHEV当发动机提供的功率大于车辆所需功率时,电动机给蓄电池充电。（   ）

15. PHEV发动机工作在满负荷(中等转速)下燃油经济性最好,在较小载荷下工作时燃油经济性较差。（   ）

16. CHEV发动机发出的功率一部分通过机械传动装置输送给驱动桥,另一部分则驱动发电机发电。（   ）

17. HEV制动能量回收技术能有效地利用车辆制动时的动能,显著改善车辆的燃油经济性及制动性能,增加HEV的行驶里程。（   ）

18. 纯电动汽车能量转换效率高,行驶1km所需费用较传统汽车少80%～90%,且基本无排放,是未来最具有商业价值的汽车发展方向之一。（   ）

19. 动力电池技术是纯电动汽车最核心的技术之一,也是目前制约纯电动汽车发展的关键因素。（   ）

20. 制约纯电动汽车发展的主要问题集中于动力电池成本较高、充电时间长,整车续驶里程较短。（   ）

21. 天然气主要成分为甲烷,极难液化,通常将天然气压缩至20MPa,充入车用气瓶中储存,供汽车使用。（   ）

22. 利用步进电动机伺服阀和比例调节式混合器的电控CNG环控制系统能改善空燃比的控制精度，但小负荷工况的空燃比仍难以准确、稳定控制。（ ）

23. 柴油/CNG双燃料发动机在原柴油机燃油系统之外增加了一套CNG供给装置。（ ）

24. 醇类燃料可以与汽油或柴油按一定比例配制成混合燃料，也可直接采用醇类燃料作为发动机燃料。（ ）

25. 双燃料喷射能向汽缸内喷射两种不同的燃料，能用大比例的醇与柴油的混合燃料或用少量的柴油引燃大量的醇类燃料。（ ）

三、论述题

1. 分析HEV制动能量回收技术。
2. 叙述纯电动汽车动力电池技术。
3. 分析燃料电池电动汽车电驱动模式。
4. 叙述柴油机双燃料喷射系统的工作过程。

参 考 文 献

[1] 李明、刘楠. 现代汽车新能源与节能减排技术[M]. 北京:机械工业出版社,2018.
[2] 邱兆文. 汽车节能减排技术[M]. 北京:化学工业出版社,2015.
[3] 刘玉梅. 汽车节能技术与原理[M]. 北京:机械工业出版社,2017.
[4] 马德粮. 新能源汽车技术[M]. 北京:清华大学出版社,2017.
[5] 王庆年,曾小华. 新能源汽车关键技术[M]. 北京:化学工业出版社,2017.
[6] 刘吉臻,甄子健. 新能源汽车发展战略研究[M]. 北京:科学出版社,2016.
[7] 陈焕江,李复活. 汽车运用工程学[M]. 北京:机械工业出版社,2018.
[8] 安永东. 汽车发动机原理[M]. 北京:化学工业出版社,2016.
[9] 邵毅明. 汽车新能源与节能技术[M]. 北京:人民交通出版社股份有限公司,2016.
[10] 凌永成. 汽车电子控制技术[M]. 北京:北京大学出版社,2017.
[11] 孙仁云,付百学. 汽车电器与电子技术[M]. 北京:机械工业出版社,2019.